〔澳〕大卫·沃克（David Walker）
〔澳〕阿格涅什卡·索伯辛斯卡（Agnieszka Sobocinska）
/ 主编

李建军 等 / 译

澳大利亚的亚洲观

Australia's Asia:
From Yellow Peril to Asian Century

社会科学文献出版社
SOCIAL SCIENCES ACADEMIC PRESS (CHINA)

Contents |目 录|

大卫·沃克、阿格涅什卡·索伯辛斯卡[*]

史无前例的亚洲大发展

当澳大利亚人向北方的亚洲大陆望去，奇特的事情将会发生。他们对这片被无限夸大的大陆有着两种极端化的看法：亚洲既是友善的邻邦又是潜在的威胁；既是富庶之地又是贫困之乡；既是美丽的东方世界又是怪异的未知大陆。澳大利亚人经常会觉得位于北方的亚洲大陆让人捉摸不定。它有时看起来没什么变化，但有时又以难以追赶的速度飞快发展，这让澳大利亚人感到很迷惑，不确定未来的亚洲会是什么模样。亚洲的崛起往往被视作对澳大利亚人的一项测试，不仅考察着他们的地理知识和文化素养，考验着他们的同情心，还检验着他们是否愿意了解并适应新的地缘政治和经济环境。许多评论家认为，澳大利亚始终没有通过这项测试，因而人们再三强调应当加深对中国的了解。同时还有人提醒，留给澳大利亚的

---

[*] 大卫·沃克（David Walker），澳大利亚迪肯大学澳大利亚研究教授、首任北京大学必和必拓澳大利亚研究讲席教授（2013~2016），在澳大利亚与亚洲关系领域著述颇丰，代表作有《焦虑的国度：澳大利亚与亚洲的兴起 1850~1939》，其家族史《光明行》（2014）中文版由人民文学出版社出版。阿格涅什卡·索伯辛斯卡（Agnieszka Sobocinska），澳大利亚莫纳什大学国家澳研中心讲师，2010 年巴厘岛乌达雅纳大学的"奋进奖研究员"获得者，研究领域是二战后澳大利亚与亚洲的关系、澳大利亚民众对亚洲的态度以及澳大利亚政府对亚洲的外交政策。

时间已经不多了，落后的澳大利亚要想生存发展，就必须适应经济水平和文明程度日渐提升的亚洲。

伴随着对澳大利亚不善于解决区域问题的指责，许多人反复强调，澳大利亚面对的是一个全新的亚洲。2011 年 9 月，时任澳大利亚总理朱莉娅·吉拉德在发布《亚洲世纪中的澳大利亚白皮书》时提到了全新的中国、全新的印度和日渐自信的亚太地区。她两次强调："这样的亚洲是我们从未看到过的。"① 除吉拉德之外，还有很多人表达过类似的看法。休·怀特颇具争议的著作《力量的变化：澳大利亚的未来在华盛顿和北京之间抉择》，通篇都在表明"我们必须彻底地重新考量澳大利亚在世界上所处的位置，并对从未遇到过的问题做出选择"。② 在《周边关系：澳大利亚与亚洲崛起》一书中，迈克尔·韦斯利认为这个"新兴的神奇大陆"超越了我们在过去处理周边关系的基础上建立起来的规范、预期和历史模式，因而"无史为鉴"，充满了挑战。③

虽然未来必定呈现出全新的景象，但这并不意味着未来在历史上都是无迹可寻的。事实上，从一百年前开始，澳大利亚人就不断互相提醒一个全新的亚洲已露端倪。本书的论点之一是——长久以来颇为盛行的"史无前例的亚洲大发展"的论断事实上并不准确，不符合实际。这种说法之所以盛行，是因为它免去了整理杂乱无章、尴尬不快的澳亚交往史的必要。卸掉历史包袱的最好方法就是降低这段历史的重要性和相关性。另外，"史无前例的亚洲大发展"这一说法还会凸显政客、学者和评论家的努力与贡献，把与澳亚关系发展相关的人都变成了有远见、有胆识的探路者。

然而，事实上我们现在面临的与亚洲的关系并不是史无前例的。与吉拉德、怀特和韦斯利的言论相类似的、诸如澳大利亚不够了解亚洲的训诫以及提醒澳大利亚人看清现实的劝告在澳大利亚的历史中并不少见，甚至

① J. Gillard, "Speech to Asialink and the Asia Society, Melbourne", 28 September 2011, http://www.pm.gov.au/press-office/speech-asialink-and-asia-society-lunch-melbourne.

② H. White, *Power Shift: Australia's future between Washington and Beijing*, Quarterly Essay 39, Black Inc., Collingwood, Vic., 2010, p.6.

③ M. Wesley, *There Goes the Neighbourhood: Australia and the rise of Asia*, NewSouth, Sydney, 2011, p.8.

可以说是澳大利亚生活中的一个常规特点。早在1915年，时任总理安德鲁·费希尔在评论日本崛起的时候就表示："这是史无前例的。"[①] 事实上，19世纪末迅速发展为世界强国的日本足以与当下快速崛起的中国相提并论，而在那个亚洲人普遍受到种族歧视的年代，日本的腾飞则显得更加惊心动魄。此外，澳大利亚人对中国可能成为世界强国的预判或担忧由来已久。这也是澳大利亚卷入冷战的重要原因。遍及亚洲大部分地区的民族解放运动加强了澳大利亚人已有的危机感，去殖民地化的变革与当今造就"亚洲世纪"的发展变化具有同等重要的划时代意义。记者乔治·约翰斯顿这样评论战后的亚洲："我们正站在新的文明周期的起点。有一天，人类文明的重心会重返东方。"[②]

　　"亚洲世纪"的说法基于该地区飞速发展的经济；而亚洲经济的腾飞同样不是史无前例的。中印的崛起似乎带着21世纪大发展的迷人光环，但中印的强盛在很久以前便是现实。工业革命之前，世界经济由亚洲主宰。那时，世界经济产量的一半以上来自亚洲，而西方的经济产量则不到世界总量的1/4。[③] 更近一点，战后的日本飞速发展，一跃成为世界强国，加之日本人对澳大利亚战俘的残暴行径在澳大利亚人心中留下的阴影，当时日本的腾飞或许比现在亚洲的崛起显得更加令人不安。[④]

　　此外，亚洲决定澳大利亚未来发展的论断也由来已久。这种说法可以说是澳大利亚历史的中心议题。世世代代澳大利亚人都听说过他们的未来会越来越多地受到亚洲的影响，暗含的意思是趋亚洲化，同时意味着"去澳洲化"。早在19世纪80年代，人们就认为亚洲崛起预示着潜在的地缘政治冲突。昆士兰州工人运动支持者威廉·雷恩在创作于1888年的书中表示，全面的种族战争将会在下一代人身上发生。他设想，澳大利亚人会在"白色的未来"和"黄色的未来"之间做出艰难的抉择。无论结果如何，崛起的亚洲会彻底改变澳大利亚则是毋庸置疑的。威廉·雷恩在书中描写

①　N. Meaney, *Australia and the World Crisis 1914 – 1923: a history of Australian defence and foreign policy*, vol. 2, Sydney University Press, Sydney, 2009, p. 107.

②　G. Johnston, *Journey through Tomorrow*, F. W. Cheshire, Melbourne, 1947, p. 6.

③　Australian Government, *Australia in the Asian Century: issues paper*, Commonwealth of Australia, Canberra, 2011, p. 4.

④　C. Simpson, *The Country Upstairs*, revised edition, Angus & Robertson, Sydney, 1962, unpaginated preface.

黄种人入侵，主要是为了强调亚洲会无可争议地成为一支重要的区域政治力量。

澳大利亚人早就设想过，亚洲发展带来的威胁会在不远的将来以这样或那样的形式显现。正如历史学家内维尔·米尼的观点所示，保护澳大利亚免受潜在的亚洲威胁是长期以来澳大利亚制定国防政策的核心关切。由于 1905 年日本在太平洋海域击败俄国舰队，澳大利亚在随后几十年都制定了防止日本入侵的国防政策。[①] 当时，人们普遍认为澳大利亚是漂浮在远海的一片孤独大陆，居住在那里的人们远离英国故土。时任澳大利亚总理比利·休斯认为，如果将亚洲的有色人种国家比作大海，澳大利亚就是被这海洋包围淹没的一滴水珠。因而，倘若亚洲崛起，澳大利亚则首当其冲。持这种观点的远非休斯一人，美国种族理论家洛斯罗普·斯托达德在《有色人种的浪潮》一书中也表达了类似的观点。20 世纪 20 年代，英国记者弗利特伍德·奇代尔套用雷恩的表述在《澳大利亚——白色还是黄色?》一书中对日本带来的威胁做出了警示。

随着二战期间日本进攻东南亚，对日本入侵的恐慌在澳大利亚愈演愈烈。这种恐慌一直持续到冷战期间，那时共产党领导的红色中国成为令人恐慌的焦点。1955 年，时任澳大利亚总理罗伯特·孟席斯表达了对"亚洲侵略者入侵澳洲大陆"的担忧。[②] 1958 年，英国作家、伦理学家马尔科姆·蒙格瑞奇表示，亚洲人会在未来十五年内入侵澳大利亚。这种恐慌即使在对亚关系好转的时期也没有完全消失。[③] 20 世纪 90 年代，虽然保罗·基廷政府推行"面向亚洲"政策，约翰·马斯登仍在著名的《明天》系列中描述了不明亚洲国家对澳大利亚的入侵，这让当时的年轻读者感到很震惊。同样在 20 世纪 90 年代，单一民族党领袖宝林·韩森表示，亚洲带来的威胁是真实存在的，亚洲移民已经"入侵"澳大利亚。这种恐慌不仅是国家政治的重要议题，对澳大利亚无力抵抗威胁的讨论还影响了学术界和评论

---

① N. Meaney, *A History of Australian Defence and Foreign Policy, 1901 - 1914*, Sydney University Press, Sydney, 1976; *Australia and the World Crisis, 1914 - 1923*.

② N. Meaney, *Australia and the World: a documentary history from the 1870s to the 1970s*, Longman Cheshire, Melbourne, 1985, pp. 604 - 605.

③ M. Muggeridge, "Mr. Muggeridge looks at Australia", *Daily Telegraph*, 7 May 1958, p. 5. This is the full text of a talk that Muggeridge gave on ABC Radio 2FC, 3 May 1958.

界。亚洲学家、前驻华大使费思棻在 90 年代末发表了著作《澳大利亚是亚洲国家吗？——澳大利亚能否在东亚的未来中求得发展?》。① 几十年前，唐纳德·霍恩赋予了澳大利亚"幸运之邦"的著名称呼。未来，人们或许会好奇尚未被亚洲移民充斥的澳洲大陆会是什么样子。② 大约五十年后，恐慌情绪犹在。虽然，过去对亚洲威胁的警告似乎已被人们遗忘，但这并不代表前几代人没有注意到亚洲的发展，或是即使注意到了也没有给予足够的重视。这只能说明澳大利亚人习惯于忘记历史，总认为自己是第一代面临亚洲崛起的澳大利亚人。

对亚洲的戒备总伴随着对其潜在经济利益的向往。亚洲庞大的人口可以被认为是一种威胁，但也带来了巨大的新的市场。韦斯利近期表示，亚洲世纪改变了世界金融与经济力量的对比，这让人想起《布里斯班电讯报》编辑希尼早在 1919 年提出的建议——每个澳大利亚商人都应该把中国地图记在心里。③ 韦斯利对澳大利亚人"醒来，看看亚洲市场"的劝告回应了著名作家弗兰克·柯隆在 1939 年结束东亚之行之后发表的"醒来，澳大利亚"的感慨。④ 伴随着警惕亚洲崛起的劝告，总能听到唤醒沉睡澳洲民众的呼声。然而，尽管现在人们知道不能自大自满，但是自 1957 年与日本签订第一个双边贸易协定起，亚洲市场渐渐成了澳大利亚主要的贸易对象。1972 年与中国恢复邦交正常化之后的十年，澳大利亚努力打入中国市场。第一任驻华大使费思棻甚至担心，澳大利亚如此重视中国市场会减少对其他经济体的关注。⑤ 这又一次证明，亚洲的发展对澳大利亚人来说并不是史无前例的。

为什么澳大利亚人总是声称亚洲的崛起是史无前例的呢？这种想法会带来什么后果呢？专注于设想未来使得了解情况的当权者不停地激励懒

---

① S. FitzGerald, *Is Australia an Asian Country? Can Australia survive an East Asian future?* Allen & Unwin, St Leonards, 1997.

② D. Horne, *The lucky Country: Australia in the sixties*, Penguin, Ringwood, Vic., 1964.

③ M. Wesley, *There Goes the Neighbourhood*, pp. 157 – 158; D. Walker, *Anxious Nation: Australia and the rise of the Asia*, 1850 – 1939, University of Queensland Press, St Lucia, 1999, p. 195.

④ M. Wesley, *There Goes the Neighbourhood*, pp. 8 – 9; F. Clune, *To the Isles of Spice: a vagabond journey by air from Botany Bay to Darwin, Bathurst Island, Timor, Java, Borneo, Celebes and French Indo – China*, Angus & Robertson, Sydney, 1944, pp. 146, 227.

⑤ S. FitzGerald, "Australia's China," *Australian Journal of Chinese Affairs*, no. 24, 1990, p. 319.

惰、落后、无知的民众去更好地了解实力和威胁性都日渐增加的亚洲。这或许夸大了未来澳亚交往的对抗性，同时也将对亚洲发展的讨论简单化。有这样一种说法——亚洲对澳大利亚未来的巨大影响对其构成了前所未有的重大挑战——这是对澳亚交往史的忽视。如果说即将到来的亚洲大发展是史无前例的，那么追溯澳大利亚对亚洲关系的历史当然就没有太大意义。过分强调亚洲崛起是史无前例的，会使得对澳亚未来关系的讨论完全脱离于两地区交往的历史和现行政策。

那么，为什么要强调关注历史的重要性呢？最重要的，了解澳大利亚在历史上如何处理与亚洲的交往，如何应对亚洲发展是史无前例、具有威胁性的论断，可以帮助我们将现在对亚洲的恐慌和不安放在历史大背景下进行考量。如果不去了解亚洲崛起在澳大利亚历史中究竟意味着什么，而是脱离历史单纯地看这个问题，我们会很容易感到被某种难以理解的力量所支配。如果将亚洲的崛起看作突然发生的巨变，澳大利亚与亚洲的交往则会被过分戏剧化——狂风暴雨会毫无征兆地席卷澳洲大陆，灾难会危及无助、毫无准备的澳大利亚人民。如果了解亚洲在历史上的发展，我们就会发现澳亚关系的冲突性和威胁性被人为地过分夸大了。了解历史让我们意识到现在的言论其实是东方学模式的再造。了解历史让我们意识到现在的所谓警世恒言实则是对澳亚关系的渲染和歪曲，而非对澳亚交往未来趋势和变化方向的澄清。由于亚洲在历史上总是被描绘成一种终极威胁，澳大利亚人很难冷静看待亚洲崛起是可以理解的。但是，意识到这种历史惯例本身就是极有意义的。

澳大利亚与亚洲交往的历史

《澳大利亚的亚洲观》一书研究了19世纪至今的澳大利亚历史中与亚洲相关的部分。尽管很多人都认为，澳大利亚临近亚洲的地理位置在20世纪70年代以来变得越来越重要，但是澳亚之间的历史交往之久、两地区间友好关系之密切仍超出了大多数人的想象。事实上，与亚洲的交往对澳大利亚来说并不是什么新鲜事，澳大利亚接触亚洲的历史可以追溯到欧洲人殖民澳洲大陆以前。来自现属印度尼西亚海岛的望加锡水手曾在白人殖民者到来之前就与一些土著人部落建立了商业买卖关系。① 澳大利亚与爪哇岛和印度的关系在殖民地初期十分重要，而与亚洲的交往在 19 世纪进一步发展。同时，人们逐渐意识到，尽管澳大利亚是英属殖民地，但其毗邻亚洲的地理位置也具有重要意义。之后的两百年里，"割裂对立的亚洲"和"相融共生的亚洲"在两地区人们的生活、想象和跨文化交往中逐渐形成。

追溯历史的长河，澳亚交往的历史以一种不同的方式呈现出来，让人难以捉摸。事实上，澳大利亚北部地区和西部地区各有其独特的历史，与主流的东南部沿海地区的历史十分不同。了解历史还让我们重新审视一些司空见惯的观点，例如欧洲人究竟有没有能力在澳大利亚建立殖民地。直到 20 世纪 20 年代，澳洲北部热带地区不适合欧洲人建立殖民地的说法还被广泛接受。这种说法暗含着这样一层意思：在欧洲殖民者赶走即将消失的原住民之后，亚洲人会取代欧洲人占领北方地区。"澳大利亚的未来属于亚洲"是一个经常被提起又时常被抑制的历史主题，它总是与白人建立殖民地、征服艰难环境的进步史相伴出现。《澳大利亚的亚洲观》一书为解读澳亚交往史提供了基础，本书认为亚洲的重要性并没有被忽视或边缘化，与亚洲关系始终是澳大利亚历史的重要组成部分。②

关注历史的重要性在于发现澳大利亚与亚洲交往方面尚不为人知的历史纽带，在于为澳大利亚历史的研究提供新的资料来源和方式方法。历史上的澳亚关系像一道谜题，其中的某些部分或缺失，或模糊，或难以理解。甚至在语言表述上都常常让人感到困惑。从 19 世纪末到 20 世纪初，对中国的称呼几经更替，从华夏古国到中央王国到天朝上国。中国被认为是东方或远东的一部分。同时，对中国人的称呼也几经变化，其中一些带有科学或人类学上的含义，例如鞑靼人、突雷尼人和蒙古人；另外一些称呼则带有贬义色彩，例如亚洲佬、东方人、天朝人、苦力、中国佬。日本

---

① C. Macknight, *The Voyage to Marege'*: *Macassan trepangers in northern Australia*, Melbourne University Press, Carlton, Vic., 1976; R. Ganter, J. Martinez and G. Mura Lee, *Mixed Relations*: *narratives of Asian/ Aboriginal contact in North Australia*, University of Western Australia Press, Crawley, 2006.

② A. Sobocinska, "The decorative fringe: an interview with David Walker", *Historic Environment*, vol. 24, no. 1, 2012, pp. 49 – 54.

通常被称作日本，但也被叫作日出之国、大日本帝国或天皇统治的国度。提到日本，人们常常会想到黄色的河流、黄种人部族、黄种人带来的麻烦，还有著名的"黄祸"。虽然对印度的称呼比较固定，但生活在印度的人们经常被叫作苦力、印度人、印度水手或阿富汗人。由于来自美洲和太平洋岛屿上的一些民族也被称为印度人，"印度人"一词的所指变得更加复杂，这与欧洲殖民者总是把新发现的地区命名为"印度"是类似的。现在的印度尼西亚曾被称作尼德兰或荷兰东印度，但其更广为人知的名称是香料群岛。印度尼西亚人曾被叫作马来人、爪哇人、望加锡人，而最常用的称呼则是"本土人"。

此外，一些国家官方名称的变化也反映了亚洲地区的政治活跃性。被称作大象王国的暹罗后来改名为泰国。法属印度支那分裂为几个独立的国家，包括柬埔寨、老挝、越南民主共和国（北越）和越南共和国（南越）。冷战后，新的国家名称让人感到更加困惑。中国被反对共产主义的人称为红色中国或红色帝国；而共产主义的支持者则称其为新中国、人民当家做主的中国或中华人民共和国。而另一个可能被误称为新中国的地区是台湾，也曾被叫作福摩萨或中华民国。这些复杂多变的国家名称表明，亚洲既无所不在又难以捉摸。虽然澳大利亚人很关注亚洲的存在，但他们却很难说清楚到底谁是亚洲人，亚洲人究竟是什么样的。亚洲总是让人捉摸不定。

澳大利亚人觉得很难了解亚洲的一个重要原因是作为一个实体的亚洲并不存在。亚洲大陆上生活着许多民族，他们都有各自不同的语言、文化和政治体系。因此，澳大利亚想要与之交往的统一化的"一个亚洲"是不存在的，对于"亚洲入侵"的担忧、对"面向亚洲"的期盼或是"了解亚洲"的能力是不可能实现的。即便只想了解一个亚洲民族也是很困难的。例如，虽然爪哇岛和巴厘岛是属于一个民族的两个毗邻的岛屿，澳大利亚人对这两个地区的看法却截然相反。他们对爪哇总有一种潜在的负面的担忧，而对巴厘岛的友好态度甚至在巴厘岛爆炸事件之后都没有受到任何影响。这种截然不同的态度说明，即使对一个单一民族形成统一看法都是很困难的，这也进一步说明充分全面地了解亚洲是不可能的。然而，即使很难用简单、统一而稳定的含义来解读亚洲，我们也不必感到失望。

同样地，澳大利亚眼中的亚洲也绝非一种简化的解读。虽然对未来北方威胁的警示不绝于耳，似乎暗示着对亚洲入侵的恐慌，但同时也不停地有人提醒澳大利亚人清醒过来以认识到亚洲的重要性，这似乎又说明了那种恐慌是不存在的。如果对亚洲入侵的恐慌真如人们声称的那般根深蒂固，那么就不需要总是提醒人们即将到来的危险了。或许"黄祸"确实存在，但评论家们曾批评澳大利亚人太过于安逸放松，没有对其产生足够的重视。肯尼斯·马凯于1897年发表的《黄波》一书将亚洲入侵的危险描绘得淋漓尽致：俄国人和中国人打算占领澳大利亚的殖民地。可怕的事情正在酝酿，而人们却丝毫没有意识到危险的存在。当墨尔本杯赛马比赛的消息传来，人们马上就忘了酒吧间里对亚洲入侵的讨论还尚无定论，话题马上转向马匹、骑师和赌马。澳大利亚人太痴迷于体育比赛，地缘政治带来的威胁很难引起他们的兴趣。

另外，虽然亚洲入侵的论调似乎是澳大利亚在关注亚洲，但它同时也让澳大利亚审视和评估着自身。诸如丛林传奇等澳大利亚历史和文化认同的核心主题，以及澳大利亚是一个空阔无守大陆的说法在很大程度上都来源于邻近亚洲的地理位置。丛林居民的形象在19世纪末发挥着很大作用，其中一个便是将丛林居民塑造成理想的民族爱国者以抵抗亚洲的入侵。此外，正因为与人口众多的亚洲形成鲜明对比，澳大利亚大陆的空阔无边和无人驻守才显得更加让人担忧。虽然亚洲的崛起和来自亚洲的诸多威胁都迫使澳大利亚去解决一些问题，但这些威胁还发挥着其它一些作用。对迫近威胁的警示被用来加强纪律、坚定爱国信念、加快军事防备建设和满足高额军费开支，这在19世纪80年代到2009年的澳大利亚政府国防白皮书中都有所体现。同时，从20世纪初开始，企业家、政治家和学者都不停地提醒澳大利亚不要错失亚洲市场提供的机会。亚洲就像一面镜子，让澳大利亚重新审视自己，重新考虑它将发展成什么样子。

当澳大利亚对亚洲的态度被融入到更宽广的跨国体系中，澳亚关系变得更加复杂。① 1788年白人殖民地在澳大利亚建成之时，西方世界正在将其经济、政治、民族和文化力量强加于东方之上。这些更宽泛的范畴使得

---

① M. Lake and H. Reynolds, *Drawing the Global Colour Line: white men's countries and the question of racial equality*, Melbourne University Press, Carlton, 2008.

澳大利亚自诩为天赋异禀、技能超群并治理有道的民族。澳大利亚人长久以来都在文化认同方面自视为发达西方世界的一部分，而澳大利亚人对亚洲的态度则构成了跨国历史主线的一部分，亚洲作为一个整体被认为又重新回到世界舞台的中心。

相融共生的亚洲

史无前例的亚洲大发展和澳大利亚受到的威胁是两大重要历史主题，如果将这两个主题割裂开来看，呈现出来的历史则会将"我们"与"他们"分离对立起来。这样，亚洲会以完全不同的、难以亲近的形象出现，威胁着澳大利亚的国民性。然而，无论是真实的亚洲还是在想象中构建的亚洲都被写在澳大利亚历史里。1803 年，也就是英国人在澳大利亚建立殖民地 15 年之后，第一个中国移居者来到澳大利亚，他被后人称作"阿胡托"。阿富汗商人在殖民地早期的澳大利亚发挥了重要作用，为殖民者艰苦的拓荒生活提供了必需品。19 世纪 50 年代的淘金热吸引了大批中国淘金者。他们当中的一些人一夜暴富，而另外一些人则空手而归。许多中国淘金者在淘金热平息之后选择了留在澳大利亚。①

亚洲绝不是一个需要抵御、安抚或与之融合的简单的外部力量。即使在白澳政策最为盛行的时期，包括布鲁姆、达尔文和凯恩斯等北部港口城市在内的地区都有着庞大的亚裔澳大利亚人口，有些地区的亚裔人数甚至超过了白人的数量。② 这些城市与其他亚洲王国的贸易港口往来密切，人们的生活方式与新加坡、中国香港居民的类似程度不比其与悉尼或墨尔本居民的类似程度低。另外，虽然中国人总是在社会经济压力比较大的时候遭受污蔑，但中国人始终都能表达他们的意见，也不乏替中国人说话的支持者。除了对中国人的反感情绪，我们也总能听到中国人、日本人和马来人与白人一同工作生活并在相互尊重的基础上努力融入适应澳大利亚社会

---

① For a recent account, see J. Fitzgerald, *Big White Lie: Chinese Australians in White Australia*, UNSW Press, Sydney, 2007.

② H. Reynolds, *North of Capricorn, the untold story of Australia's north*, Allen & Unwin, Crows Nest, NSW, 2003; R. Ganter, J. Martinez and G. Mura Lee, *Mixed Relations*.

的动人故事。即使在澳亚关系最为紧张的时期，也总会有人对亚洲怀有好感，他们会从被别人视为威胁的亚洲民族和亚洲文化中发现优点和长处。这些澳大利亚历史中有关亚洲的部分经常记载不详或是难于解读。目前的历史研究发现了一些之前从未想到并被忽略的澳亚之间在体育方面的交往。例如，中国足球队、日本游泳运动员和菲律宾拳击手曾在20世纪二三十年代游访澳大利亚。① 澳亚交往的历史由一些支离破碎的片段和情景组成，还有些会产生误导的错误记载。因而，在很多情况下，我们只能在地方史和家族史中找到对澳亚关系的最好诠释。对历史的了解提醒我们，亚洲始终与澳大利亚相融共生，在内部扮演着构建澳大利亚社会的角色，亚洲一直都是我们共有历史的一部分。

此外，澳大利亚人单方面的看法和动议并不能为澳亚关系盖棺定论。许多亚洲人也影响着澳亚关系的发展。中国政府官员早在1887年便来到澳大利亚，介绍中国当时的情况。此后，许多政府使者和非官方使者纷纷造访澳大利亚，起初以来自中国和日本的使者为主，但之后来访的使者逐渐遍及了亚洲的各个国家，他们都为澳亚关系的发展做出了贡献。另外，两地区间的交往不仅仅局限于外交往来。二战期间，大约6000名印尼士兵驻军在澳大利亚，他们与澳大利亚白人士兵间的交往为战后广大民众支持独立奠定了基础。② 同时，亚洲还以其他方式影响着澳大利亚。澳大利亚人早在一百多年前就开始造访亚洲，近几年里到亚洲度假已十分普遍，成为许多澳大利亚人共有的经历。③

澳大利亚对亚洲的热情与恐慌一样由来已久，这种热情本身就能构成一部有趣的历史。那些提醒澳大利亚关注亚洲的呼声往往会产生混合而复杂的结果，它们常常会引发对亚洲深深的向往，而非厌恶和反感。例如，民族危机优势会促进而不是抑制两地区间的往来，这似乎让人感到很意外。虽然太平洋战争使澳大利亚因亚洲敌人逼近而感到恐慌，它也促使两

---

① S. Brawley and N. Guoth (eds), "Australia's Asian sporting context: 1920s-1930s", Special Issue of *Sport in Society*: *Cultures*, *Commerce*, *Media*, *Politics*, vol. 15, no. 4, 2012.

② J. Lingard, *Refugees and Rebels*: *Indonesian exiles in wartime Australia*, Australian Scholarly Publishing, North Melbourne, 2008.

③ A. Sobocinska, "Innocence lost and paradise regained: tourism to Bali and Australian perceptions of Asia", *History Australia*, vol. 8, no. 2, 2011, pp. 199-222.

地区作为盟友开展了前所未有的合作。许多年里，澳大利亚士兵和战俘都居住在亚洲；正如汉克·尼尔森和克里斯蒂娜·图米所说，这些士兵和战俘的经历留下了或是深仇大恨或是诚挚敬仰的深深烙印。① 个人层面的交往拓展了意识的宽度。战后时期，澳大利亚对被其称为"邻居"的亚洲地区有了更加浓厚的兴趣和热情。包括彼得·拉索、丹尼斯·华纳和赫布·费斯在内的记者和学者都致力于与亚洲相关的研究和写作。正如艾莉森·布洛诺斯基指出的那样，亚洲还为玛格丽特·普勒斯顿、唐纳德·弗兰德和伊恩·费尔韦瑟等艺术家提供了创作灵感。② 南希·吉森和哈罗德·斯图尔德等诗人以及彼得·斯克尔索普等作曲家都从亚洲汲取了灵感。③ 亚洲美学为包括佛罗伦斯·布罗德赫斯特和杰米·杜里在内的设计师奠定了事业成功的基础。亚洲的饮食则启发了夏尔曼·所罗门、尼尔·佩里和比尔·格兰杰等著名厨师。澳大利亚儿童也越来越多地受到《美猴王》《宠物小精灵》和《七龙珠》等电视节目的影响。个人层面对亚洲的向往汇集成一种不可阻挡的趋势，人们对亚洲的兴趣慢慢地、悄悄地形成，这也促成了与亚洲接触交往的官方政治举措。

不仅如此，亚洲还深刻地影响着澳大利亚对其自身的看法。澳大利亚曾自视为勇敢丛林居民生活的空阔大陆，这种政治与公民认同的界定与亚洲有很大关系。20 世纪的第一个十年，澳大利亚发展、发达和现代化的形象恰恰与落后的亚洲形成了鲜明对比。亚洲的"脏乱"凸显了澳大利亚的洁净；亚洲低级的苦力巩固了澳大利亚作为"工人天堂"的地位；亚洲的政治动荡体现了澳大利亚的稳步发展。将女性视为奴隶成了被广泛接受的亚洲标签。亚洲女性地下的地位不仅证实了澳大利亚的进步性，还强化了这样一种认识：一旦澳大利亚变得更像亚洲，危险将会降临澳洲大陆。对一些人来说，对待女性的方式是文明开化的澳大利亚和野蛮顽固的亚洲之间最本质、最无法消除的差别。20 世纪 60 年代，

---

① H. Nelson, *Prisoners of War: Australians under Nippon*, ABC Enterprises, Crows Nest, 1985; C. Twomey, *Australia's Forgotten Prisoners: civilians interned by the Japanese in World War Two*, Cambridge University Press, Port Melbourne, 2007.

② A. Broinowski, *The Yellow Lady: Australian impressions of Asia*, Oxford University Press, Melbourne, 1992.

③ P. Sculthorpe, *Sun Music: journeys and reflections from a composer's life*, ABC Books, Sydney, 1999.

旅行作家科林·辛普森认为男权是原始低级的标志，他指出男权特质在日本战后的发展模式中有充分体现。[①] 澳大利亚人经常提到其妇女很早便获得了选举权，并以此证明澳大利亚是一个文明程度很高的国家。澳大利亚妇女选举权是一个经常被提及的话题，最近它还被用来谴责好战的伊斯兰国家。对澳大利亚现代化的定义也建立在落后的、被视为她者的亚洲的基础之上。

反复出现的亚洲人口众多、治理不当的言论提醒着人们，澳大利亚无论在政治体系还是社会价值方面都与亚洲截然不同。当与亚洲的境况进行比较时，澳大利亚人会觉得自己十分幸运。澳大利亚妇女经常被告知，与亚洲女性相比，她们没有理由抱怨自己的生活。一代代澳大利亚人都认为他们很幸运，因为他们没有遭受过亚洲的贫穷、污秽、独裁和动乱。虽然唐纳德·霍恩对人们曲解了"幸运之邦"的讽刺内涵而感到沮丧，但在这样一个充分意识到其优越性的社会中，人们是很难感到自己不幸运的。"不同于亚洲"或许是一种奇怪的身份认同，但它在澳大利亚的社会背景下却很值得研究。随着亚洲世纪的到来，澳亚之间的力量对比已经发生了变化：趋同于亚洲的好处变得越来越明显，也得到了更多人的支持。与亚洲划清界限的说法正在被加强与亚洲的联系所取代。

然而，亚洲在帮助澳大利亚进行自我界定方面发挥的作用却很少受到澳大利亚历史学家的关注。即使亚洲出现在澳大利亚历史中，也常常是出现在关注澳亚交往的专家的作品中，而不是以通史或简史的形式出现。尽管澳大利亚"工人天堂"的自我构建与亚洲苦力形成鲜明对比，亚洲却很少在澳大利亚主流工人史中扮演重要角色。[②] 类似地，尽管种族、邻近亚洲的地理位置和性别在澳大利亚历史中以多种方式交织在一起，亚洲却很少出现在澳大利亚性别史中。研究国际关系的历史学家能最为深刻地认识

---

① C. Simpson, *The Country Upstairs*, p. 87.

② An early and notable exception is F. Farrell, *International Socialism and Australian Labour: the left in Australia, 1919 - 1939*, Hale &Iremonger, Sydney, 1981. More recent work includes J. Martinez, "Questioning 'White Australia': unionism and 'coloured' labour, 1911 - 1937", *Labour History*, no. 76, 1999, pp. 1 - 19; H. Goodall, "Port politics: Indian seamen, Australian unions and Indonesian independence, 1945 - 1947", *Labour History*, no. 94, 2008, pp. 43 - 68.

到亚洲对澳大利亚发展的重要性，但即便是这部分历史学家也常常更关注澳大利亚与英国或美国的关系，而忽视了澳亚关系。[①]

在历史学家撰写民族历史的时候，他们往往会去掉那些没有定论的零星问题、没有后续发展的细枝末节和已经错过的机遇，不然历史就会显得不完整或模糊难懂。就像格雷格·洛克哈特在他的作品集中论述的那样，亚洲常常被历史学家视作没有定论的零星的问题，因而从澳大利亚历史中删去。这在一定程度上是为了创造一部有特色的民族史。20世纪50年代，澳大利亚历史和文学在学术领域的专业化就是文化去殖民地化的体现，是民族独立的宣言。将其与跨文化交往混为一谈则会冲淡独立自主的呼声，因而会被视作削弱而不是加强了民族文化。

澳大利亚与亚洲的交往在很大程度上揭示出这样一种观念或态度——现在的澳大利亚不愿提及在历史上的种族排他性和反亚情绪。举一个有代表性的例子，每一代人可能都会从澳新军团传奇及其宣扬的奉献与勇气的精神中找到一段虽不无争议却鼓舞人心的历史，但澳亚关系史却不同，它很容易成为一段支离破碎的、道德上复杂、政治上难堪的一段历史。提到亚洲，人们常常会忽略史实，并渴望像那些孤独的空想家和先驱者那样，成为"发现"亚洲重要性的第一人。事实上，"第一人"的名单很长，这恰恰说明人们忘记了澳大利亚与亚洲关系的历史。

澳大利亚历史中的亚洲

将亚洲从澳大利亚历史中抹去带来了严重的后果，它掩盖并减弱了澳大利亚民族历史的丰富性。因而，本书的一个重要观点便是——我们应当承认澳大利亚历史在很多方面都涉及亚洲。我们认为，不论多么希望书写一部严格意义上的民族历史，都不应当人为地将澳大利亚历史从其所处的地区和整个世界中分割开来。如果我们承认与亚洲及世界交往的重要性，我们的历史很可能会显得不那么平整和独立。那会是一种更难书写的历

---

① The central role of Asia to Australia's diplomatic and defence policies has been most effectively depicted in N. Meaney, *A History of Australian Defence and Foreign Policy and Australia and the World Crisis, 1914-1923.*

史。不断前进的、自给自足的民族史将会被取代，与外部世界的各种交往以及澳亚之间的人口、贸易、物质和精神层面上的往来将会使澳大利亚历史变得更加复杂。[①] 承认澳大利亚历史的多样性不仅关乎澳大利亚的自我认同，也对外部世界如何看待澳大利亚有着重要意义。充分发掘澳亚间的交往不仅将澳大利亚的历史与亚太地区的历史联系起来，还促进了地区间的联系，这对保持经济、政治和文化交往都至关重要。

尽管将所有关于"澳大利亚视角下的澳亚关系"的话题都囊括在一本书里是不切实际的，但是本书仍努力呈现出一部将亚洲置于澳大利亚民族历史中心或泛中心地位的、广义上的文化史。每一个章节都来源于学者个人的研究兴趣。虽然他们的研究以不同的方式彼此支撑，相依发展，但每个学者都有着自己独特的解读和思考。本书共分为五个部分——"三个大国""种族身份认同""想说爱你不容易""中国谜题"和"亚洲的缺失"，并以题为"澳大利亚与亚洲：因海相通"的尾篇作为结尾。第一部分"三个大国"研究了中国、印度和日本如何在 19 世纪末 20 世纪初使澳大利亚人对亚洲崛起产生了截然不同、甚至自相矛盾的看法。第二部分"种族身份认同"将关注的焦点转向更加隐秘的历史，展现了人们对种族和身份认同的理解具有惊人的不稳定性。这部分提到人们经常设想澳大利亚会成为欧亚混血的"金黄种族"的故乡，讲述了"正常的"澳大利亚白人女性跟着她们的中国丈夫到中国旅游的故事，介绍了好莱坞巨星黄柳霜的巨大影响，这些都揭示了长期以来被忽略的澳大利亚白人对种族和归属感的看法。[②] 第三部分"想说爱你不容易"跟随着澳大利亚人的脚步将关注的焦点从澳洲大陆延伸到亚洲，研究了澳大利亚人如何在亚太地区内看待其个人和民族的地位，并探讨了其他亚洲国家是如何看待澳大利亚的。第四部分"中国谜题"以中国外交官于 20 世纪二三十年代在澳大利亚提出的"共享亚太未来"的主张为背景，研究了当下对中国崛起富有情绪化的讨

---

① M. Lake and H. Reynolds, *Drawing the Global Colour Line*; D. Denoon, P. Mein Smith and M. Wyndham, *A History of Australia*, *New Zealand and the Pacific*, Blackwell Publishers, Malden, Mass., 2000.

② For a subtle analysis of the fluidity of race and identity in white Australia see A. Woollacott, *Race and the Modern Exotic*: *three Australian women on global display*, Monash University Publishing, Clayton, 2011.

论，并分析了中国崛起对 21 世纪的澳大利亚在外交、经济和文化等方面的影响。第五部分"亚洲的缺失"涉及历史研究、媒体报道和教学/课程设计等诸多领域，试图解释亚洲在这些领域是如何被提及、抵抗并逐渐被发现了解的。本书的尾篇将目光投向连接澳大利亚和亚洲的海域，反思澳大利亚人对其脆弱边界的极度担忧和对有色人种入侵的巨大恐慌。

　　关于澳大利亚与亚洲交往的历史，还有很多话题值得探讨。在澳大利亚历史中，亚洲似乎既是恐慌的来源又是希望的所在。不论是亚洲整体还是亚洲大陆上的每一个民族，都被澳大利亚人想象着、拜访着和讨论着。亚洲既独立地存在于澳大利亚之外，又与澳大利亚相融共生，既影响着澳大利亚人对其自身的看法，也影响着澳大利亚与外部世界的关系。但如果将与亚洲的关系视作在 21 世纪第一次遇到的问题，则等于否认了历史，也否认了澳大利亚曾经面临过有关澳亚关系问题的自我认知。

（李建军　文轩　译）

三个大国

澳大利亚的亚洲观

被中国传染

格雷格·沃特斯[*]

1881 年 5 月，"格拉密斯城堡号"驶进悉尼港，卸下 814 名中国乘客。他们是外迁大军中的一部分：19 世纪下半叶，成千上万的中国农民和手工业者逃到了东南亚和新大陆。他们所逃离的祖国正因为人口增长、经济停滞和连年内战而变得一贫如洗。1851～1864 年的太平天国起义已造成超过 3000 万人死亡，此后的几十年间又有几千万人口死于饥荒和连年的干旱。不平等条约使帝国沦为西方列强的附庸，传统守旧的中国社会在经济低迷、人口逃离和不平等条约的重压下岌岌可危。

对当时的很多中国人来说，移居到国外似乎是生存下去的最好办法。1881 年时，繁荣的澳大利亚已经在中国南部广为人知了。仅当年 4 月和 5 月就有超过 3000 名中国人到达悉尼。这群人并不打算定居下来，只是盘算着在这里工作几年，还掉为了来澳大利亚所借的债，然后衣锦还乡。"格拉密斯城堡号"上的中国乘客们也是这样计划的，不过他们并没有受到热情欢迎，迎接他们的是一群焦虑激动的暴徒。他们耳闻中国人来后会降低工资水平和雇佣条件，中国人奇怪的外表和奇异的习俗也让他们感到不安。这群中国人一下船就遭到了辱骂和殴打，幸亏警察及时阻止才没有严

* 格雷格·沃特斯（Greg Watters），医学院泌尿专业毕业，1987～2010 年在西悉尼和新南威尔士北部海岸行医，2010 年完成有关医学职业在澳大利亚与亚洲交往关系中的作用的博士论文，研究兴趣包括澳大利亚种族间医学和疾病史，目前是迪肯大学人文和社科学院研究员。

重受伤。①

"格拉密斯城堡号"抵港后的混乱很大程度上反映了 19 世纪澳大利亚人和中国人在交融中产生的碰撞。② 当时，很多澳大利亚人都以自己国家的自由、清洁、活力和白人血统为豪。相较之下，他们想象中的中国是一个又挤又脏的地方，人民都是低等的"有色"人种，不注意卫生，而且诡计多端。③ 中国与澳大利亚邻近，而且人口众多，因此很多澳大利亚人都担心自己的国家会被中国人淹没，沾染上那些邪恶的东西：剥削劳力、赌博、性变态、脏乱和吸食鸦片。维多利亚州的著名政治家兼社会评论家查尔斯·皮尔森的这番话代表了当时很多人的看法：

> 我们都很清楚，中国一年多出来的人口就足以把我们淹没……我们是在捍卫世界上最后一块净土，供高等种族在这里自由地生活和繁衍，成就更高级的文明。④

尽管这些偏见在当时颇为泛滥，但是殖民时期的澳洲对中国人的态度其实是复杂而又富于变化的。因此，与其遵循传统通过一般化的归纳来研究澳大利亚人的态度，倒不如转向更有成效的方法，研究特定事件的文化动态。

疫病的突发就是重大的社会事件，不仅通常会被归责于外来人口身上，而且会促使种族冲突加剧。1881 年到 1882 年在悉尼爆发的天花疫情就是一个好例子。原本是亨利·帕克斯爵士领导下的新南威尔士政府在公共卫生上出现了失职，却让悉尼的中国人当了替罪羊。不过，当时也出现了一批跨越偏见、声援中国人的支持者。该事件显现了 19 世纪时澳大利亚人对中国移民的复杂态度，不仅受到政治的影响也受到种族考虑的影响。

---

① "News of the day", *Sydney Morning Herald*, 27 May 1881, p. 5.

② D. Walker, *Anxious Nation: Australia and the rise of Asia*, University of Queensland Press, St Lucia, 1999, pp. 36 – 49.

③ R. White, "Sun, sand and syphilis: Australian soldiers and the Orient", in D. Walker, A. Vickers and J. Horne (eds), Australian Perceptions of Asia: Australian cultural history, special issue of *Australian Cultural History* no. 9, 1990, pp. 57 – 59.

④ C. Pearson, *National Life and Character: a forecast*, Macmillan and Co., London, 1896, p. 16, citied in G. Tavan, *The Long, Slow Death of White Australia*, Scribe Publications, Carlton North, 2005, p. 14.

天　花

　　天花在 1980 年被彻底消灭以前，一直被认为是"死神最可怕的执行者"：疫情传播迅速，发病率高，死亡率高，而且西医缺乏有效的治疗手段。一般在潜伏十二天后，患者会出现类似流感的症状，约三天后冒出带脓的水疱（见图 1）。约三成患病者在初期发烧时就会死于急性败血症，随着病毒控制病体，会有更高比例的人死于多器官衰竭和组织破坏。就算幸存下来，很多人也得忍受永久的毁容和残疾：天花能造成令人厌恶的面部麻点、耳聋、失明、秃头、不育和严重的肌肉收缩。[1]

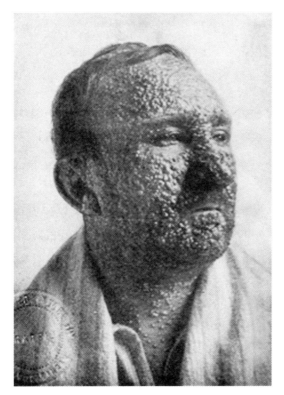

图 1　天花患者的面部脓疱，伊利诺伊州卫生部，1912 年

[1]　C. W. Dixon, *Smallpox*, J. & A. Churchill, London, 1962, pp. 1 – 80, 300 – 305.

天花疫情的暴发会影响到社会的各个阶层，曾经也摧毁过不少王朝和文明。科尔特斯（1485～1547，西班牙殖民者）凭借着天花而不是军队使先进的阿兹特克帝国臣服：征服者1520年到达中美洲后没几个月，高达75%的当地人口就因为天花而死亡或致残。后来，欧洲人在北美定居下来时也将天花作为对付印第安人的生物战争武器。① 不过，天花最初到底是怎样传入澳洲的争议很大。比较确定的是，这种疫病对土著人口和文化带来了摧毁性的打击，并最终帮助英国人占领了澳洲大陆。②

天花患者非死即残，因此在澳大利亚人中出现了恐慌，并出现了各种各样的社会反应。很多人认为天花是一种惩罚性疾病，源于不清洁、不道德的生活条件。③ 当时不少人还笃定地认为，只要遵循"正确的"卫生和行为规则，就不会患病。④ 因此，西方社会里总是将传染病认作为肮脏堕落的他族对社会秩序的破坏。"他族"当然包括人口中的少数种族，但也涵盖了社会中生活穷困、被剥夺权利和话语权的人。这些人群成了替罪羊，被指责为将疫病带到健康社会的罪魁祸首，并因此遭受侮辱和惩罚。

悉尼的天花疫病

澳大利亚一直都幸免于遭受天花疫病的肆虐，因为至少在20世纪50年代以前，从国外可能发病的港口到澳洲任一座城市所需要的时间都长于天花的潜伏期。因此，即使船上有人感染了天花，船只靠岸停泊时疫病的症状就应该已经显现出来，这些船只就会被隔离。另外，19世纪晚期以前，澳大利亚的城市人口规模都比较小，达不到天花流行所需要的大量人

① D. R. Hopkins, *Princes and Peasants: smallpox in history*, The University of Chicago Press, Chicago, 1983.

② N. Butlin, *Macassans and Aboriginal Smallpox: the "1789" and "1829" epidemics*, Australian National University Press, Canberra, 1984.

③ S. Sontag, *Illness as Metaphor: AIDS and its metaphors*, Penguin, London, 1991, pp. 62, 110 - 113.

④ S. Sontag, *Illness as Metaphor: AIDS and its metaphors*, Penguin, London, 1991, p. 113.

口（约为三十万人）。因此，天花病很少见，就算出现了也会很快过去。据报道，1881～1882 年悉尼暴发的天花病不过传染了 168 人，造成 40 人死亡，然而，这仍是澳洲历史上影响到欧裔澳大利亚人的最为严重、时间最长的天花疫病。

当时，很多悉尼人都认为天花是由中国移民的激增所带来并传播开去的。这多半是因为，在这场天花疫病暴发前的两周，来自香港的"布里斯班号"在靠岸后被隔离了。而且，第一例确诊的病例正是一位有名的中国商人安昌（On Chong）的儿子。这原本都是偶然证据，但当时的人们本来就认为中国人肮脏邪恶，容易患传染病，基因上也不利于抵抗天花病。① 更重要的是，澳洲民众一般都觉得天花病在中国人中严重泛滥，在更"文明"的欧洲却很少见。悉尼的很多人甚至认为，天花是一种"中国病"。

事实上，当时暴发的天花可能正是来自于欧洲人。后来的证据显示，"布里斯班号"本不应该进行隔离，是一名医生做出了错误的诊断；安昌的儿子其实是被家里的英国保姆传染的。一些报纸的报道和政府调查也证明，所谓中国人邪恶不堪和容易被传染的想法是不成立的。② 其实，关于这场疫病的来源最为有力的证据恰恰来自于其本身：染病的 163 人中仅有 3 人是中国人，如果这场瘟疫真的来自于中国人，患病人数不会这么少。③

然而，理性的推断在传染病所造成的恐慌时期里鲜有位置。中国人携带天花病毒的传言一时泛滥，甚至连《悉尼先驱晨报》都报道说："就算是一件很小的事情，只要与中国人有关系，就足以让一些人警觉起来。"④澳洲人对"中国人"的厌恶与日俱增，据报道，要不是担心被染上天花病，"低等人口中没头没脑、报复心重的那些人早就诉诸暴力了"，中国人因此而幸免。尽管如此，悉尼岩石区的"流氓团伙"还是借口阻止天花传

① "News of the day", *Sydney Morning Herald*, 26 May 1881, p. 5; *Sydney Morning Herald*, 1 June 1881, p. 4; *Sydney Morning Herald*, 17 June 1881, p. 4.

② G. Watters, "The SS Ocean: dealing with boat people in the 1880s", *Australian Historical Studies*, vol. 33, no. 120, 2002, pp. 331–343.

③ "Report of the Board of Health upon the late epidemic of smallpox", V&P NSWLA, 1883, Session 1, vol. 2, p. 953.

④ "Smallpox in Sydney: Chinese Quarter infected", *Evening News*, 26 May 1881, p. 2.

播而对过往的中国人进行人身攻击。一些中国人开的杂货店遭到恶意破坏，居民们也不让中国的菜农进入院子里上门推销。① 讽刺的是，这些菜农的蔬菜不久就通过欧裔中间商转手进入市场，并卖出了更高的价钱，当时这些行为的不理智之处可见一斑。②

当时还有人试图将中国人从公共场所和公共交通工具上排除出去。从纽卡斯尔出发的"坎布拉号"就遭遇了延迟，船上的欧洲乘客坚持要求两名中国乘客下船，否则就拒绝登船。在悉尼的郊区威弗利，一辆电车上的乘客纷纷抱怨同行的一名中国人有"不好的气味"，硬是强行将他赶了下去。曼利的市政委员则要求轮渡公司拒绝中国人在该区通行。③

官方的反应也好不到哪里去：不时有人呼吁要求对居住在区内的所有中国人进行强制性接种，卫生官员定期对中国人的居所进行粗暴的检查。④ 警察在处理中国病患时也会使用武力：在斯特拉斯菲尔德，骑警用皮鞭和警棍对怀疑接触过天花的劳工进行逮捕和隔离；在博特尼，由于怀疑中国人私藏天花患者，警察用长木棍将健康的中国居民圈起来。在北海德隔离站，中国人同样遭遇了敌意：中国病人被拒绝进入医院病房，不得不在海滩上搭帐篷，他们所得到的补给也是价廉质低的。尽管存在着这些歧视性行为，但是在公共集会上还是有人嫉妒地指责政府向中国人提供欧洲人所享受不到的"特殊医疗待遇"。这种传闻的出现主要是源于政府前后行为的不一致，政府曾派出一名医疗官员驻在安昌家里隔离，而后来出现的天花病人则纷纷被送到了隔离站。⑤

---

① "Out you go John, you and your smallpox", *Illustrated Sydney News*, 9 July 1881, p. 12.

② "Chinese gardeners", *Sydney Morning Herald*, 30 June 1881, p. 6.

③ "News of the day", *Sydney Morning Herald*, 21 June 1881, p. 5; "Smallpox in Sydney", *Sydney Morning Herald*, 20 June 1881, p. 6; "Borough Council", *Sydney Morning Herald*, 25 July 1881, p. 3.

④ "Smallpox in Sydney", *Sydney Morning Herald*, 22 June 1881, p. 6; "The variola and Mongol scare", *The Queenslander*, 2 July 1881, p. 20; "The meddler", *Sydney Mail and New South Wales Advertiser*, 2 July 1881, p. 9; Alderman J. D. Young, "Smallpox", *Daily Telegraph* (Letter), 1 June 1881, p. 3.

⑤ "A case of smallpox at Druitt Town", *Sydney Morning Herald*, 6 July 1881, p. 6; "Quarantine Station Royal Commission", V&P NSWLA, 1882, Question 1959, p. 1236; "Smallpox in Sydney", *Sydney Morning Herald*, 18 June 1881, p. 6; "Our Mongolian superiors", *Daily Telegraph*, 18 June 1881, p. 7.

政府的反应

亨利·帕克斯爵士领导下的新南威尔士政府抓住民众责怪中国人带来天花的心理，提出了歧视性的法案。在民众恐慌之时，帕克斯提出了《限制中国移民法案》，对每一名中国移民征收 10 镑的人头税，且对移民数量进行了限制，不得超过船只登记重量每 100 吨一名中国移民的比例。由于中国移民的数量不断增加，在 1881 年 1 月举行的大会上，大多数州的州长同意通过了该法案。然后，帕克斯利用天花疫情产生的危机提出了进一步的限制，宣布所有的中国港口、船只和海员为永久"受传染"。一旦通过，任何船只哪怕只有一名中国乘客或海员，都将遭到隔离，不管该船只的驶离港口和疾病状态如何。而且，中国人也将不能享有其他民事权利，包括拥有不动产和入籍的权利。①

帕克斯在解释该提案时提出了好几个理由：他提出有"很好的理由"让他相信，是因为中国人不注意卫生、喜欢居住在拥挤的环境中，才将天花病带到了澳大利亚。这次疫病的爆发表明，需要对从亚洲国家传入恶性疾病采取更为严格的防范措施……（因为）经验表明，亚洲移民给公共卫生带来了巨大的危险。② 帕克斯还指出，中国人"并不具有英国人的性格"，他们不过是在澳大利亚短期生活，并不会对其进步做出贡献，反而由于人数众多可能降低一般生活水平。③

帕克斯的理由为州立法会议的绝大多数成员所接受，不过并非没有反对意见。一些持反对意见的成员认为，政府是在迎合大众舆论中比较低等粗鄙的那部分人，从而试图改善选情。其实，并没有证据证明是中国人将天花带到了澳大利亚，帕克斯不但不推行限制疫情的计划，反而利用天花产生的恐慌来推动人们"针对中国人的情绪不断高涨"，激起"这个国家

---

① "Legislative Assembly", *Sydney Morning Herald*, 9 July 1881, p. 3.

② "Legislative Assembly", *Sydney Morning Herald*, 14 July 1881, pp. 2 - 3; "Circular to other colonies", *Daily Telegraph*, 18 June 1881, p. 6; 'Parliament', *Sydney Morning Herald*, 6 July 1881, p. 2.

③ "Legislative Assembly", *Sydney Morning Herald*, 14 July 1881, p. 2.

里的无知之人"。① 来自玛吉的议员、脾气暴躁的戴维·布坎南就抗议道：

> （政府通过）系统性地、不断地将天花恐慌联系到中国人身上……
> 对他们造成了不正当的过错与不公……其目的是尽可能地激发对中国人
> 的偏见。

布坎南认为，中国人绝非帕克斯所描述的"粗鄙、低等、低下的种族"。相反，他觉得中国人"年轻、敏捷、有活力、讲道德、聪明"，他十分欣赏他们身上的勤劳和坚持。反对意见后来取得了一定的胜利，帕克斯承认法案中的隔离条款并非旨在阻止疫病的蔓延，而是意图"让来澳的所有船只的船长陷入恐慌，从而不敢接受任何中国乘客"②。

法案中的隔离和民权措施在立法委员会也遭到了猛烈的反对。自由派的成员，包括威廉·皮丁顿和利泊德·德·萨利斯并不认为天花来自亚洲，批评帕克斯是在利用人们对天花的恐惧来实现自己的政治目标。德·萨利斯表示，"中国人不应当被置于其他种族之下"，他们的文明、健康和卫生情况完全可与任何欧洲国家的人相比，否认这一点的人无疑是在诽谤。③ 前总检察长威廉·贝德·达里据说是当时全澳最伟大的律师、演讲家和作家，受二十名著名中国商人之托，他在下议院做了一场演讲。④ 立法委员会能允许达里（和他的华裔被代理人）在下议院演讲，这本身就具有重大意义，因为这种情况在当时是鲜有的。⑤ 达里在这次演讲中对针对中国人的指控一一否认，并指责政府掀起种族偏见。他还谴责法案干扰了澳洲的自由和商业。⑥

---

① "Legislative Assembly", *Sydney Morning Herald*, 14 July 1881, pp. 2 - 3.

② "Legislative Assembly", *Sydney Morning Herald*, 22 July 1881, p. 2.

③ "Legislative Assembly", *Sydney Morning Herald*, 18 August 1881, p. 2.

④ B. Nairn, "Dalley, William Bede (1831 - 1888)", *Australian Dictionary of Biography*, Australian National University, http://adb. anu. edu. au/biography/dalley - william - bede - 3356/text5057, accessed 29 September 2011.

⑤ For a further discussion on the movement for civil rights for the Chinese in colonial Australia and the 1888 "Chinese Remonstrance" to the Victorian Parliament see M. Lake, "Chinese colonists assert their 'common human rights': cosmopolitanism as subject and method of history", *Journal of World History*, vol. 21, no. 3, September 2010.

⑥ "Legislative Council", *Sydney Morning Herald*, 19 August 1881, p. 2; "Legislative Council", *Sydney Morning Herald*, 11 August 1881, p. 2.

双方的争论还在继续，帕克斯却先走一着，临时宣布所有中国港口都"被传染"了。于是，从中国驶向悉尼的所有船只都自动被隔离，而欧洲来的船只要没有明显的天花病患，便可以停靠无误。该政策的效果十分严厉，例如，1881 年 7 月底到达悉尼的"大洋号"上搭载了 450 名中国乘客，尽管船上并没有出现天花病患，但澳洲方面还是拒绝颁发无疫入港许可证，要求"大洋号"停靠在隔离站外。随后，"大洋号"驶向墨尔本，在那里被允许靠岸。一部分乘客在墨尔本下船，然后不受任何阻碍就坐火车来到了悉尼。而未下船的 228 名乘客则坚持驶回悉尼，在那里却再次遭到隔离。在隔离了 21 天后，这批中国乘客最终被允许下船，不过，政府首先将他们的衣物、床上用品和个人物品都一律焚烧。①

"大洋号"的乘客所遭受的待遇引发了立法委员会成员的责难，他们对中国移民的境遇表示同情，认为政府的行为"表现出了专制主义"，会腐蚀澳大利亚的商业和政治自由。② 委员会成员虽然成功地抵制了法案中的隔离和民权条款，不过移民方面的条款还是于 1881 年 11 月得到通过。

强烈反击

"大洋号"上乘客的遭遇不仅在立法委员会中激起了争论，与之相对应的是，在不少民众中也引发了强烈反应，而其中很多人原本大力支持政府对疫情的处理。一些报纸的记者表示，一边是对中国人采取严厉的措施，另一边虽然欧洲的天花已经达到了传染的比例，但是从那里来的移民却仍然能够进入澳大利亚，所以对华人的政策是不合理的。《悉尼先驱晨报》认为，政府这些行为与英国人所宣扬的"公正正义的宏大标准"是不符的，③ 政府是在利用天花疫情的暴发来玩弄政治，不去控制疾病的扩散，反而一心想着提高自己在选民中的影响力。《晨报》提出，政府

①　"Parkes and pustules", *The Bulletin*, 6 August 1881, p. 13.

②　"Legislative Council", *Sydney Morning Herald*, 16 September 1881, p. 2.

③　C. G. L. (pseudonym), "The Chinese question", *Sydney Morning Herald*, 8 August 1881, p. 3; *Illustrated Sydney News*, 18 June 1881, p. 5; W. Hack, "The Chinese Bill", *Maitland Mercury*, 13 August 1881, p. 5.

"追寻暂时的民众支持……却让自己和整个新南威尔士的名声受损"。① 一个操纵隔离法来服务于政治而非卫生原因的政府是危险的，而且：

> 政府与"大洋号"被羁留隔离有关的种种行为造成了不必要的骚扰，或许正是政府故意为之……隔离法已经被扭曲了，服务于政治目的，而此时所急需的反而是通过政府的主动姿态来平复民众的情绪。②

就连一贯支持帕克斯政府的《每日电讯报》也表示：

> 对"大洋号"进行超长的羁留隔离似乎并不合理，唯一稍作合理的理由是船上的乘客是异教徒、应受到惩罚，何况就连这个理由也是有问题的。③

更为让人惊异的大概要数《公报》，该报认为帕克斯的行为非常严重，甚至放弃了一贯所持的反华立场，转而抨击帕克斯的能力问题。《公报》认为政府的政策不过是"只要中国人触手可及时，便盲目地乱打一通"，帕克斯所持的政策只是愤世嫉俗地试图赢得公众的支持罢了，"对政客来说，本来对他们希望更高"。④《公报》还为政府的行为找到了一个更为邪恶的动机，认为帕克斯是在让中国人当替罪羊，从而掩盖公共卫生政策的疏忽；正是政府的疏忽，而不是中国人的恶习，造成了天花疫情的发展，直至形成传染。⑤

对帕克斯进行攻击的不仅只有《公报》，还有《大洋洲医疗报》。该报编辑弗雷德里克·米尔福德博士认为新南威尔士的公共卫生状况中"尤为突出的是医疗卫生方面立法的缺位"，"是澳大利亚各殖民地中唯一一个没有卫生法和卫生委员会的"。米尔福德尚未提及的是，这次天花疫病发生之前，政府一直十分忽视公众接种和城市卫生问题。新南威尔士没有救护车的服务、没有正常运行的医学院，唯一的城市医院还处于陈旧破败的状态。米尔福德认为，"政府所采用的防范疾病蔓延的模式应该很难使患者

---

① *Sydney Morning Herald*, 27 July 1881, p. 5.

② *Sydney Morning Herald*, 23 July 1881, p. 5; *Sydney Morning Herald*, 1 August 1881, p. 2.

③ *Daily Telegraph*, 15 July 1881, p. 2.

④ "The ocean affair", *The Bulletin*, 30 July 1881, p. 1.

⑤ "The scapegoat", *The Bulletin*, 16 July 1881, p. 13.

受益，可以公平地推断认为，就其中一些病例而言，政府所采取的治疗造成了病患的死亡"。①

中国人传染

　　澳大利亚对于19世纪同中国交往的历史学研究一直都强调反华情绪的高涨，不过却忽略了害怕被中国人传染这个重要因素。帕克斯撰写过亚伦·马丁的传记，还同彼德·拉夫戴一同详尽记录了新南威尔士19世纪的政治史，但其中都没有触及1881年天花疫情的暴发及其相关的种族建构。② 此外，悉尼的一位公共健康史学家亚伦·梅恩在评论民众对这次天花疫情的反应时表示，该社会学现象更多的是基于阶层而非种族。他认为，疫情期间所出现的不容忍其实从"侧面"反映了悉尼的精英阶层在发现其所在城市公共卫生政策缺位时的情绪。③ 然而，这一解释忽视了对疫情的种族和政治建构，以及中国人当时所承受的严重歧视。

　　澳洲的历史研究中一直以来也忽视了澳大利亚人对中国人更为广泛的恐惧：害怕他们"传染"澳洲各领地。例如，第一位研究白澳政策的历史学家麦拉·威拉德认为，对疾病和传染病的恐惧仅仅是澳大利亚种族排斥政策的一个不太重要的原因，重要性远低于保护种族同一性和维护澳洲工人生活水平的意愿。④ 后续的历史学家，包括玛莉莲·雷克和亨利·雷诺兹几乎完全摒弃了传染病的因素，主要用"白人国家"这一理念中内在的种族主义来解释澳大利亚对移民方面的限制。⑤ 吉斯·韦德夏特则采取了不同的角度，他认为白澳政策根本不存在种族因素，而是旨在维持相对较

①　"Smallpox in New South Wales", *Australasian Medical Gazette*, 1 October 1881, pp. 7 – 8.

②　A. Martin, *Henry Parkes: a biography*, Melbourne University Press, Carlton, 1980. P. Loveday and A. Martin, *Parliament Factions and Parties: the first thirty years of responsible government in New South Wales, 1856 - 1889*, Melbourne University Press, Carlton, 1966.

③　A. Mayne, *Fever, Squalor and Vice: sanitation and social policy in Victorian Sydney*, University of Queensland Press, St Lucia, 1974, pp. 83 – 143.

④　M. Willard, *History of the White Australia Policy to 1920*, University of Melbourne Press, Carlton, 1923, pp. 188 – 213.

⑤　M. Lake and H. Reynolds, *Drawing the Global Colour Line: white men's countries and the question of racial equality*, Melbourne University Press, Carlton, 2008.

高生活水平的一种经济措施。① 与此不同的是，大卫·沃克和查尔斯·普莱斯则承认亚洲人的到来带来了焦虑感，尤其是工业"压榨劳力"、种族通婚和军事入侵方面的担忧。② 他们认为，对亚洲的恐惧造成并推动了澳大利亚日益高涨的种族爱国主义。

　　鉴于当时很多澳大利亚人都认为中国人是一个肮脏、多病的民族，历史学家们无视澳大利亚人对传染病的恐惧是令人惊异的。中国人的这种形象预示了澳大利亚人和中国人之间早期的重大接触，而且尽管存在着相反的证据，但在19和20世纪的大部分时间里一直为民众所普遍接受。③ 由于澳大利亚与亚洲毗邻，而且传染病一旦爆发并不具有选择性，这种害怕被传染的心理就更强了。疫病暴发后，人人自危，社会各阶层都害怕被传染。因此，对传染病的焦虑使澳大利亚在考虑如何面对中国时更多了一分尖锐和病态的恐惧。

　　大众传媒通常维系了这种焦虑情绪，甚至是推波助澜。媒体惯常在没有什么证据的情况下指责中国人带来了传染病、造成了澳大利亚城市贫民区里悲惨的情况。例如，1881年《每日电讯报》表示，拥挤脏乱的中国人聚居区里发生几起天花，就足以让死亡之神将首都毁灭，从米勒斯角一直到威弗利。④ 该报还认为：

> 中国人并不是普通人，否则在那些拥挤的地方里他们早就窒息而死了……这些亚洲恶臭应该被拒之门外，待在自己的地方，就应该被斧头砍。⑤

这样的报道在当时的澳大利亚报纸上并不少见。工联主义者、民族主义者兼辩论家威廉·雷恩就表示，"在中国人的家里，就连所多玛和蛾摩拉都要脸红，中国人完全不顾卫生和体面"。他还认为，这些黄种的害虫应当

①　K. Windschuttle, *The White Australia Policy*, Macleay Press, Sydney, 2004.

②　D. Walker, *Anxious Nation*; C. Price, *The Great White Walls are Built: restrictive immigration to North America and Australasia 1836 – 1888*, Australian National University Press, Canberra, 1974.

③　"Evidence of John Collins, minutes of evidence taken before the Committee on Immigration, Indian and British into New South Wales", NSW LC V&P, 1837, p. 633; 'Minutes of evidence taken before the Select Committee on the Chinese Immigration Bill', V&P NSWLC, 1858, p. 389; R. Cilento, "Triumph in the tropics: ensuring the health of the settlers and the conquest of the 'climate'", in *Triumph in the Tropics*, R. Cilento and C. Lack, Smith & Paterson, Brisbane, 1959.

④　"News summary", *Daily Telegraph*, 26 April 1881, p. 4.

⑤　"News summary", *Daily Telegraph*, 2 June 1881, p. 2.

马上被清理掉，如果消毒剂没用的话，连他们住的地方都要夷为平地，因为我们可不希望染上霍乱、天花和麻风……①

一些澳大利亚政客，尤其是亨利·帕克斯爵士，利用选民们对传染病的恐惧来实现自己的政治利益。1881 年的新南威尔士政治上还不稳定：20 世纪里在国会占据主导地位的那些政治党派此时尚未形成，一届政府的形成主要依赖于争取独立政客的支持，而这些独立政客主要是根据其选区内民众的情绪来做出支持谁的决定。实现责任政府后的二十五年里总共出现了十九任政府。帕克斯政府成立于 1878 年，是最长命的一届，不过也是依赖于帕克斯维持公众和国会支持的能力。公众认为天花疫情和中国移民之间有关系，帕克斯便利用这种看法成功地转移了民众对其管理失误的注意力，从而维持其政府的存在。这并不是帕克斯第一次利用少数族裔来当替罪羊。《公报》就发现，天花疫情以及反爱尔兰圣战（1868 年，有人企图刺杀爱丁堡公爵阿尔弗雷德王子，此后爆发了圣战）期间与帕克斯的行为存在着直接联系，并表示这一时期：

> 殖民地的人们处于激愤和激动之中，（帕克斯）并没有冷静地与这种情绪保持距离……脑子里只想着通过比对手更为过激的言行来赢得支持率。②

支持中国人

尽管帕克斯针对中国人的说辞一开始赢得了一些支持，但在悉尼的中国人并没有失声，而且也不乏支持者。中国人群体得以将其遭遇反映到立法机构，而且从两院的议员中均获得了支持。尤其是立法委员会的成员，由于他们并非选举产生，而且终生任职，因此基本能够不受到民众情绪的影响。悉尼的媒体，尤其是那些一开始支持帕克斯的，后来也开始要求对疫病的成因进行更为理智的分析。就连《公报》也对让中国人当替罪羊进

---

① K. McConnochie, D. Hollinsworth and J. Pettman, *Race and Racism in Australia*, Social Science Press, Sydney, 1988, p. 73.

② *The Bulletin*, 25 June 1881, p. 1.

行了抨击：在对中国人和帕克斯进行衡量时，帕克斯被认定为更大的威胁。随着反对的声音越来越大，帕克斯发现有必要修改口径，并最终表示，"对那些声称中国人有各种邪恶之处和道德缺陷的人，他没有一丝的同情"。①

国会对《限制中国移民法案》的讨论以及媒体对"大洋号"隔离的反应都显现出，尽管反华的偏见在当时颇为常见，但这种情绪并非没有反对的声音，澳大利亚社会中的自由派人士对利用中国人来实现政治目的的行为纷纷进行谴责。与 1881 年天花疫情相关的种族建构也说明，尽管试图将中国人描述为肮脏、下等民族的声音在当时澳大利亚的民意中占据着强大、甚至是主导性的地位，但这绝不是唯一的声音。

不宽容加剧

19 世纪八九十年代，对中国人支持的声音有所削弱。1900 年，新南威尔士又一次遭受了疫情的暴发，并再次引发了反亚洲人的强烈情绪。州长威廉·莱恩爵士不顾医疗顾问的反对，推行了对中国人具有歧视性的隔离制度。然而，这一次莱恩获得了媒体的强力支持，几乎所有国会成员也都支持他。民众中对中国人支持的声音很小，这一次，对传染病的恐惧成功地扭曲了公众的讨论，压制了反对的声音。

安德鲁·马库斯也提出，从 19 世纪 80 年代起，民众对白澳的支持率逐步扩大，本已存在的对中国人的歧视则更为广泛。② 事实上，到 1900 年支持中国人的声音已经很少能听到，就连最倾向于自由派的政客们都支持推动建立白澳。此时，阿尔弗雷德·迪肯振振有词地表示：

> 我们应当保持一个民族，不掺杂任何其他种族。没有哪个愿望能像这个愿望一样，能更为有力地消除一直分化澳大利亚的技术和政治上的分歧。③

---

① *Sydney Morning Herald*, 14 July 1881, p. 3.

② A. Markus, *Fear and Hatred: purifying Australia and California 1850 – 1901*, Hale & Iremonger, Sydney, 1979, p. 34.

③ M. Willard, *History of the White Australia Policy*, p. 119.

与容忍度的降低相对应，维多利亚晚期的自由主义思潮也发生了变化。优生学和社会达尔文主义极大地影响了自由主义，不容忍的情绪似乎在社会和科学的层面都是合理的。在澳大利亚社会的各阶层里，种族和国家身份变得紧密相连。①

这种基于种族的民族主义还因为工党的崛起而进一步加强，工党将白澳政策作为其党纲的第一条。工党的势力以及 1901 年时澳大利亚的政治情形使得当时稍有野心的政客便会积极地支持这一政策。就连约翰·克里德这样的自由主义派，尽管并不赞同这种人身限制的立法，仍认为这是贿赂工人阶级的必要之举，因为工人阶级的"偏见，（就算）显然不对，也必须纳入考虑之中"。②

结　论

澳大利亚同亚洲的早期接触中有一个重要的主题，即担忧白人社会被亚洲人所传染。澳大利亚人担心在同亚洲人进行接触时，会对他们的个人卫生、道德水平和国家健康造成损害。这并非是抽象的担忧，而是实实在在的，从而引发了现实的恐惧。亚洲同澳大利亚之间的地理距离以及传染病对社会各阶层的影响催生了一种病态的恐惧，使得公众的讨论变得不理智，并造成了政府对非白人移民澳洲的限制。这些恐惧并非没有遭到反对的声音，不过，随着对白澳政策的支持逐步稳固，反对的声音也越来越小。在讨论谁应当成为澳大利亚社会的一分子、在什么条件下这些人可以被允许加入澳大利亚时，恐惧——尤其是对传染病的恐惧，一直以来是原因之一，而这些讨论一直贯穿着澳大利亚与亚洲的关系史。

（胡丹　译）

---

① M. Roe, *Nine Australian Progressives: vitalism in bourgeois social thought 1890 – 1960*, University of Queensland Press, St Lucia, 1984, p. 6.

② J. Creed, "A Rational White Australia", *Daily Telegraph*, 20 July 1905, p. 5.

迪肯的错综复杂的印度情节

伊普斯塔·森古普塔[*]

如果格雷格·沃特斯所言无误，中国"威胁"着最后一个盎格鲁－撒克逊民族的种族纯粹性，那么印度带来的威胁则是意识形态层面上的。最能全面概述 19 世纪和 20 世纪之交时澳大利亚与印度关系的人非阿尔弗雷德·迪肯（1856～1919）莫属。他在澳大利亚联邦建成的第一个十年里三度担任总理职务。迪肯一直是澳大利亚政治文化中的一位杰出人物：赞扬其功绩的传记最早于 1923 年出版；20 世纪 60 年代发行了关于迪肯的学术专著，共有两卷；有关他的第三部传记也即将面世。除此之外，还有两项传记性质的研究，其中一项研究了迪肯的宗教信仰，另一项涉及他的个人生活。不论是公开发表的著作还是私人性质的评述，迪肯都是围绕亚洲著书立说最多的澳大利亚政治家。当然，也没有哪个澳大利亚政治家像他那样，对印度充满着复杂而持久的热情。迪肯对印度的兴趣，尤其是他对印度刻意保持沉默的态度，是我们了解印度、英属印度和白澳之间多方面交往的关键。

作为创立和推行澳大利亚联邦制的领袖，迪肯早已习惯了把个人的观点和想法隐藏起来，以沉稳政治家的形象示人。^① 他曾经是一个好读书的

* 伊普斯塔·森古普塔（Ipsita Sengupta），加尔各答大学南加尔各答女子学院英语系主任、助理教授，研究领域是澳大利亚和印度关系。

① A. Deakin, *The Federal Story: the inner history of the Federal cause*, edited with an introduction by J. A. La Nauze, Melbourne University Press, Carlton, 1944.

学生，梦想成为作家，并尝试过做剧作家。[①] 虽然作为剧作家的迪肯并不成功，但他保留了许多笔记本，并终身坚持写日记。他的日记成了一种超越了政治生活的自我反省和自我监督的途径。他在日记中抒写真实的自我，记录独自一人时的所思所想，记录精神感悟和个人观点，而所有这些都对公众严格保密，甚至对家人也不公开。正如迪肯通过日记中那些不愿公之于众的观点和形象来实现自我净化一样，虽然作为政治家的他必须坚持让澳大利亚免受印度有色人种和动荡不安的威胁，但在他的个人想象中，他应当在完全将印度抛弃之前，好好体会、甚至是欣赏这个国家。表面看来，迪肯对印度的兴趣表明了他对英属印度理性的国家建设的钦佩。英国成功征服了印度民族，平息了那里的动荡和混乱。迪肯不仅对这种国家建设模式十分推崇，他还希望能够进行效仿，用建立联邦的方式掩盖令人不安的有关澳大利亚原住民和罪犯流放的历史。但是，迪肯的写作中也流露出他对本土印度的纵欲好色很感兴趣。透过印度对迪肯隐秘的吸引力，我们可以看到他内心非理性的、不同于推行白澳国家建设大业的另一面。

双面迪肯

阿尔弗雷德·迪肯很好地体现了人性的复杂性。十八岁的迪肯加入了马瑟韦尔博士的降神会。不久，他成了一名灵媒人员，并随之出版了自己的作品《新天路历程》（1877）。[②] 这本书改编自班扬著名的寓言故事，并融入了当代奥义书的宗教信仰。迪肯正是通过降神会结实了他未来的妻子伊丽莎白·玛莎·安妮·布朗（1863～1934），当时她还只是一个少女，她还有一个更广为人知的称呼，那就是她在嫁给迪肯后的名字帕蒂·迪肯。从政之后，迪肯尽量在男性化的政治文化中隐藏自己做过灵媒的经历，因为灵媒越来越被看作是一种被动或趋于女性化的职业。他还努力隐

---

① A. Deakin, *Quentin Massys: a drama in five acts*, J. P. Donaldson, Melbourne, 1875. This is Deakin's only published creative work, printed at his own expense.

② A. Deakin, *A New Pilgrim's Progress: purported to be given by John Bunyan*, W. H. Terry, Melbourne, 1877.

瞒创作《新天路历程》的事实。为了去除书上印刷者的名字，迪肯损毁了他自己保存的单本。1890 年，维多利亚州图书馆中的《新天路历程》藏书也不见了。① 迪肯夫妇从未公开他们是如何通过降神会相识并结婚的。他们富有灵异色彩的爱情故事必须从世俗的国家历史中剔除。迪肯自视为创作这种世俗国家历史的剧作家，他也为此塑造了其作为政治家应当扮演的角色和应有的经历。

在迪肯与帕蒂相爱之时，他还结识了生命中另外一个重要人物大卫·塞姆。这个倔强的苏格兰人掌管着墨尔本极具影响力的日报《时代报》。塞姆把迪肯培养成为《时代报》撰稿人，他还在 1878 年为迪肯参加议会选举提供了资金支持。迪肯在 22 岁时被推入政界，他曾表示："就这样，我最终成了一名政治家。这完全是形势所迫，而非我自愿的选择。"② 迪肯的多面人格使得他的参政看起来像个不得已的机缘巧合。他曾经希望成为散文家、诗人、剧作家、演员或老师，还做过业余灵媒。他甚至在 1904 年前后正值政治生涯顶峰之时，还考虑过要做自己私人福音会的正式牧师。③

政治方面，迪肯是白澳政策的制定者之一。白澳政策虽然本质上是一项激进的种族驱逐法案，却声称以社会正义和尊严为前提。④ 迪肯认为，澳大利亚必须保持作为盎格鲁‐撒克逊民族的最后据点的地位，因为如果大英民族的血统遭到破坏，那么民族存在的根基也将崩塌。⑤ 就这样，原住民被驱逐到隔离区，或挤在传教机构里。他们不参加人口普查也没有选举权。出于礼貌，原住民被提供了一个"临终靠枕"。而对于亚洲人，迪肯却毫无客气。他说：

禁止一切黄皮肤、棕色皮肤和铜色皮肤的人移民澳大利亚……澳

① J. Rickard, *A Family Romance: the Deakins at home*, Melbourne University Press, Carlton, 1996, p. 56.

② A. Deakin, *The Crisis in Victorian Politics, 1879 – 1881*, J. A. La Nauze and R. M. Crawford (eds), Melbourne University Press, Carlton, 1957, p. 59.

③ A. Gabay, *The Mystic Life of Alfred Deakin*, Cambridge University Press, Cambridge, 1992, p. 157.

④ M. Lake, "On being a white man, Australia, circa 1900", in H. Teo and R. White (eds), *Cultural History in Australia*, UNSW Press, Sydney, 2003, p. 97.

⑤ A. Deakin, *Commonwealth Parliamentary Debates*, xviii, 1904, pp. 718 – 719.

大利亚民族下定决心与有色人种移民斗争到底，绝不沾染任何污秽的东西，要不惜一切代价抵制所有有色人种移民。[1]

具有讽刺意味的是，迪肯曾经在 1894 年 2 月参加过起源于印度和佛教的神智学运动。神智学运动对许多有关种族排他性的概念提出了挑战，而澳大利亚的神智学运动更是暗含着让人不安的亲亚立场，这使主流舆论十分不满。迪肯是神智学会图拉克分会的创始秘书，但在 1895 年加入澳大利亚教会的当天辞去了神智学会的秘书职务。[2] 对一个年轻的澳大利亚议员来说，与神智学发生联系是不合时宜的。虽然迪肯的公众身份是政治人物而非神职人员，但私下里他对许多宗教信仰都很感兴趣。他的日记里对佛祖、穆罕默德、耶稣和《奥义书》都有涉及。

迪肯曾给总部设在伦敦的《早报》做过记者，他一直不愿公之于众的多面性在这期间以各种形式得以体现。从 1901 年到 1914 年，迪肯经常以匿名的方式报道和评论澳大利亚政策以及包括他自己在内的澳大利亚政治人物。对此，加贝这样评论："在许多迪肯报道过的事件中，他显然不认为新闻报道和他作为事件的主要推动者的角色之间有任何冲突的地方。"[3] 迪肯很享受这种隐藏身份的神秘感。他在 1907 年对理查德·杰布说："尽管这么做是极其冒险的，但当时的情况适合这种'虚构'，而不适合将现实展现给公众，这也是我这么做的原因之一。"[4] 迪肯在晚年时对他日渐退化的记忆力感到很绝望，他写道："我的记忆有一点是虚构的，是一个可怜人的偶然复发，一个渐渐萎缩的阿尔弗雷德·迪肯的回忆"。[5]

根据他的各种传记和日记，我们所看到的迪肯是一个集各种矛盾于一身的多面人物。作为政治人物，私底下他用写作来宣泄情感和去除面具，但他又需要面具并带着一种恶作剧的乐趣维持种种面具（如担任《早报》

---

[1] A. Deakin, *Federated Australia: selections from letters to the Morning Post 1900 - 1910*, edited with an introduction by J. A. La Nauze, Melbourne University Press, Carlton, 1968, p. 80.

[2] The Australian Church was a free religious fellowship formed in 1885, with the Reverend Charles Strong as its first minister. It was dissolved in 1957.

[3] A. Gabay, *The Mystic Life of Alfred Deakin*, p. 143.

[4] J. A. La Nauze, "Introduction", *Federated Australia*, p. x.

[5] A. Deakin, *Diary*, 19 January 1917, Papers of Alfred Deakin, 1804 - 1973, MS1540/3, National Library of Australia.

记者期间），而他的直言不讳又使得同僚们无所适从；作为男人，他自我尝试灵媒的角色，幻想可能存在的男子女性化和更高存在的两性性别转化，却又同时致力于塑造一个具有高度男子气概的国家形象；作为"和蔼可亲的阿尔弗雷德"，他掩饰着自己多个角色和不为人所知的故事，尽管他阅读广泛，孜孜探求多种宗教，却又对任何影响白澳人种纯净性的"不洁"肤色表现出恐惧不安。

探寻迪肯传记中的印度

基于 1890 年 11 月 11 日到 1891 年 2 月 1 日访问印度的经历，迪肯于 1893 年出版了两本关于英属印度的书籍——《印度灌溉系统》和《印度的寺庙与古墓》。① 两书出版的同年，查尔斯·皮尔森在他的《国民生活和性格预测》一书中设想了澳大利亚可能被亚洲人绑架的情形。② 此书对白种人和大英帝国走向衰落的悲观预测以及黑种人和黄种人在后殖民时期的发展，在欧洲、北美和澳大利亚知识分子中掀起一阵恐慌的浪潮。在这样的背景下，迪肯对印度的向往则成了"不可触及的奢望"。③

当然，迪肯的传记中没有直接提到印度。在由迪肯夫人授权、于 1923 年出版的《阿尔弗雷德·迪肯小传》一书中，作者沃尔特·默多克把迪肯的印度之行收录在一个子章节中，作为介绍联邦运动的引言。④ 在默多克所著的传记中，相较于建成澳大利亚联邦前"激荡冲突的十年"，印度仅仅扮演着与历史主线不大相关的没有什么危害的次要角色。然而，迪肯不只是去印度游玩的，他被称赞为东方学家，被认为"他很了解印度的历史，即便是英国人中了解印度历史的也没多少"。⑤

---

① A. Deakin, *Irrigated India: an Australian view of India and Ceylon, their irrigation and agriculture*, W. Thacker and Co., London, 1893; A Deakin, *Temple and Tomb in India*, Melville, Mullen and Slade, Melbourne, 1893.

② C. H. Pearson, *National Life and Character: a forecast*, Macmillan, London, 1893.

③ D. Walker, *Anxious Nation: Australia and the rise of Asia 1850 – 1939*, University of Queensland Press, St Lucia, 1999, p. 20.

④ W. Murdoch, *Alfred Deakin: a sketch*, Constable, London, 1923.

⑤ W. Murdoch, *Alfred Deakin: a sketch*, Constable, London, 1923, p. 165.

拉诺兹所著《阿尔弗雷德·迪肯传》（1965）是对"令人激动地预言会出现一个统一的澳大利亚的人"的权威阐释。[①] 拉诺兹这样解释本书的谋篇布局："我分配给迪肯不同生活时期的篇幅是经过深思熟虑的。"在这本书中，"印度"一词被有意避开，只在《告别旧职，1890》一章中的个别段落有所提及。拉诺兹认为，印度之行是塞姆对政坛之外的迪肯进行的肆意包装。他在别处解释道：迪肯崇尚盎格鲁-撒克逊民族和集体殖民主义，但他却对亚洲、非洲和印度等位于热带地区的英国属地没有兴趣。为了消除人们对迪肯向往印度的猜测，拉诺兹指出迪肯坚定地支持英国殖民主义及其在热带属国和大洋洲的霸权地位。在一位白澳政策制定者的传记中提及印度半岛的确有些不合时宜，在 20 世纪 60 年代的背景下更是如此，因为这时的印度正因嬉皮士而臭名昭著。[②] 因此，印度在拉诺兹的书中被淡化了。

加贝在其 1992 年的研究中重新阐释了在迪肯生活中发挥重要作用的宗教信仰。加贝认为，迪肯将联邦视为可以将其崇高追求和世俗政治目标合而为一的"超验责任"。印度主要代表着一种抽象的、理智的、时而有些神秘的价值。迪肯对佛教和神智学的兴趣及其对因果报应和轮回转世的信仰都源自于印度。迪肯写于 1904 年 6 月之后具有自我对话性质的十封书信表明，他在潜意识中扮演着佛祖的角色，放弃涅磐来普度众生。[③] 这些书信劝诫着一个厌世、丧妻的年轻政治家开始有意识地融入世界，而放弃做一个只考虑一己之私的神秘主义者。正是迪肯书信中的自我对话传达了以慈悲为基、社会福祉高于个人轮回解脱的佛教教义。迪肯对印度教的《薄伽梵歌》和伊斯兰教的《古兰经》十分精通，[④] 他曾在 1904 年 4 月到 1905 年 7 月间的政治生涯顶峰时期尝试为经文提供详尽的注释。在西方

① J. A. La Nauze, *Alfred Deakin: a biography*, Melbourne University Press, Carlton, 1965.

② A. Sobocinska, 'Diggin on the East: the hippie trail and Australian—Indian relations', paper presented at *Public Diplomacy in Theory and Practice*, India International Centre, New Delhi, 9 April 2011.

③ In Buddihist and sanatani epistemology, nirvana signifies a state of self – realisation when one finally identifies with the cosmic self and achieves *moksha* or liberation from the unending cycle of desire, birth, suffering and death. Gabay explores Deakin's subconscious assumption of the role of Buddha in his ten letters in *The Mystic Life of Alfred Deakin*, pp. 165 – 166.

④ A. Deakin, "Ten letters", Papers of Alfred Deakin, 1804 – 1973, MS 1540/5/201 – 610, National Library of Australia, Canberra, cited in Gabay, *The Mystic Life of Alfred Deakin*, p. 172.

世界看来，印度向来都是信仰贫瘠之地，这种观念即使在加贝的研究中也没有任何变化。也许迪肯本人也并不积极挑战这种观念。正如马克·赫恩发现的那样，从迪肯 1909 年到 1914 年阅读的书籍中能看出他十分热衷于英国和法国的文学与哲学，这说明他试图以澳大利亚民族的名义在想象中的西方世界移居地中寻求"道义上的肯定和精神上的慰藉"。① 如果理性地看待印度，而不是将其视为神秘的所在，那么印度的影响就渐渐减弱了。

里卡德的著作（1996）同样地将印度视为一种"破坏"，尤其是对幸福的迪肯家庭而言。迪肯有时将印度勾画成富庶之国或充满异域风情的"他者"，里卡德认为这恰恰反映了迪肯内心对印度的向往，而这在《印度的寺庙与古墓》中体现得尤为突出。迪肯在《印度灌溉系统》中描绘的佩戴怪异珠宝的女性似乎表现了艾莉森·布洛诺斯基提出的"蝴蝶现象"，澳大利亚的东方学家经常把东方女性想象成有吸引力而又数量无限的商品。②

迪肯眼中的印度

我的记忆总是与你的历史相冲突
只要你是属于我的
这世上还有什么是不可能的呢？③

印度之于迪肯的多重意义超出了传记作家笔下的刻板印象。尽管迪肯的传记中很少提及印度，但印度曾是他心中的一个梦。在《印度的寺庙和古墓》一书中，迪肯坦言印度对他来说是个具有魔力而庄严壮丽的词语，其他词语与之相比都黯然失色，很难留下什么印象。他曾在其他著作中表

---

① M. Hearn, "Examined suspiciously: Alfred Deakin, Eleanor Cameron and Australian liberal discourse in the 1911 Referendum", *History Australia*, vol. 2, no. 3, 2005, pp. 1 – 20.

② A. Broinowski, *The Yellow Lady: Australian impressions of Asia*, Oxford University Press, Melbourne, 1992, pp. 105 – 106.

③ A. S. Ali, "Farewell", in *The Country Without a Post Office*, W. W. Norton, New York, 1997, pp. 7 – 9.

示，印度是在他的青年时期最能激发他想象力的国家。在他的想象中，印度或许在走向衰落，但却是一个辉煌而古老的国度。① 在迪肯出版发行的四部作品中，有两本书试图将印度介绍给英国和澳大利亚读者；另外两本书在他去世后发表，是关于联邦运动的传记性质的著作。② 在《印度灌溉系统》的序言中，迪肯对澳大利亚与印度的未来持乐观态度，他认为不论在和平时期还是战乱冲突时期，两国在贸易等方面的交往会达到历史上最为密切的程度。③ 尽管印度传统家族式师徒传承中的关系与《新天路历程》中的模式相反，教育与知识传授始终是迪肯所提倡的实现两国密切交往的最佳途径。澳大利亚学者会在南半球的大学里向严谨的印度学生讲授知识，而不是在牛津、巴黎或海德堡度过冬季。④ 澳大利亚人也能成为解读印度的专家。对殖民地时期的人们来说，宣称熟知澳大利亚和英国以外的另外一个地区的文化能带来威望和信任。因而，迪肯认为澳大利亚学者应该成为未来解释和介绍印度的专家，他指出："一些问题的解决需要切身了解印度和那里的不同民族，而澳大利亚学者则很有可能成为应对这些问题的权威。"⑤

在印度的经历使迪肯对澳大利亚的发展有所顿悟。饱受经济衰退困扰的吉利斯 - 迪肯政府在 1890 年辞职之后，塞姆为迪肯安排了去埃及做记者的职务，暂时告别政坛。但迪肯却选择了去印度，他希望能够学习英属印度的灌溉系统，以改良澳大利亚的灌溉技术。⑥ 1890 年是迪肯人生中的分水岭；之后的十年，他促成了澳大利亚联邦的建立。从时间上看，印度之行先于联邦运动：迪肯正是在印度孕育了他的澳大利亚梦。在迪肯倡导建立统一的澳大利亚之前，他需要确保他的澳大利亚梦免受印度等同于"他者"固有观念的影响。在印度，生活着庞大的掌握多种语言的人们；正是在印度，迪肯展现了他人格的多面性：他做过民族志学者、东方学家、牧师、翻译和记者。在投身联邦运动之前，迪肯必须把印度对他的影响收敛

---

① D. Walker, *Anxious Nation*, p. 1.

② A. Deakin, *The Federal Story*; A. Deakin, *The Crisis in Victorian Politics*, p. 59.

③ A. Deakin, *Irrigate India*, p. 13.

④ A. Deakin, *Irrigate India*, p. 14.

⑤ A. Deakin, *Irrigate India*, p. 14.

⑥ J. A. La Nauze, *Alfred Deakin*, p. 133.

起来，不让公众知晓。为了构建他梦想中的澳大利亚，印度只能是个极其不稳定的"他者"。他小心翼翼地划定了祖国和民族的边界，而印度是这边界之外的一个模糊区域。①

迪肯所著关于印度的文章最早发表在墨尔本的《时代报》、悉尼的《每日电讯报》和阿德莱德的《广告人报》。这些文章经过筛选后集结成册，《印度灌溉系统》一书在英国和印度出版发行；而删减的部分则被收录在《印度的寺庙和古墓》一书中，在墨尔本发行。② 《印度灌溉系统》主要讲述了大英帝国在印度的殖民成就，读起来像一个白人人类学爱好者写成的关于印度人的民族志，文风轻松幽默。而《印度的寺庙和古墓》一书则主要研究了印度本土的建筑、被英国殖民之前的历史以及人们的宗教信仰。

地图上描绘的印度及其灌溉系统

迪肯声称是为了了解灌溉系统而来到印度；他将灌溉系统视为大英帝国的伟大成就，其重大作用似乎为殖民霸权赋予了合理意义。这个灌溉系统缓解了印度河流的水灾，并提供了遍及印度次大陆、位于提尔塔朝圣地③的萨那塔尼水域之外的又一灌溉网络系统。水流通过灌溉水渠到达印度的中心区域，构成世俗意义的提尔塔；而迪肯对灌溉系统的探访则是一次对宗教圣地的绕行。④ 这个灌溉系统体现了益格鲁－撒克逊人在绘制印

---

① In *The Crisis in Victorian Politics*, Deakin expounds his safely unviable dream of an alternative lifestyle: "My ideal has always been to live far from towns though actually born, bred and always confined to them, travelling for a few years in an unpretentious way and afterwards earning by my pen", p. 60.

② For a more detailed excavation of the publication history of the texts, see S. K. Sareen and I. Sengupta, "India explored and jinned: Alfred Deakin's responses to the subcontinent", *Antipodes*, vol. 25, no. 1, June 2011, pp. 15 – 21.

③ *Tirtha* is any site – land or river – with a sacred dimension in public imagination and thus a centre of pilgrimage. Etymologically, it means "crossing over", possibly suggesting a bridge between the dual dimensions of human existence, mundane and sublime.

④ A. Deakin, *Irrigated India*, p. 177. *Parikrama* is the sanatani term for circumambulation of a sacred site.

度地图方面的优越性。《印度灌溉系统》一书的开篇便展示了一幅地图，图例如下：

> 红线划分不同的流域
>
> 蓝线标明灌溉水渠
>
> 黑点代表喜马拉雅山脉
>
> 蓝点表示水槽

《印度灌溉系统》中关于石造建筑、坝堰和大堤的大量数据记载使这项神秘的工程具有了盎格鲁－撒克逊民族的特性。将古印度"去神化"是将英属印度"再神化"的前奏；这两个过程是同时完成的。然而，为了支撑印度在英国殖民统治下完成改良并走向成熟的说法，除了这些遥不可及的数据之外，还需要塑造对平民英雄和军人英雄的崇拜。这不仅可以满足人们对神化的渴望，还能服务于即将建成的澳大利亚联邦的神圣性。在《印度灌溉系统》中，迪肯通过平民英雄激励澳大利亚人；在《印度的寺庙和古墓》中，他提到了在1857年起义中的盎格鲁－撒克逊军事英雄。一些英国工程师为建造灌溉系统身先士卒并献出了生命，他们有些被埋在印度偏远的角落，是无言的烈士；他们"体现了新时代和平、无私和实用主义的精神"。① 然而，印度在这里还是受到排斥的，迪肯所希望的是为理想的澳大利亚构建一个具有"世俗化神圣性"的安全体系。印度反映了迪肯对英国人的勉强认同以及他对新兴的澳大利亚民族主义的向往。

《印度灌溉系统》高度颂扬了白人统治和白人的优越性，而不同于英属印度的真正的印度以及顺从的当地人则被掩藏起来。因而，虽然迪肯强烈抨击在道德上落后退化的孟加拉男人，指责他们反对将女孩的适婚年龄从十岁推迟到十二岁，但他却对拉姆·莫汉·罗易（1772～1833）和伊希瓦·钱德拉·韦德亚萨迦尔（1820～1891）等社会改革家的毕生努力保持沉默。事实上，迪肯忽视了这一时期发生在孟加拉的社会改革，这些改革包括1829年实施的禁止殉夫和1856年推行的允许寡妇再婚等规定。他只承认了立法者，即英国人的功劳。如果包括孟加拉社会改革和政治自主权在内的诉求和变革得到承认的话，印度能摆脱其"他者"的形象

---

① A. Deakin, *Irrigated India*, p. 111.

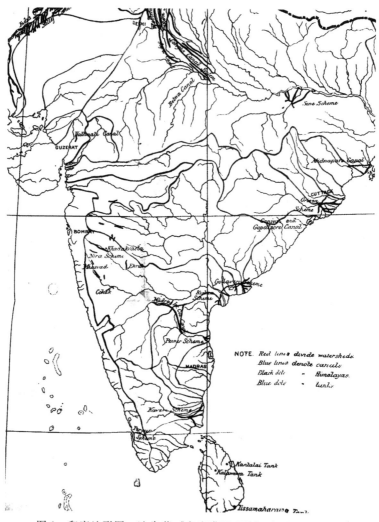

图 1　印度地形图，迪肯著《印度灌溉系统》扉页，1893 年

吗？是否由于离印度太近而使得印度梦与迪肯建立统一澳大利亚国家的梦想相抵触，同时也破坏了他对印度次大陆的固有想象？还是迪肯在接触真实的印度之后才发现无法真正了解这个国家？最后一种猜测在迪肯的文章中有所体现，他曾坦言"西方的生活方式和话语表达完全不适用于印度"。在这样的背景下，生活在印度的英国人很担心无法向西方世界介绍印度文化：

　　印度民族的特性给英国殖民者留下了很深的印象。生活在印度的英国人在很多方面都放弃了英国的传统。他们当中也形成了种姓制度和奇特的宗教信条……他们身上有了东方人的特质，至少开始以东方人的方式思考和讲话。所以，是这些英国人适应了印度，而不是印度受到了英国殖民者的影响。①

一些花了很大工夫进行解释而依然难以翻译的印度斯坦语俗语词汇也进入了迪肯无懈可击的英式英语，这些词语包括 *nakka*，*bangar*，*razail*，*chher*，*panchayat* 和 *choki.*

迪肯努力将印度次大陆局限于数据记录中，尽量表达他对印度人的蔑视和嘲笑，并用白种人的英雄情结取代了印度人的宗教信仰。然而，他的文字中也流露出他个人在潜意识里对印度的看法，那是一种对印度次大陆的向往之情。当迪肯以其个人的视角看待印度时，他的态度则转变为一种美好的幻想。那些对印度的美好幻想都是间接得来的。这幻想或许来源于马克斯·米勒启发下出现的对"奋发向上、慷慨大方、善战理智的雅利安人的赞美。虽然雅利安民族现已走向没落，但我们为与这个民族有着亲属关系而感到骄傲"。② 或许，这幻想的碎片为奢靡纵欲的东方历史提供了浪漫的原型，就像迪肯所描绘的现已废弃但一度恢宏壮丽的安布尔城，这座拉其普特城市中有着别具一格的壁画和让人魂牵梦萦的宫殿。③《印度的灌溉系统》是迪肯作为记者的作品，他在这本书中有意规避了很多关于印度的内容。

寺庙和古墓

迪肯对印度的描述总会渲染一部分内容而隐去另外一些内容，这种捉迷藏式的描述在《印度的寺庙和古墓》这本书中也有充分体现。除了关于1857年起义的章节，《印度的寺庙和古墓》着重介绍了印度在被英国殖民之前的建筑、宗教信仰和宗教圣地。《印度的灌溉系统》一书虽然有些无

---

① A. Deakin, *Irrigated India*, p. 29.

② A. Deakin, *Irrigated India*, p. 106.

③ A. Deakin, *Irrigated India*, pp. 100 – 101.

关的内容，却对印度次大陆进行了合理的说明。而《印度的寺庙和古墓》的不同之处在于它对印度的描绘中有很多不合理和夸张的成分。《印度的灌溉系统》通过介绍铁路、灌溉水渠和救济施舍，将"真实的"印度构建成英属印度点石成金的杰作；而《印度的寺庙和古墓》中描绘了一个从历史中悄悄迈进殖民地时期的"不真实的"印度。但这两本书有一个共同之处——它们都将印度这个英属殖民地与个人、民族的以及超越国界的梦想和企盼连在了一起。如果不是因为出版过程中的政治因素，《印度的寺庙和古墓》也不会作为曾被删减的部分而独立成册。反过来，这本书没有涉及关于 19 世纪英属印度的任何内容。迪肯希望把印度塑造成一种容器，那里面装着的是他梦想中对东方历史的确切界定。他认为，独立的澳大利亚国家需要建立在东西方不断的对抗之上，而印度这个局部应当代表整个东方世界，不论是赏心悦目的或是阴险邪恶的。①

如果说《印度的灌溉系统》讲述了英国人在地图上设计和描绘的印度，那么《印度的寺庙和古墓》则将已经画好的地图轻轻抹去。迪肯将否定印度的宗教传统作为首要任务。他对印度著名神殿和寺庙的拜访无非是履行一种不无轻蔑之意的宗教惯例。在这本书中，印度被描绘成一个令人讨厌的宗教国家，它与澳大利亚不同也不值得澳大利亚学习，它还总使成为独立国家前的澳大利亚感到不安。如果说维多利亚是进步、文明和殖民的代名词，迪肯则希望把印度归为一个存在于梦想和历史中的浪漫语汇："印度极具魅力，它离我们很远又离我们很近，它只存在于梦中"。② 迪肯将泰姬陵比作济慈所著《圣爱格尼斯节前夜》中的玛德琳，是纪念碑和陵墓给了他灵感。作为时代错乱而背景遗失的英国统治的遗迹，这些立体的、太过真实的建筑描绘出一个不真实的、个人眼中虚幻的印度。

《印度的寺庙和古墓》中对印度的描述预示着，迪肯对欧洲特别是英国的文学经典、文化和艺术的崇尚是根深蒂固的。澳大利亚旅行作家詹姆斯·欣斯顿曾透过大量文学经典作品来解读印度，这些作品包括《天方夜谭》的译本和托马斯·莫尔的《拉拉鲁克》，他还在拜伦的诗里造访过遥远浪漫历史中的德里、阿格拉和勒克瑙。考虑到澳大利亚读者大众，迪肯

---

① *Temple and Tomb*，p. 1.
② *Temple and Tomb*，p. 6.

也沿袭了这种解读印度的传统。《印度的寺庙和古墓》一书是一本文风轻快的互文文本，它对印度的描述与西方世界对东方、特别是印度或写实或想象的描述是基本一致的。事实上，《印度的寺庙和古墓》中囊括了许多西方学者对印度的传统解读，包括多处没有说明作者出处的直接引用。迪肯直接引用过的作家有马克斯·米勒、包括埃德温·阿诺德在内的经历过1857 年暴动的公务员东方主义者、鲁德亚德·吉卜林等帝国主义者、浪漫主义诗人约翰·济慈、威廉·华兹华斯和托马斯·德·昆西以及维多利亚时期诗人阿尔弗雷德·丁尼生和马修·阿诺德。虽然迪肯对印度和东方的解读主要以盎格鲁－撒克逊传统为核心，但他有时也会引用意大利和德国学者的作品，这说明了他对印度的描述具有泛欧洲性。虽然在地理位置上邻近亚洲，但《印度的寺庙和古墓》一书表明了迪肯的民族主义立场，他在精神文化层面是归属于欧洲和英国的。

除了这些传统的西方式的解读，迪肯认为关于印度的回忆和神话值得保留的是很少的。真正的佛祖及其具有包容性的观念算得上一个值得保留的内容。迪肯用两个章节介绍了佛教、印度人对佛教的误读以及以本初的方式控制自身和澳大利亚的倾向。另外一个不能丢弃的神话是 1857 年暴动①和白人英雄。迪肯在书中的倒数第二章，也是篇幅最长的章节中讲述了这部分内容。他表示，坎普尔、德里和勒克瑙应当成为澳大利亚人心中的圣城，因为这些城市见证了勇敢、独立的白人英雄做出的不屈不挠、令人震惊的抗争。这些英雄使那些随时准备叛变的印度宗教狂热信徒相形见绌。迪肯对1857 年暴动的历史叙述引起了澳大利亚人的共鸣。彼得·科克伦认为，此次暴动以及为身在印度的英国士兵的爱国捐款导致了丹尼尔·库珀和《先驱报》编辑约翰·韦斯特等政治对手站在一起。关于印度人恐怖大屠杀的传言提醒着澳大利亚人那些把他们团结起来的传统、身份认同和对蛮荒殖民地的恐惧。澳大利亚白人的团结以"种族和信仰为基，在议会之争之上，也超越议会之争"。② 欣斯顿的作品中也讲述了暴动的巨大影

---

① The term "Mutiny" for the 1857 uprising reflects the empire perspective, which branded the e-vent as a merely military upheaval. Historians and thinkers since then have termed it variously ac-cording to their multiple ideologies. I have used the term "Mutiny" to evoke Deakin's viewpoint.

② P. Cochrane, *Colonial Ambition: foundations of Australian democracy*, Melbourne University Press, Carlton, 2006, p. 474.

响,他在一个独立的章节中把清算暴动的圣城坎普尔与《哈姆雷特》和《麦克白》进行了比较。在欣斯顿看来,1857 年暴动原本可以成为一种栩栩如生的幻想,但人们倾向于遗忘这部分历史,它或许在旅游业方面还有些许意义。迪肯以牧师和年轻历史学家的身份游访了暴动纪念碑,他把1857 年暴动视为澳大利亚进行自我界定的重要内容。

这种为了澳大利亚而对印度的朝拜被重新界定的时候,流传着关于亨利·劳伦斯、赫伯特·爱德华兹爵士、詹姆斯·乌特勒姆和科林·坎贝尔爵士等非同一般的盎格鲁 – 撒克逊大英雄的传说,还有与他们势均力敌的对手和史诗中出现过的满目疮痍的战场。在《大暴动记》(1902)中,杰出的公众人物、辩论家和教育家菲切特将这场大暴动视为了解澳大利亚种族和殖民传说的关键突破口,大暴动或许能将年轻一代的澳大利亚人召唤起来,因为它与英国的殖民英雄主义、印度教徒的变节以及对女性的厌恶都形成了鲜明了对比。[①] 这场史诗般的战役中并不乏澳大利亚人的身影。例如,亨利·诺曼爵士,昆士兰的总督,"从一开始就投身于战斗之中,并参与了许多重大事件"。[②] 迪肯巧妙地把印度作为澳大利亚人在盎格鲁 – 撒克逊军事技能基础上形成的世俗神圣化的地方。这似乎预示了澳大利亚人将澳新军团战役的神圣化:白人澳大利亚自创了属于他们的神话,澳大利亚士兵在亚洲别的国家的土地上英勇作战的主题总是反复出现。

迪肯郑重地将印度作为"世界上最生动的一出戏剧"纳入了澳大利亚民族的历史中。在这出戏剧中,棕色皮肤的敌人最终被打败,澳大利亚人有着盎格鲁 – 撒克逊血统的前提被保留下来,澳大利亚白人的民族主义精神被点燃。[③] 对于迪肯所描绘的印度,印度人中不乏谣言和议论。类似地,迪肯对白人女性被性侵害的描述虽然比较模糊,却在文化层面上引起了巨大的轰动,因为这预示着亚洲人大批涌入澳大利亚后的可怕状况。大暴动也被错位成在英国殖民主义框架下对澳大利亚民族的一次考验,而澳大利亚人最终获得了胜利。在对 1857 年暴动的描述中,迪肯反复强调"理智"一词。但他提到的盎格鲁 – 撒克逊民族的无畏以及印度教徒的不忠,都将殖民主义的神话转化为澳大利亚人不知不觉形成的对建立单一种族国家的

---

① D. Walker, *Anxious Nation*, pp. 27 – 28.

② *Temple and Tomb*, p. 143.

③ *Temple and Tomb*, p. 145.

图 2　海军少将赫伯特·爱德华兹爵士，菲切特著《大暴动记》，伦敦，1912 年

渴望。他将 1857 年暴动与十字军东征以及更为经典的温泉关战役相提并论，为东西方冲突加上了神圣的色彩。

"我们出发吧，并肩前行，永无交集" ①

印度以多种不同的形象出现在迪肯的作品中，反映了他的幻想和恐惧。迪肯总是把印度描述成一个反神话的国家，这正是他对印度发自内心的感受。《印度的寺庙和古墓》中的许多文章都把印度描绘成一个黑暗的、充满暴力和肮脏的地方。譬如，迪肯把不总是拟人化的神视为噩梦的产物，认为他们在形状上像流产的胎儿，在本质上是有罪的；他还把印度教

---

① My translation of a Bengali poem by Srijaato, used as a song lyric in the film *Autograph*, Dir. Srijit Mukherjee, 2010.

圣城巴拿勒斯形容成跛足、疯癫以及肢体上或智力上有残疾的宗教狂热分子的避难所。虽然詹姆斯·欣斯顿也表达过对巴拿勒斯极度的厌恶和不满，但他曾在恒河中沐浴，还打算饮用涤罪井中的圣水。[①] 迪肯作为开国元勋而不是能够包容"他者"的旅行者，他承担着更大的风险。了解灌溉系统成了他自己回走朝圣之路的托词，至少在他的作品中撇清了至今让他尴尬的与印度的纽带。

然而，印度对迪肯有着持久的魅力，他对印度的兴趣在他日记中的自我反省和内心告解中有所体现。他还在《澳大利亚先驱报》上发表过关于佛祖福音书的文章，并为因果报应和轮回转世等佛教教义进行辩护。此外，在迪肯大多写于动荡的 19 世纪 90 年代的个人陈述中，他在灵魂出窍状态下的表述经常会涉及印度的宗教。[②] 迪肯似乎在这些表述中逃脱了饱受病痛折磨的躯体和充满忧虑的生活，他以文字的形式表达了对世俗琐事的沮丧，以及对从轮回中获得解脱和实现精神完整性的向往。迪肯参与塑造了充满暴力的澳大利亚白人政治，这使他十分渴望从没有侵略性的印度中得到灵魂出窍般的回应和难得的慰藉。

迪肯在他的文章中、想象中和年少时的梦想中美化了印度的形象。印度虽是"他者"，却与澳大利亚有着无法形容的亲密关系，正是印度孕育并见证了迪肯把澳大利亚建成独立单一民族国家的构想。对迪肯来说，印度就像一个带有羊膜的巢穴、一块承载想象中历史的动物化石以及一个可能在不远的将来能与澳大利亚开展学术、商业和战略交往的地方。然而，"真实的印度"[③] 在当时是一种威胁，印度民族会破坏澳大利亚的种族纯粹性。所以，印度必须被禁锢在静静历史中的寺庙和古墓内，或是被描述成被英属印度挽救的落后属地。迪肯用英国人设计建造的遍及全印度的灌溉系统取代了印度的宗教圣地，因为他必须撇清建立联邦前的澳大利亚与印

---

① R. Campbell and D. Walker, "Up the Hooghly with James Hingston", in R. Hosking and A. Sarwal, *Wanderings in India: Australian perceptions*, Monash Asia Institute, Clayton, 2012.

② A. Gabay, *The Mystic Life of Alfred Deakin*, p. 126.

③ The phrase invokes Adela Quested's naive desire to see "real India" when she arrives at Chandrapore from Britain in *A Passage to India*. Her benign naivety subsequently exposes deep – seated bitterness between the British and Dr Aziz and his friends, when she visits the ancient Marabar Caves and is allegedly molested there by Aziz. See E. M. Forster, *A Passage to India*, Penguin, London, 1979, p. 20.

度的关系。迪肯所著的两本关于"真实的印度"的作品正是为达到这一目的所做的努力。这两本书尽管代表了迪肯对印度最浓烈的向往之情，却很难与具有狭隘要求的联邦制运动保持一致。

在 20 世纪的第一个十年里，迪肯虚构的印度成了澳大利亚民族想象中一个别具一格的题材，稍许的歪曲和异化是可以接受的。1908 年，澳大利亚剧作家路易斯·埃森把印度描述成一个由爱好运动的大君统治的衰败、动荡的国家。① 20 世纪 40 年代末，埃塞尔·安德森在《公报》和《悉尼先驱晨报》上发表了多篇关于印度的文章，大多涉及私通和闺房看门人等内容。安德森的作品《詹姆斯·格林夫人》讲述了一个发生在 1857 年的爱情故事，描述了白人女性对米尔扎汗的爱慕之情。这部小说为跨越种族的爱情提供了虚构原型，但并没有冒犯跨种族通婚者的后代。当印度被弱化为衰落、动乱和宗教的同义词时，它也就失去了使西方世界不安或与其交往的可能性。20 世纪初，当地缘政治的重要性日益凸显，新生的澳大利亚联邦发现大英帝国及其皇冠上的宝石都不再光彩夺目，澳大利亚人将更多的目光投向了近在太平洋的岛国日本。在澳大利亚看来，日本是与西方观念最为接近、具有艺术美感、遵守秩序和传说中具有军事才能的亚洲民族。他们认为日本人很可能从冷淡散漫的白种人手中夺取澳洲大陆。从那时起，日本则成了反映澳大利亚人惊叹、敬仰和焦虑的一面镜子。

（李建军　文轩　译）

---

① L. Esson, "From the oldest world", *Lone Hand*, 1 May 1908.

日出东方

大卫·沃克[*]

  1905 年，薇奥列塔·提格和杰拉尔丁·里德两位年轻时尚的女性，在澳大利亚出版了新书《夜色降临在茶树林》。此书展示了"日本风格"的木版画，并配有俳句风格的诗。[①] 两位女性虽三十出头，但在墨尔本艺术圈内早已小有名气。她们的书标新立异，大受推崇，荣获了 1907 年墨尔本第一届澳大利亚女性作品展大奖。提格和里德成长的年代正是日本艺术逐步成为现代派代表的时代。在相对封闭达两个半世纪之后，日本刚刚向西方敞开大门，成为令人着迷的国家，而且让人们有了看待世界、包括看待澳大利亚的新视角。

  对那些在二战后才了解日本的澳大利亚人来说，最重要的认识不再是对战前日本那种复杂而多样的印象，而是那些触目惊心的、骨瘦如柴的战俘形象以及不断揭露出来的战争罪行史。历史记忆已经被重塑。可以说，要更好地理解日本，必须关注"真实的日本"，而不只是美学家们所推崇的绘画、工艺和娇小玲珑的日本女性形象。日本不过是一个涂上薄薄一层

---

  * 大卫·沃克（David Walker），澳大利亚迪肯大学研究教授、首任北京大学必和必拓澳大利亚研究讲席教授（2013～2016），在澳大利亚与亚洲关系领域著述颇丰，代表作有《焦虑的国度：澳大利亚与亚洲的兴起 1850～1939》，其家族史《光明行》（2014）中文版由人民文学出版社出版。

  ① V. Teague, *Night Fall in the Ti‐Tree*, woodcuts by Geraldine Rede and Violet Teague, Sign of Rabbit, Melbourne, 1905.

文明假象的国家。太平洋战争使人们仇恨日本（罗汉·李维特的畅销书《竹林深处：日本战俘营的秘密故事》就是一个明证），这种仇恨在很大程度上投射到更早时期，给人们一种印象，即澳大利亚人对日本人一直持负面态度，并抱有适度的怀疑。①

英－澳文学家道格拉斯·斯雷顿的创作生涯可以揭示 19 世纪后期人们对日本的认识，而这种认识现在几乎已被人们遗忘。年轻的斯雷顿精力充沛，渴望有所作为。起初，他寄望于澳大利亚成为太平洋的新兴大国。1888 年，他的三部澳大利亚诗歌集相继问世。虽说这是一个不小的成就，但从评论界的反响中，我们并未看到斯雷顿从此事业辉煌。这位 33 岁的文学家于 1889～1890 年带着一架相机访问了日本。他一到那里就被深深迷住。他第一部讲述日本的书是《在家的日本人》（题目虽力图表现亲切，但其实却很糟糕），于 1892 年面世。作品一经问世立即引起轰动，热销 15 万册。在随后的十五年间，斯雷顿又创作了五部关于日本的作品，以及"无数"的文章和小故事。② 然而，尽管斯雷顿对日本的探索发现成为他个人文学生涯的转折点，但在《牛津澳大利亚文学指南》和《澳大利亚传记辞典》③ 的斯雷顿词条中，却完全没有提到日本。或许斯雷顿对日本的推崇在澳大利亚被认为是毫无意义、毫不相干的东西，只会降低其澳大利亚文学家的地位。然而，斯雷顿的经历却恰恰说明，当时的澳大利亚对日本充满好奇，同时澳大利亚人都有一种身份认同忧虑，即身在太平洋地区的英国人身份。

这种对日本的忽视正好说明澳大利亚低估了日本作为一个现代太平洋

---

① R. Rivett, *Behind Bamboo: an inside story of the Japanese prison camps*, Angus & Robertson, Sydney, 1946. For a rigorous examination of newspaper responses to Japan see B. McInnes, "Assessing Australian attitudes to Japan in the early twentieth century – a new approach", *New Voices*, vol. 1, 2006, pp. 13 – 22.

② D. Sladen, *My Long Life: anecdotes and adventures*, Hutchinson, London, 1939; Douglas Sladen, *Twenty Years of My Life*, Constable, London, 1915.

③ W. H. Wilde et al., *The Oxford Companion to Australian Literature*, Oxford University Press, Melbourne, 1994, p. 701; K. J. Cable, "Sladen, Douglas Brooke (1856 – 1947)", *Australian Dictionary of Biography*, Australian National University, http://adb. anu. edu. au/biorgaphy/sladen – douglas – brooke – 4590/text7543, accessed 26 February 2012; J. Clarke, *Japanese Exchanges in Art 1850s to 1930s with Britain, Continental Europe and the USA: papers and research materials*, Power Publications, Sydney, 2001.

国家的实力，以及日本争夺世界的巨大野心。一些澳大利亚民族主义者愤愤不平，认为日本这个后起之秀抢了他们的风头。常常被人津津乐道、令人浮想联翩的正是日本，而不是澳大利亚。澳大利亚未被宣传为令人瞩目的国家。早在 1879 年，澳大利亚旅行作家詹姆斯·欣斯顿就无比兴奋地谈论日本这个充满"伊丽莎白时代活力"的"东方英国"，这个充满无数"奇迹"的"刚刚开放的"国家。在接下来的二十年中，旅行家们笔下的日本故事层出不穷，不计其数。① 1902 年，《布里斯班信使报》对这些故事做了一番评价，得出结论说，日本"并不落后，即便是按照西方的观点来评价，其实它远远优于我们的联邦国家"。② 第二年，新南威尔士州商会主席更是赞扬日本，称之为"国家发展的绝对优秀教材"，并认为任何关于种族差异会影响贸易的言论都是"令人无法忍受的一派胡言"。③ 1905年，《墨尔本阿格斯报》的编者按将当时的日本归结为"这个时代的奇迹"。④

具有伊丽莎白精神的日本

人们总是将近代日本与伊丽莎白时代的英国相提并论，尤其是在 1905年它取得日俄战争胜利之后。英国作家西德尼·布鲁克斯笔下的日本具有民族凝聚力和旺盛的活力，认为它已进入了"伊丽莎白时代"，这与当时"自我放纵"的现代英国社会形成鲜明对照。⑤ 澳大利亚人也有类似的认识。悉尼律师兼作家弗朗西斯·拉塞尔就曾提问，"强大的伊丽莎白时代的英国还能比日本更辉煌吗？"⑥ 如此赋予日本伊丽莎白时代的地位对一些人来说无异于一瓢冷水，因为这些人曾期望伊丽莎白精神能在澳大利亚这

① J. Hingston, *The Australian Abroad on Branches from Main Routes Round the World*, William Inglis, Melbourne, 1886, pp. 1 - 2.

② *Brisbane Courier*, 25 July 1902, p. 4.

③ "Report of the Annual General Meeting of the Sydney Chamber of Commerce", 27 July 1903.

④ *Argus*, 21 May 1904, p. 14.

⑤ *The Review of Reviews*, London, vol. 31, 1905, p. 510.

⑥ See David Walker, *Anxious Nation: Australia and the rise of Asia, 1850 - 1939*, University of Queensland Press, St. Lucia, 1999, p. 87.

片广袤的土地上发扬光大，再现辉煌，这里才最适合英雄豪杰闯荡江湖，而工业化后的英国已经狭窄拥挤，英雄无用武之地。1900 年，伦敦《观察者》发现澳大利亚充斥着"对冒险事业的渴望，并从中觉察到伊丽莎白精神的一丝复苏"，它还补充说，日本很可能沦为澳大利亚"征服大业"的牺牲者，它想象澳大利亚将横扫太平洋。① 而到了 1905 年，日本却似乎偷走了澳大利亚成为太平洋新兴大国的梦想。

在 20 世纪初，澳大利亚人大概从吉尔伯特和苏利文的《日本天皇》（1885 年首次在伦敦公演，第二年在澳大利亚公演）中体验到日本的才艺和它典雅细腻的异国情调，但他们对日本还拥有现代海军不甚了解。日本曾经师从英国，打造了现代化海军，并提升改造了自己的工程学校。在这里外国专家被奉若上宾，其中包括苏格兰人亨利·戴尔。1872 年，戴尔被派到东京的帝国工程学院任教。后来，戴尔写出《大日本，东方的英国：国家演变的研究》，1904 年出版的这部《大日本》歌颂了"19 世纪后半叶的奇迹"。②

1903 年，一支日本海军训练分舰队造访澳大利亚各大港口。澳大利亚人第一次有机会观察到拥有海军的日本是什么模样。一艘艘现代化新型舰艇威风凛凛，军官们的军装一尘不染，水手们也身着制服，精神抖擞，令围观群众叹为观止，兴奋异常。人群中的年轻女性格外引人注目，她们现身于各种为舰队组织的庆祝活动。提格和里德会不会也正穿梭其中？显然她们迷上了墨尔本为客人们营造的这种"英 - 亚生活场所和色彩，爱上了这种美妙时尚"。③

促成此次造访的直接原因是 1902 年英 - 日海军同盟的建立。这个同盟（被誉为大不列颠送给大日本帝国的惊喜大礼）规定了签约国将相互支援的各种情况。对澳大利亚更具争议的议题是英国将减少它在太平洋的力量存在，并由日本来填补空缺。此协议的出台正值英国处于某种不确定时期。第二次布尔战争（1899 ~ 1902）使英国在海外的防线过度拉长，同时也暴露了国内民不聊生的窘境。确立同盟关系是为了改善英国在远东地区

①　See *The Literary Digest*, vol. 21, 1900, p. 24.

②　H. Dyer, *Dai Nippon*, *The Britain of the East: a study in national evolution*, Blackie & Son, London, 1904, p. vii.

③　*The Age*, 23 May 1903.

立足不稳的局面，因为它还必须时刻顾及俄国人在波斯、印度及中国北方造成的压力。此时的大英帝国再也不是坚不可摧、战无不胜的霸主了。

此次舰队造访还有一个目的，但不为欢迎群众所知。1903 年初的此次访问，是英国驻东京大使、陆军上校窦纳乐爵士竭力促成的。他是驻墨尔本陆军部队总指挥官爱德华·赫顿少将的老朋友。原来，由于澳大利亚执行移民限制政策得罪了日本，窦纳乐非常希望缓和一下两国的紧张气氛。赫顿则希望澳大利亚能派一支远征军在战争中助日本一臂之力，因为当时一些英国军官认定日本将与俄国开战。澳大利亚出手相助将有利于巩固英国在亚洲的地位。于是，这只日本分舰队于 5 月实现了此次访问。到了 12 月，作战部秘密询问赫顿，澳大利亚是否会派出 4000 人的骑兵部队。此时赫顿已经明白，澳大利亚是不会替日本参战的。当初是总督丁尼生亲自出马才说服了总理埃德蒙·巴顿正式邀请日本分舰队来访。①

英 - 日海军同盟的建立以及日本分舰队的造访，进一步证明了英国和日本的相似性。英国海军的强大实力一般被视为伊丽莎白时代的重大成就之一。在大英帝国，没有一个小学生不曾被伟大的探险家弗朗西斯·德雷克爵士的事迹所打动。他在西班牙无敌舰队不断逼近的情况下，毫无惧色，从容打完一局草地滚球。伊丽莎白时代是英国精神的鼎盛阶段，渗透在生活、文学作品和治国理念中。在这个时期，一个小小岛国一跃成为世界强国，它对所有敌人都充满鄙视，不屑一顾。对日本的崛起，一些人表现出大人大量的气度。《布里斯班信使报》就将俄国舰队的战败比作西班牙无敌舰队的覆灭。② 不过，商人兼政治家布拉顿却对英 - 日同盟极为反感，称弗朗西斯·德雷克的后人将他们"统治亚洲海洋的权利"拱手让给了别人。③

人们更为现实的担忧是澳大利亚海军的实力。许多人认为澳大利亚根本不重视海洋贸易和海军建设，他们"更喜欢丛林而不是海洋"，完全没有表现出"英国人的海洋本能"。④ 澳大利亚人只听得见"骑兵的脚步

① J. Mordike, *An Army for a Nation: a history of Australian military developments*, Allen & Unwin, North Sydney, 1992, pp. 129 - 130.

② *Brisbane Courier*, 20 May 1905, p. 4.

③ H. E. Pratten, *Through Orient to Occident*, Sydney, c1912, p. 61.

④ *Argus*, 22 March 1890, p. 12.

声"，因为他们只有陆军的雄心，而缺乏海军的壮志。1899年，《悉尼先驱晨报》警告说，澳大利亚人没有意识到自己在亚洲的贸易机会，背弃了英国式的"海洋传统"。① 前英国海军军官珀西·希尔本是《海权的演进》的作者。他认为，对于一帮对海洋毫无兴趣的家伙们而言，建立澳大利亚海军以应对日本的崛起简直是荒唐的白日梦。② 学识渊博、熟悉太平洋地区的麦克米兰·布朗教授也有同感。他认为，日本就相当于太平洋上的大不列颠，是一个"培养水手的天然场所"。③ 1909年，总督达德利爵士提醒澳大利亚人，他们先辈身上那种强烈的海洋本能才是大英帝国赖以建立的基础。④ 在本书的后记中，罗斯·巴林特探讨了澳大利亚史学家认定的海洋世界的边缘地位，以及它与亚洲的多重联系。

男子汉气概与现代风范

第一次世界大战前，在澳大利亚人对日本的诸多评价中，最引人注目的当属罗莎·坎贝尔·普拉德的小说《伊赞夫人：一个旅行者的故事》。这部出版于1899年的小说调侃了澳大利亚人对东方的普遍观念。⑤ 故事讲述了美丽的伊赞夫人为治愈眼病、重见光明而前往日本。她的旅伴中有一位讨人喜欢的昆士兰牧场主，是一个具有澳大利亚男子汉气概的好汉。这位牧场主富有、健壮，但是对黄种人抱有一种常见的怀疑心态，认为他们对空旷的澳大利亚虎视眈眈，对白人女性不怀好意，垂涎三尺。这位具有骑士风度的牧场主自诩为伊赞夫人的护花使者。所有关于亚洲入侵、关于对女性的贪婪以及丛林好汉的比喻，都在故事里展现出来，并被巧妙地嘲讽奚落一番。同时，普拉德还塑造了一位装扮成向导的日本伯爵，这位矮小笨拙的日本人似乎根本不是牧场主的对手，但却很快赢得了伊赞夫人的

①　*Sydney Morning Herald*, 10 January 1899, p. 4.

②　P. Silburn, *The Governance of Empire*, Longmans & Co., London, 1910, p. 266.

③　*Sydney Morning Herald*, 18 July 1907, p. 6.

④　*Advertiser*, 27 May 1909, p. 9.

⑤　R. C. Praed, *Madam Izan: a tourist story*, London, 1899; see also D. Walker, "Shooting Mabel: warrior masculinity and Asian invasion", *History Australia*, vol. 2, no. 3, 2005, 89.1 - 89.11.

芳心。当牧场主这位种族主义偏执狂，忙着到处吹胡子瞪眼的时候，日本向导却让伊赞夫人了解了日本丰富多彩、极具魅力的历史。当伊赞夫人不得不在追求者中做出选择时，她拒绝了澳大利亚牧场主，而接受了日本向导。

在19世纪80年代后期，普拉德已经清楚地意识到，调侃一下业已形成的澳大利亚对亚洲的主流成见一定会趣味横生，令人发笑。她的攻击矛头直接指向那些认为澳大利亚是一个空旷的大陆，需要牧场主这样的内陆丛林好汉、这种强壮的种族主义爱国者来守卫的人。她认为，空旷不是一个地理或人口的概念，而是民族心态和精神的缺失。普拉德相信，缺失思想智慧的澳大利亚很可能滋生出毫无依据的对于东方入侵的恐惧。

There's one section of Australia that can't quite understand
"Society's" Jap-worship

图1　《公报》1903年6月20日第18页漫画
"澳大利亚有一部分人不明白'上流社会'崇拜日本是怎么回事"

伊赞夫人对日本的迷恋证明了一种文化定位的转移。对于早先一代知识分子詹姆斯·欣斯顿和阿尔弗雷德·迪肯来说，印度文化曾经非常重要。而对 1868 年明治维新后出生的人来说，井然有序、富有艺术情调的日本则更具吸引力。这些人包括虚构人物伊赞夫人和真实人物薇奥列塔·提格。日本保留了引人入胜的异国情调，同时也被公认为很现代化，很"西方化"，而按照伊普斯塔·森古普塔的说法，这是印度所不具备的。除此以外，人们也不能随便说日本人是个不清洁的民族（就像中国人常被评价的那样）。日本人颠覆了人们常有的观念，即所有亚洲人都肮脏不堪。日本人清洁、守纪、现代，这使他们与众不同。

入侵焦虑

然而，普拉德毕竟只代表少数人的声音。第一部将日本人描述成侵略者的小说在 1903 年日本分舰队造访澳大利亚后问世。这部《有色的征服》是通过澳洲最后一位自由男性来叙述的。① 其他人都被战胜者日本人掳走了。有姿色的女人被关进集中营，与专门挑选出来的日本男人繁育新型亚欧混血人种，一种完全异于白人澳大利亚血统的人种。《有色的征服》的主线讲述了故事叙述者与他勇敢的伴侣马蓓尔的关系。他们一同参加了在悉尼北岸举行的有各国人士出席的聚会，欢迎来访的日本军官。会场上灯光璀璨，宾客珠光宝气。女士们，尤其是马蓓尔，被来宾迷住，一位客人甚至向她表达爱慕之情。心怀不满的澳大利亚男人与高深莫测的日本军官之间横眉冷对，剑拔弩张。这个故事想要表达的信息一目了然：不能相信女人，尤其在事关应对亚洲崛起、保卫澳大利亚这种严肃问题上，因为她们极易被迷惑，无法理解地缘政治的复杂性。这是男人的事情，而在澳大利亚，主要是丛林男子汉的分内之事。

澳大利亚人对丛林以及丛林男子汉的迷恋缘于多个主要因素，而不仅因为那里有区别于英国的新奇怪异的动植物以及各种奇特景致。但亚洲崛起是一个不容忽视的因素。19 世纪 80 年代就有人预言，亚洲将对澳大利亚构成威胁。于是人们开始问：如何才能最好地抵御这些威胁？谁对这些挑战看得最清楚？谁最有办法去应对这些挑战？最常见的答案就是：具有远见卓识的

---

① ［T. R. Roydhouse］, Rata, *The Colored Conquest*, N. S. W Bookstall, Sydney, 1903.

丛林男子汉。城市居民只是一些见多识广、能说会道，但无法抵抗亚洲进攻的人。根据这种构想，具有男性化特征的丛林便成为女性化东方的对立面。只要保持这种强有力的男性化传统，这个国家就有打赢的希望。民族主义月刊《独行者》的创刊编辑弗兰克·福克斯在 1906 年概括道："丛林男子汉"是"在太平洋海岸阻挡亚洲人涌入澳洲的中流砥柱"。[①] 福克斯将丛林男子汉从一个民族角色提升到决定全球种族战争成败的关键力量。如果以这种模式看待澳大利亚的安全问题，那么世界上那些薇奥列塔·提格们和伊赞夫人们就会威胁到国家命运，而且会影响到"白人种族"自身的未来。

《公报》略去 1903 年那次分舰队的访问事件，暗自希望那次隆重热烈的接待只是一个错误的记忆。然而，再好的杂志也难以预见日本人会再次到访。他们都估计错了。1906 年，日本海军在对马岛战役中获胜后，再次访问了澳大利亚。这场对俄舰队的决定性胜利受到夸奖，被比喻为特拉法加海战。在那场近一个世纪之前发生的战役中，纳尔逊爵士一举成为英国有史以来最伟大的海军战神。所以，此次获胜的日本舰队再次光临澳大利亚时，受到更加热烈的欢迎，见到更多的欢迎群众，报纸的吹捧也更加起劲儿。《公报》不得不有所动作。它承认欢迎日本客人的场面相当隆重热烈，当然也超出了应有的尺度，表现得热情有余。在一篇长篇大论的分析文章中，《公报》试图将此次反应解释为"从众心理"作祟，此现象显示理性思维正转向轻浮善变，令人担忧。[②]《公报》这一观点的权威依据是 1895 年在法国出版的古斯塔夫·勒庞的《乌合之众：大众心理研究》一书。[③] 勒庞认为，一大群人可以将有理性思维的个体变成易于操控的乌合之众。《公报》接受了勒庞的分析，尤其是他所说的，乌合之众与其构成不相干，基本上都是女性。这样一来，对日本人的热烈欢迎就被解读为澳大利亚被女性化，也就更容易被日本人的异国情调所左右。按照勒庞的观点，"女性最轻浮易变，反复无常，缺乏思维和逻辑，不可理喻"。[④] 由此一来，如果说丛林是东方的对立面，那么丛林也就是女性群体的对立面。丛林是理性思维、男性思维的最后堡垒，而这些思维涉及种族、地域、身

---

① F. Fox, *Problems of the Pacific*, Williams & Norgate, London, 1912, p. 106.

② *The Bulletin*, 24 May 1906.

③ G. Le Bon, *The Crowd: a study of the popular mind*, Macmillan, New York, 1896.

④ See S. J. Gould, *The Mismeasure of Man*, W. W, Norton & Co., New York, 1981, pp. 104 - 105.

份认同等重大地缘政治问题。

图 2　《澳大利亚城镇及乡村报》，1903 年 6 月 17 日，第 32 页插图
"军舰上的火炮可以从海上向悉尼城发射炮弹。"

　　亚洲崛起尽管看起来有些可怕，却也给种族优势争夺战中的澳大利亚提供了宝贵价值。与亚洲近在咫尺使这个第五大陆具有了全球重要性，同时也赋予它前所未有的、作为大英帝国前哨阵地的种族责任：这使澳大利亚处在了未来种族冲突的中心地带，而这种种族冲突将决定未来世界的走向。不仅如此，澳大利亚也将在一个扣人心弦的故事里成为濒于危难的大陆。这使澳大利亚有机会认识到自己的优势与薄弱环节，同时也使填补这个大陆的空缺变得愈发紧迫：一个"空旷"的澳大利亚在道义上和军事上都是无法防卫的。更重要的是，这种入侵论将未来与"亚洲"必有一战的观念深深植入人们的大脑。再没有什么观点比这个更事关重大，再没有什么现象比日本崛起更令澳大利亚人关注自己的未来。随着天赐良机的到来，这个大陆在东西方之间的战场上重新定位，因此必须将种族同一性视为崇高的、近乎神圣的使命。要不惜以战争代价保卫这个被有色人种包围的白人世界；民族与种族兴衰存亡的命运融合在一起。

　　《有色的征服》预言了未来澳大利亚的亚洲模样，或者更确切地说是日本的模样。作为澳洲最后一个自由白人，叙述者的命运重蹈了那些被逐出家园的土著首领的覆辙。那些首领也曾认为他们的世界是被入侵的欧洲人夺去的。故事要传达的信息明确无误：将来有一天，日本人会如出一辙地对白人澳大利亚做出白人澳大利亚曾经对土著人所做的一切。在《有色的征服》一书中，澳大利亚历史上这段白人统治的时期成了一段短暂的插曲，胆战心惊地夹在迅速消失的土著人历史与迅猛逼近的亚洲未来之间。这正是史蒂芬最担心的事情。这位著名的《公报》文学版编辑担心白人澳大利亚会成为下一段历史的牺牲者，而且"注定会在力量强大、居心险恶的北方冲击下消失"。① 类似的主题也出现在 1947 年出版的巴纳德·埃尔德肖的未来主义小说《明天和明天》中。故事叙述者说，"第一代人"的土著已经消失，"第二代人"的"澳大利亚人"或"拓荒者"好歹留下了微弱痕迹，这里已经完全变成一个亚洲大陆了。而在澳洲内陆，叙述者"可以常常看到……比沿海地区更高大、更散漫、更消瘦、亚洲面孔不那么分明的男人。在发生了所有这一切之后，只有这里的血统融合比较缓慢"。② 即便血统融合比较缓慢，澳大利亚人也已经成为遗传基因中隐约残存的片段。他们已完全湮灭。

　　这些情况令年轻的约翰·莱瑟姆感到不安。1908 年，他开始关注"澳大利亚和太平洋"。多年后，他成为澳大利亚首位驻日公使。尽管莱瑟姆的课题是太平洋，但由于那时是 1908 年，所以他真正关注的焦点是日本。莱瑟姆担心当时英帝国的实力，他怀疑英国海军不能永远保持优势。他希望澳大利亚人也建立起自己的海军。他的问题是，"英国日渐衰落"，有什么能让我们对白人澳洲的前途充满信心，充满期待？③ 莱瑟姆引用了伊恩·汉密尔顿爵士将军的话。他曾在日俄战争期间作为观察员随日本陆军行动。汉密尔顿一开始就深有感触，说日本是一个盛产士兵的民族，他们满脑子都是强烈的民族优越感。④ 他们可以做你的好盟友，但如果发

---

① *Australia and the Bookfellow*, vol. 1, no. 20, 16 May 1907, p. 2.

② M. Barnard Eldershaw, *Tomorrow and Tomorrow*, Georgian House, Melbourne, 1947, p. 8.

③ J. G. Latham, "Australia and the Pacific", *The Trident*, 1 September 1908, pp. 95 - 98.

④ D. Ferguson, "Splendid Allies" or "No more deadly enemies in the world?": General Sir Ian Hamilton, the British military and Japan 1902 - 1914', *Journal of the Royal Asiatic Society of Great Britain and Ireland*, vol. 20, issue 4, 2010, pp. 523 - 536.

生对立，也可以成为你的死敌。莱瑟姆说澳大利亚无异于"一件诱人的战利品"。他想象到五万名日本兵占领昆士兰的情景，于是问道，假如这种情形真的发生，那么我们澳大利亚到哪里去找海军和陆军？又如何找到将日本侵略者赶出家园的强大爱国意志？一时间入侵论甚嚣尘上。从1908年10月起，《独行者》连载了一篇日本人入侵的故事。第二年，C. H. 科迈斯说服了三家出版商，分三个版本出版了他的故事《澳大利亚危机》。①

到20世纪初，白人澳大利亚终将消失已经成为人所共知的悲哀论调，或者说是一种警告，意在激发出更为协调一致的爱国主义精神。就是在这种背景下，《公报》扮演了培养对日焦虑情绪的领头羊。假如亚洲是以印度、荷属东印度或中国来界定的，那么情况就不会显得这么紧迫。1857年印度士兵起义（也称印度反英大起义）之后，英国人似乎又重新掌控了那里的局面，而且也从未有人提出过印度入侵论这种假设。同样，荷兰似乎也完全控制着它的荷属东印度地盘。倒是有人觉得中国是一种威胁，但那主要是指它人口众多，老百姓逆来顺受，随遇而安，而且，中国在1895年被日本打败后已经成为风雨飘摇、行将就木的帝国，不构成任何军事威胁。

在澳大利亚成立联邦后的头十年中，断言澳大利亚易受日本攻击成为当时有识之士的一大特征。只有这些公民明白，必须透过日本崛起的华丽外衣看到其内在本质，并意识到澳大利亚是困于亚洲之内的濒危大陆，命悬一线。入侵论尤其深得那些曲高和寡的思想大师们的青睐，因为他们能看到别人看不到的地缘政治危机。约翰·莱瑟姆就承袭了这套幻想之说。同样，他那位研究太平洋事务的弟子弗雷德里克·艾格莱斯顿同样满腔热情地继承了他的衣钵。艾格莱斯顿指出，15年之内，日本必将向白人澳大利亚发起挑战，这似乎已成定局，在所难免。② 专注于日本事务的莱瑟姆和艾格莱斯顿陷入了忧心忡忡的思虑。无论日本是体现了现代特色，还是代表着一种威胁，它已经成为太平洋的关注点。

虽然居住在澳大利亚的日本人人数一直很少，但却是被密切注视的群体。帕姆·奥利弗研究发现，历史上出现过三次忧虑高峰期：1908年至

---

① C. H. Kirmess, *The Australian Crisis*, George Robertson, Melbourne, 1909；Lothian, Melbourne, 1909；The Walter Scott Publishing Company, London, 1909.

② W. G. Osmond, *Frederic Eggleston: an intellectual in Australian politics*, Allen & Unwin, Sydney, 1985, p. 66.

1912 年；凡尔赛和会之后的 1920 年至 1922 年；以及 1930 年中期至 1945
年日本战败。① 日本的间谍活动令人极为不安，以至于 1907 年专门成立了
澳大利亚特别情报部队，紧接着又建立了一所特训学校。这个特别部队专
门汇报日本来客的活动情况，尤其是那些在澳大利亚北部沿海地区绘制地
图的人。虽然在日本偷袭珍珠港之前的三十年里，澳大利亚情报部门收集
了大量信息，但证据却显示日本人收集信息是为了进行贸易活动以及和平
渗透，并非以入侵澳洲为主要目的。

　　虽然这些证据不能证明日本人有侵略意图，但人们依然十分害怕日本
入侵。约翰·莫戴克的言论最近就受到格雷格·洛克哈特的追捧。他证
实，英国军事将领成功操控了澳大利亚人对日本的恐惧心理。② 这些军事
将领希望澳大利亚能派出一支远征军，以加强英军的实力，应对预期中的
与德国人的一场大战。这个如意算盘如何才能实现呢？莫戴克指出，在
1911 年，威廉·尼克尔森爵士将军（帝国总参谋长）以及其他英国军事将
领处心积虑，利用了澳大利亚人害怕被英国人抛弃，害怕在太平洋独挡日
本人的心理。而澳大利亚总理安德鲁·费希尔和他的国防部长乔治·皮尔
斯则中了圈套，乖乖就范。他们秘密筹组一支远征军部队，配合大英帝国
的军力部署，并寄希望于英国到时候会投桃报李，出手相助，保卫澳大利
亚，抵御可能发生的日军入侵。这一筹备工作完全要在保密状态下完成，
因为《国防法》（1903）明令禁止联邦政府向海外派遣部队，其中部分原
因是公众普遍认为军队应该守在国内，以对抗日本的威胁。

　　英国的操控行为还在继续。1914 年 4 月，时任英国海外部队总监的汉
密尔顿将军写信给当时的英国首相阿斯奎斯，语气直白，毫不掩饰地概述
了对付澳大利亚的最佳策略："人们坚决反对任何……'派遣远征军的'
提议。其实我们只需弹着澳大利亚军队保卫澳大利亚的调子，他们就会义
无反顾地跟着跳舞。否则不行。我们要弹的调子是澳大利亚——而不是大

---

① P. Oliver, "Interpreting 'Japanese activities' in Australia, 1888 – 1945", *Journal of the Aus-
tralian War Memorial*, no. 36, May 2002, http://www.awm.gov.au/journal/j36/oliver.asp.

② J. Mordike, *We Should Do this Thing Quietly：Japan and the great deception in Australian defence
policy，1911 – 1914*, Aerospace Center, Canberra, 2002; G. Lockhart, "Race, fear and dan-
gerous denial：Japan and the great deception in Australian history", *Griffith Review*, no. 32, au-
tumn 2011, pp. 122 – 163.

英帝国"。为了更加明确无误，他继续说道，"……我们必须鼓动他们去做他们心甘情愿大把花钱的事，那就是让他们不惜一切代价，保卫白人澳大利亚不受该死的日本佬侵略。这样的话……当我们在印度，或其他地方作战时，我相信，整个澳大利亚军队都可以任由我们摆布，听我们调遣。"①一个月之后，汉密尔顿在奥克兰发表了一个被大量报道的讲话，他继续大谈未来的亚洲威胁，并暗示将发生一场战争。这场战争并不是在遥远的欧洲，并非迫在眉睫的大战，而是发生在太平洋地区的种族战争。"到底是亚洲人还是欧洲人终将主导这个星球的命运"，答案将在这里揭晓。②

保持种族同一性和捍卫白人澳大利亚的理念被提升到新的高度，成为这个新诞生的联邦国家的决定性原则及神圣使命。这种做法受到联邦政府领导人的广泛支持，其中包括能言善辩的阿尔弗雷德·迪肯。不过，这种理念的传播并非一帆风顺，毫无阻拦。成立联邦国家后不久，一本名为《肤色恐惧症：揭露白人澳洲的逻辑谬误》的书在悉尼出版，作者化名"虚伪之敌"③。在书中，作者福克斯欧对移民限制政策发表了精彩的批评言论。他说写此书的目的是让大家听到日本人对白澳的看法。他认为，非理性的对日恐惧已经控制了部分媒体，这让他震惊。他点了《公报》和《每日电讯》的名，称这些刊物无一例外怀着"怨恨"对待日本人。福克斯欧指出，1901 年时，澳大利亚只有 800 名日本人，所以说，将日本问题提上日程并不是因为他们的人数，而是因为他们在世界舞台上的地位。他们"以西方文明的模式快速发展，……大概是 19 世纪历史上最引人瞩目的亮点"。④

太平洋世纪

在所有关于日本崛起意义的讨论中，《公报》绝口不提可能随之出现的紧密贸易关系。贸易被视为动机不纯的目的，与大英帝国那些卑鄙的商

---

① Mordike, *We Should Do this Thing Quietly*, p. 90.

② *The Advertiser*, 20 May 1914, p. 15.

③ [E. W. Foxall] Gizen – No – Teki, *Colorphobia: an exposure of the white Australia fallacy*, R. T. Kelly, Sydney, 1903.

④ [E. W. Foxall] Gizen – No – Teki, *Colorphobia: an exposure of the white Australia fallacy*, R. T. Kelly, Sydney, 1903, p. 63.

业欲求相契合，而与建立（并捍卫）白澳的崇高理想格格不入。注重贸易很可能削弱人们对军事威胁的关注。《公报》对所有英国出口的产品均冠以"伪劣产品"一词。它在 1919 年更是出言不逊，称白澳的崇高理想"价值超越从香港到满洲一千年贸易所获得的美元收益"。①

鉴于白澳的"理想"至高无上，是重中之重，必须全力捍卫，因此，发展贸易关系被斥为贪婪资本家的特殊诉求，照例被劳工阶级的报纸描绘成"一个肥胖的男人"将金钱利益摆在国家利益之上。即便如此，到 19世纪 80 年代，日本作为澳大利亚羊毛的潜在买主，还是引起了人们的注意。1890 年，兼松房次郎贸易公司在悉尼开设了一家分公司。大多数澳洲殖民地也都向日本派出贸易代表，其中包括亚历山大·马克斯。他从 19 世纪 60 年代起就与日本保持着长期联系，并且能讲一口流利的日语。1903年，新南威尔士总督派工程师萨托作为贸易代表常驻日本神户。他在这个岗位上一干就是近 20 年。早在 1906 年，就有人预测日本将成为澳大利亚的最大贸易伙伴。② 倡导自由贸易的卡利·艾利斯也大力宣传澳大利亚的未来在亚洲这一理念。1908 年，他坚持认为亚洲语言应成为大学课程的一部分，以便使澳大利亚年轻人具备必要的知识和技能，以迎接来自亚 - 太商业及文化方面的机遇。莱瑟姆对日本势力在亚洲崛起的危险性进行了反思，而艾利斯也敦促教育界在课程中加入亚洲知识这一重要部分。③

虽然普拉德、福克斯欧和艾利斯从不同角度进行创作，但他们都担心影响澳大利亚与日本关系的重大决策都是在不甚了解日本历史、文化或语言的情况下制定的。事实上，他们还进一步指出，仇恨情绪与懵懂无知左右了对相关问题的探讨。正是日本的崛起使澳大利亚人第一次极不情愿地意识到自己也需要成长进步，需要具备一定能力来解读复杂难懂的亚洲文化及历史。日俄战争之后，在关于日本特质以及可能出现的澳日关系的激烈思辨中，澳大利亚已制定计划来建立一所致力于东方研究的权威机构。当时的主要推手（以及最终的经费落实）都来自于国防部，动因是认识到澳大利亚自身需要了解日本的战略意图、商业前景，以及思维习惯。随后

① *The Bulletin*, 27 March 1919.

② See D. Walker, *Anxious Nation*, pp. 70 – 78.

③ J. Currie Elles, "The influence of commerce on civilization", *Journal of the Institute of Bankers of NSW*, 30 April 1908.

被任命为澳大利亚第一位东方学研究的教授詹姆斯·默多克是研究日本问题的权威人士。1917 年 2 月，他在邓特伦和悉尼大学走马上任。他撰写的关于日本历史的三卷本权威著作不断加印，从未绝版过。①

1919 年 5 月，政府内阁在总理部设立了一个太平洋分部，专门研究远东问题，不过日本才是他们的研究重点。埃德蒙·皮瑟成为第一任负责人，他与默多克是同事，关系密切，也学过日语。1912 年 10 月，默多克去世后，他在悉尼的主席位置很快被另一位日本问题专家赛德勒教授替代，他在这个位置上一直干到 1948 年。他的研究重点不是日本成为太平洋大国，而是日本文化。即便如此，最初这两次人事任命都是针对澳大利亚人对大日本帝国认识的两大主题：日本迅速崛起成为大国，这是默多克作为历史学家关注的主题；还有一个主题就是日本文化及美学的独特之处与魅力，这是赛德勒的专长。而对中国、印度，以及印度尼西亚的研究则较少有人问津，这种情况直到 20 世纪 50 年代才改变。

20 世纪 30 年代，已经成为重要政治人物的莱瑟姆和艾格莱斯顿分头访问了日本。1934 年，莱瑟姆率领一个亲善使团出访亚洲。这是澳大利亚赴这一地区的首个使团，表明澳大利亚承认太平洋地区将塑造澳大利亚的未来。② 虽然莱瑟姆一行首先访问了荷属东印度及中国，但日本才是亚洲的头号强国，是使团的中心目标。印度则根本不在考虑之列。莱瑟姆是一位博览群书、有远大抱负的政治人物，长期参与情报收集工作。他笃信守纪，尊重权威和爱国主义；他极为欣赏的诸多素质在日本人身上而不是在澳大利亚人身上体现出来。他严谨克制的品位使他慢慢爱上日本传统工艺。精美的日本陶瓷为他律师事务所增添了不少光彩。艾格莱斯顿也欣赏日本的许多东西。他访问古都京都时，爱上了那里的寺庙，思想大师走过的路以及民间艺术作品。他与莱瑟姆一样，执着于保住白澳。但作为著名的律师和太平洋事务研究者，两人都深知，日本是复杂的，具有诱惑性和挑战性；当然，这也是白澳在接下来几十年里要面对的最大挑战。

（戴宁　译）

---

① J. Murdoch, *A History of Japan*, Kegan Paul, London, three vols, 1925 – 1926.

② J. G. Latham, *The Australian Eastern Mission*, *1934*；*Report of the Rt Hon. J. G. Latham, Leader of the Mission*, Canberra, 1934.

种族身份认同

澳大利亚的亚洲观

金黄种族之畅想

凯恩·柯林斯[*]

联邦的成立是梦想实现种族单一的澳大利亚的重要里程碑。联邦成立后的十年间，澳大利亚人对其未来怀揣着这样的期待：一亿左右的白人精诚合作，共同挖掘澳洲大陆无限宝藏。1903 年，墨尔本当地报纸《阿格斯》称，"澳大利亚将永远是白人的澳大利亚"[①]，这些话是对伊萨克·伊萨克斯言论的极好呼应。伊萨克·伊萨克斯时任巴顿政府成员，他也希望澳大利亚永远能够免于"劣等"种族的"侵蚀"，也就是这届政府制定了《移民限制法》。阿尔弗莱德·迪肯预测，21 世纪初的澳大利亚将是一个完全的白人世界，在其居民中将找不到"一个黑人或深色皮肤的人"，而且这种局面将永久地维持下去。[②] 一位演说家曾预言，深怀感恩之心的澳大利亚人将在 2001 年建造一座纪念碑，缅怀联邦缔造者们为确保澳大利亚成为"世代相传的白人国度"所做的努力。[③] 事实上，澳大利亚未曾建造过任何这样的纪念碑。尽管当年人们有着如此的雄心壮志，但历史清楚地表明，白澳政策在大约五十年后就寿终正寝了。到 2001 年，澳大利亚整个国

---

[*] 凯恩·柯林斯（Kane Collins），迪肯大学研究员，研究领域包括澳大利亚历史和社会中的种族、种族主义和反种族主义，其博士学位论文"白澳政策的早期批评者"即将出版。

[①] *Argus*, 17 February, 1903, p. 4.

[②] A. Deakin, *Federated Australia*: *selections from letters to the* Morning Post *1900 – 1910*, edited with an introduction by J. A. La Nauze, Melbourne University Press, Melbourne, 1968, p. 80; *The Mercury*, 16 September 1905, p. 6.

[③] *The Register*, 7 September 1907, p. 9.

家已经或试图尽量忘记这样的事实——历史上曾经有过纯白人的澳大利亚，更别说这种纯白的澳大利亚将世世代代存在下去。也许，人们期待主流的政治家们去设想一下，现状是将来的可靠指导。假设建设一个白人的澳大利亚在 1901 年是一个坚不可摧的信念，为什么到 2001 年却完全不是那么回事了呢？也许，正是由于在历史进程中出乎意料且突如其来的变故与一成不变的连续性都是并存的，因而高瞻远瞩就显得尤为重要。

　　通常，变化会萌发于一个社会的文化领域，这一点对澳大利亚未来的展望来说尤为准确。在 20 世纪 70 年之前，无论何种素质的政治人物不会觉得自己有能力为澳大利亚的未来提出一个可行的方案，然而，对于澳大利亚的未来将呈现多种族、欧亚共存的特点的认识却由来已久，远远超出了人们的预料。不仅有人看到这一点的确定性，而且认识到了其积极的一面，但是要证明这一与事实相反的认识真正存在过，可供采用的证据却支离破碎、难于找寻。澳大利亚历史上未曾出现过欧亚运动或多种族社团的集会、会议纪要和出版刊物。即使如此，就如这一认识传播之广和具有独特性一样，即便其发展历史缺乏整体性和连贯性，依然值得人们对此进行更为深入的研究。

　　第二次世界大战之后，澳大利亚的经济和国家重点最终转向了接受亚洲移民，这种转移是渐进和被动的，但也是不可阻挡的。墨尔本大学教育学教授 G. S. 布朗在 1948 年不仅建议接受"好"的中国移民，同时，他又列举了在夏威夷欧洲人和中国人的种族融合现象，以此来证明混血种族可能产生积极的结果。[①] 次年，澳大利亚第一位人口学家 W. D. 波利斯预测，在未来的几百年里，澳大利亚会因其地理位置的原因，成为一个新的"欧亚种群"的栖息地。[②] 20 世纪五六十年代关于白澳争论的焦点大都围绕着亚洲移民而展开。[③] 到 20 世纪 70 年代，亚洲在全球经济中不断提升的地位促使人们思考这样的问题：澳大利亚的经济将与亚洲紧密相关，其民族特征也将如此，澳大利亚最终将变成一个欧亚人种国家。时任澳大利亚外交部部长的比尔·海顿在 1983 年预言，澳大利亚"将成为一个欧亚人种

[①] *Sydney Morning Herald*，8 September 1948，p. 3.

[②] W. D. Borrie，*Immigration：Australia's problems and prospects*，Angus & Robertson，Sydney，1949，p. 9.

[③] See G. Tavan，*The Long Slow Death of White Australia*，Scribe，Melbourne，2005.

国家，而且我们将因此生活得更好"。① 相比多元文化的未来，海顿为澳大利亚的未来做出了更为清晰地描述，也就是他所谓"较为委婉的措辞"。自海顿作此预言开始，欧亚人种的澳大利亚这个理想不断得到政治界、商界及学术界的支持。保罗·基廷总理曾指出，澳大利亚融入亚洲的最终结果将是建立一个欧亚人种的国家。② 许多人现在期望着澳大利亚人的肤色变得比其前辈们的梦之色更为丰富、吸引人。汉学家费思棻曾幻想过一个"蜂蜜色的国度"，而历史学家约翰·赫斯特则预示未来的澳大利亚人将是有着"深色皮肤"的俊男靓女。③

上述看法似乎与建设纯白人澳大利亚的早期梦想大相径庭，但是实际上自十九世纪初起就一直有人设想着建立一个欧亚人种的澳大利亚。一百多年的历史证明，这种设想从未消失过，而且无论是过去还是现在，这都是一个司空见惯的话题，人们对这种未来将不可避免④地到来充满了信心。

十九世纪对欧亚人种澳大利亚的构想

对一个欧亚人种社会的预测早于白澳社会的构想。博拉德·史密斯发现，这种想法在殖民地时期就出现了。⑤ 尽管 19 世纪澳大利亚针对中国移民的种种做法导致了日益严格的入境限制，最终演变成了彻底的排华，但是，总有一些人确信，一个欧亚人种的澳大利亚一定会在不远的将来出现，其原因就像一位澳大利亚评论员所描述的那样归结于"淘金带来的种

---

① *The Age*, 11 May 1983.

② See G. Partington, *The Australian Nations: its British and Irish roots*, Transaction Publishers, New Brunswick, 1994, p. xxii.

③ S. FitzGerald, *Is Australia an Asian Country?*, Allen & Unwin, St Leonards, 1997, p. 55; J. Hirst, *Sense and Nonsense in Australian History*, Black Inc., Melbourne, 2009, p. 313. For a balanced discussion of "Asianisation" see L. Jayasuriya and P. Kee, *The Asianisation of Australia? Some facts about the myths*, Melbourne University Press, Carlton, 1999.

④ This chapter builds upon and is informed by David Walker's exploration of the early imaginings of a Eurasian Australia and its relationship to the aesthetics of skin colour in Anxious Nation: Australia and the rise of Asia 1850 – 1939, University of Queensland Press, St Lucia, 1999.

⑤ See P. Beilharz, *Imagining the Antipodes: culture, theory, and the visual in the works of Bernard Smith*, Cambridge University Press, Cambridge, 2002, p. 95.

族融合"。① 《红木爱丁堡杂志》1852 年发表的一篇文章指出,由于欧洲人和中国人通婚,美国西部和澳大利亚金矿地区将会出现一个新的种族,将会出现一个澳大利亚帝国,一个澳大利亚金黄种人帝国,这就是欧亚混血儿。② 人们将黄金视为贵重金属,同时将其视为阳光、温暖和魅力的代名词,将二者如此令人愉悦地放在一起产生了强大的修辞威力。还有一些人为澳大利亚将成为一个"盎格鲁 - 华裔"国家而欢呼雀跃。③ 苏格兰商人和作家 P. 加斯特在澳大利亚生活了近十年,对"凯尔特和蒙古"④ 人种融合的可能性感到十分好奇。

　　支持建立欧亚人种澳大利亚的人们一般对那些被不公平地归为下等人的亚洲人抱有同情之心,作为历史悠久、备受推崇的东方文明使者的印度人、中国人和日本人一直都不乏欧洲的支持者。热衷于建造欧亚人种澳大利亚的人们坚信,中国人绝非"流浪乞丐",而是比许多欧洲人都优秀的移民;他们拥有"智慧和适应能力";如果他们被全面赋予公民自由,一个日新月异、繁荣富强的国家将会诞生。⑤ 新南威尔士的大农场主 T. E. 兰士曾这样写道,欧亚人种的澳大利亚将是不可避免的,同时也是国家成功发展的关键所在。兰士深信,尽管中国移民构成了体力劳动者阶层的主体,但若干代之后将出现完全的种族大融合。令兰士失望的是,大多数澳大利亚殖民者不能精确地分辨出亚裔和非洲裔之间的区别,比如说非洲人和澳大利亚原住民,在他眼里,这两类人在澳大利亚未来民族的融合进程中是不受欢迎的。⑥ 兰士的看法反映了当时一种普遍的种族观念,即对包括中国人和日本人在内的一些亚洲民族的重视,将他们视为与欧洲人同等或近乎同等的人种,而一般不质疑种族等级划分的做法。对那些倡导在未来建立欧亚人种澳大利亚的人来说,类似的认识也将在后来的几十年里存在。

---

① *The Argus*, 20 December 1859, p. 5.

② *Blackwood's Edinburgh Magazine*, vol. LXXII, 1852, p. 113.

③ See "One who knows them", *The Chinese Question Analyzed: with a full statement of facts*, Melbourne, 1857, pp. 15 - 16.

④ P. Just, *Australia, or, Notes Taken During a Residence in the Colonies from the Gold Discovery in 1851 till 1857*, Durham & Thomson, Dundee, 1859, p. 209.

⑤ *Sydney Morning Herald*, 14 July 1856, p. 3.

⑥ *The Empire*, 27 July 1855, p. 6.

　　对这种中国人或某些亚洲人种族地位高于其他非欧洲裔或比其他非欧洲裔更有价值的观点，大多数澳大利亚人并不苟同。的确，排华和排亚思潮导致产生了一种严重的种族歧视，完全淹没了有关欧亚人种澳大利亚的论点。随着金矿里华裔和欧洲裔之间的仇视转嫁成不可调和的种族之争，曾经勇敢支持欧亚人种澳大利亚的一些人态度发生了改变，《麦特兰之星报》的编辑便是一例。他在 1860 年写道，他曾经认为中国人与英国人之间的种族融合将"更有可能改善"澳大利亚种群，而不是对此造成"伤害"。不过，目睹了金矿发生的暴力事件之后，他感到上述"臆想"迅速消失，甚至变得"可恶"。①

　　英国人种将会在澳大利亚发生退化的这种猜测是 19 世纪 50 年代人们的担忧之所在。许多人担心"土生土长"的后代们会不如其长辈们强壮，而有人却认为，也许种族的混合还真有可能缓解殖民地子孙后代退化的现象。如果澳大利亚的气候会让人种退化，那么，还有什么能比融入亚洲人勤劳的人种特质更好的解决方案来增强新种族的坚韧性呢？1874 年，一位激进人士宣称，"中国人的勤劳节俭"和"印度人的心灵手巧"将推动澳大利亚种族的进步。②《悉尼先驱晨报》在 1866 年提出，中国种族的特质可能会对避免英国人种退化成"软弱"、"犹豫不决"的种族有用。③ 备受欢迎的澳大利亚游记作家詹姆斯·欣斯顿认为，有着中国和英国特质的混血儿为"未来新的种族提供了理想之选"。④ 欧亚人种的澳大利亚将产生林林总总的好处。1869 年，一位英国评论家在锡兰举出了这样的例子：高加索和蒙古族的混血儿构成了阿提拉和成吉思汗统领下的坚不可摧的欧亚部落主体。基于这些例子，他认为英中混血的澳大利亚人将毫无疑问地成为征服世界的种族。⑤ 詹姆斯·杰弗里斯，一位悉尼公理会教牧师，坚决反对 19 世纪 80 年代新南威尔士州颁布的排华法律，提出了一个最为大胆的设想。他认为澳大利亚处于东西方的交汇处，"澳大利亚将通过种族融合而变得强大"，其具体做法是：

---

① *Maitland Mercury*, 6 October 1860, p. 2.

② *Queenslander*, 8 August 1874, p. 9.

③ *Sydney Morning Herald*, 12 March 1866, p. 4.

④ J. Hingston, "A coming citizen of the world", *Victorian Review*, vol. 1, 1879, p. 93.

⑤ The *Argus*, 21 August 1869, p. 1.

融合印度人举世无双的抽象思维能力、中国人不言放弃的坚韧精神和日本人无可比拟的艺术天赋，从而可与法国浪漫的理想主义、德国缜密的哲学思维和盎格鲁－撒克逊的务实睿智相媲美。①

杰弗里斯所想象的澳大利亚人集合了臆想中最先进的欧洲和亚洲种群所有的优秀品质，从而登上人类文明的顶峰。

杰弗里斯几乎没有时间将其愿望付诸实施。随着 19 世纪 80 年代高涨的排华浪潮，建立白澳这一主流社会的理想没有给其他的设想留下多少发展机遇。对黄金种族的畅想渐渐隐退，就如伦敦《泰晤士报》1888 年发表的文章所说，澳大利亚殖民地将决定未来澳大利亚种族的构成：

世界主义者会带着一丝自由和启蒙的口吻说，"这个种族可以是盎格鲁－蒙古人，也可以是盎格鲁－印度人，或者任何其他的混血儿"。但是，如果这个种族具有代表性的话，澳大利亚爱国主义者和我们宗主国的爱国主义者会这样回答，"这个种族应该是纯粹的英国人"。②

许多历史学家都注意到，白澳政策诱人之处在于"白"作为一种颜色总是与干净、纯洁和一尘不染联系在一起。这些颇具震撼力的理想引起了许多人的共鸣，而且对打造一个新种族、新国家来说似乎是至关重要的。建立白澳的倡导者呼吁要不惜一切代价将种族混居国家当作梦魇一样驱走，种族混居的澳大利亚一般也被称作"斑秃的澳大利亚"，并且将此描述成为建设白澳不力所产生的不可避免的恶果。用"斑秃"的比喻也表明了对"白"这个颜色的丑陋挑战，当时普遍的一个看法是，这是向着"棕色"澳大利亚迈出的第一步。

另一个相关的语境就是白色代表了道德，而混血则代表了罪恶。常见的一种看法是，种族混合将导致种族的自取灭亡。尽管欧亚人种澳大利亚的支持者们认为欧亚混血将是一个先进的种族，但多数人的看法并非如

① J. Jefferis, "Australia's mission and opportunity", *Centennial Magazine*, vol. 1, no. 2, 1888, p. 104.

② *The Times*, 22 May 1888, p. 13.

此，他们的观点代表了普遍存在的歧视，同时也得到当时一些伪科学的佐证。人们普遍认为，欧亚混血儿存在性格上的缺陷：撒谎、不忠、怨恨、狡猾、懒惰，这都是种族特质冲突造成的后果。所以，许多人并不热衷于建设一个欧亚人种的澳大利亚。

白澳和颜色美学

尽管人们一般认为，白澳政策在联邦成立初期得到了全社会或几乎是全社会的支持，但是，仍有为数众多的人不断质疑白色种族的优越性。墨尔本的畅销书作家和商人 E. W. 科尔就是最为著名的早期白澳批评家。他在其《不可能的白澳》《白澳问题》和小册子《正在彼此融合的全人类种族》等作品中阐述了自己的观点。他认为，种族的融合不可抗拒，并将形成一股澳大利亚无法阻挡的巨大洪流。澳大利亚将不得不接受欧亚混血儿成为澳大利亚的工人和公民，种族融合不可避免。

悉尼商人 E. W. 福克斯尔时任日本驻澳大利亚领事馆秘书，于1903年发表了《有色人种恐惧症：白澳谬误大揭底》一书，这是对白澳理想做出的最为全面而理性的回应。福克斯尔首先驳斥了"白色"人种的存在，白色皮肤的优越感和与此相连的特质也就因此站不住脚了。福克斯尔感到，种族歧视实际上始于对白色的构建本身，而且他一再谈及"所谓的白种人"。他的措辞尖锐地驳斥了白种人的种族特征，以及白色即没有颜色的说法。这种论调实际上把欧洲人的白色皮肤放在了人类皮肤颜色色谱之中，而不是将白色置于其本身的范畴。福克斯尔还取笑对白色的向往，称白澳的支持者们为一群"纹路死板、雀斑满面、说不出来的浅色玩意儿"，而这些人的种族立场旨在侮辱非白种人，其原因是非白人的皮肤"是一种明显的、通常更赏心悦目的颜色"。[1]

从美学角度质疑白种人，福克斯尔并非唯一。英国探险家大卫·利文斯通与非洲人共同生活过很长一段时间，曾经记录下了他对自己肤色的

---

① E. W. Foxall, *Colorphobia: an exposure of the white Australia fallacy*, R. T. Kelly, Sydney, 1903, p. 22.

"羞耻感"，因为他的皮肤"不自然，像漂白了的芹菜，甚至像白鼠"。①
有着同样经历的亨利·斯坦利也对看到白种人时的震惊感作了这样的描述，"由于长期看到的都是深黑和古铜色的皮肤，白色皮肤给我一种难于言表的恐怖感。我不禁觉得他们肯定是生病了"。② 作家拉夫卡迪奥·希尔恩承认，虽然在日本生活好几个月之后才学会"欣赏有色人种的肤色美"：但是最终你看到了金子般美丽的人的皮肤……有着水果颜色一样丰富的皮肤：橘色、棕色，还有桃红色，层次各异、亮丽的铜色，还有所有金属的颜色，各种层次不同的古铜色……这会儿人们就会怀疑白色的皮肤是不是真的是那么好！③

　　许多澳大利亚人都受到了这种美学观点的影响。亚瑟·亚当斯在他的小说《澳大利亚人》中将英国式的白皮肤与病态和怯弱画上了等号。④ 白澳理想的最大讽刺是，这个理想与白种人对古铜色、棕色和太阳晒出来的棕褐色肤色的追求同时存在，这是在英国游客中颇为流行的美学观点。⑤
澳大利亚作家和记者 E. J. 班菲尔德说：

> 尽管自相矛盾，最热衷于白澳政策的人在身体上擦的油比一般人都多，目的是让太阳把他们的皮肤晒成古铜色……⑥

班菲尔德继续描写了"白皙"的人如何羡慕那些把皮肤晒得像旧铜器颜色而引得众目所归的人。将皮肤晒成棕褐色的热忱引出这样一个问题：欧亚人种的澳大利亚是否为一个好的想法。查尔斯·H. S. 马修总的来说是白澳政策的支持者，不过，他也认为应该对欧亚人种澳大利亚的建议予以认真的考虑。他听说白种人和黄种人融合会出现一个新的混血种族，这就是"金黄种族"。⑦ 到访的英国牧师 J. W. S. 汤姆林也采用了这个说法。他认为，

① D. Livingstone, *Narrative of an Expedition to the Zambesi and its Tributaries*, Harper, New York, 1866, p. 401.

② H. Stanley, *Through the Dark Continent*, vol. 2, Harper, New York, 1878, p. 462.

③ L. Hearn, *The Japanese Letters of Lafcadio Hearn*, Houghton Mifflin, Boston, 1910, p. 271.

④ A. Adams, *The Australians: a novel*, Eveleigh Nash, London, 1920.

⑤ See D. Booth, *Australian Beach Cultures: the history of sun, sand and surf*, Frank Cass, London, 2001; P. Fussel, *Abroad: British literacy travelling between the wars*, Oxford University Press, New York, 1980.

⑥ E. J. Bayfield, *Tropic Days*, T. F. Unwin, London, 1918, p. 41.

⑦ C. H. C. Matthews, *A Parson in the Australian Bush*, Edward Arnold, London, p. 296.

由于亚洲国家的"文明"程度高，反对种族融合的想法可能会出现松动。但他的结论是，普通的澳大利亚人对欧亚种族融合的想法"充满了恐惧"。①

澳大利亚第五任总督邓曼勋爵在1914年离开澳大利亚时对放弃白色皮肤的美学欣赏发出了警告。悉尼冲浪节上举行的"古铜皮肤比赛"，有着黝黑古铜肤色的男士获奖，墨尔本的圣基尔达海滨也举行了类似的活动，这一切让他感到十分震惊。在悉尼市政厅，邓曼勋爵对与其持有同样观点的听众说，"拥有古铜色的皮肤是很漂亮"，但他还是"喜欢自己的白皮肤"，据说这句话引来了听众雷鸣般的掌声。②尽管如此，澳大利亚人照样欣赏和追求经过阳光沐浴后的棕黄色皮肤。这种肤色经过处理的澳大利亚人被塑造成了白澳能够培养出的最高级的人种。没有必要用亚洲人和其他人来为澳大利亚人种添加这种金属色，要想有这种肤色，有太阳就足够了。让古铜肤色的英国人组成白澳的支持者们认为，这个种族从根本上来说是白种人，同时又巧妙地将非欧洲人的"金色"审美融入其中。亚洲人可能对此肤色有着共同的认识，但是，除肤色之外还有其他的种族特征，这才是最重要的。无论如何，欧亚混血儿可以造就一个"古铜色"或"金色"澳大利亚人种的想法一直延续下来。1946年，古尔伯恩的主教 E. G. 伯格曼说，欧亚混血的澳大利亚人将是一个"更为优秀的种族"，其肤色自然，是"澳大利亚人希望在海滩上日光浴后获得的肤色"。③

除了美学欣赏，金黄种族论者认为，欧亚人种的澳大利亚将会更好地开发澳洲大陆并在此立足。来访的美国作家汤姆斯·戴文认为，澳大利亚最好的选择是"把中国人盎格鲁化"，为了同一个欧亚未来而建设澳洲大陆。④戴文实际上认为，集合了欧洲和中国人种特质的欧亚混血种族将具备抵御令人担忧的日本侵略的必要能力。这样一个欧亚混血的澳大利亚将怀揣英帝国的最高政治理想，同时其生理条件更为适合这片大陆。E. W. 科

① J. W. S. Tomlin, *Australia's Greatest Need*, Society for the Propagation of the Gospel in Foreign Parts, London, 1914, pp. 176 – 177.

② *Sydney Morning Herald*, 18 April 1914, p. 20.

③ W. D. Borrie et al., *A White Australia: Australia's population problem: papers read at the twelfth summer school of the Australian Institute of Political Science held at Goulburn*, N. S. W, 26th, 28th January, 1946, Australasian Publishing, Sydney, 1947, p. 206.

④ T. Diven, *Diseased Communities: Australia and New Zealand*, Antiquarian Co., Chicago, 1911, p. 142.

尔认为，只有一个欧亚混血的澳大利亚才能享用澳洲大陆热带北方的财富，既不会催生出一个完全奴性的种族，又不会完全放弃对澳洲大陆的综合开发。就如亨利·里诺德的研究表明，联邦建立初期澳洲北部边远地区出现了小范围的种族融合，当时受到了积极的肯定。① 其观点十分明确：只有一个自愿建成的、欧亚混血的澳大利亚才有可能保有英国的体制，不然将会因无法抵御亚洲坚定不移的入侵而消亡。对于支持建立欧亚混血澳大利亚的人们来说，这种做法远比白澳政策更为理性。

东亚人和种族尊贵的调整

不过，还有另外一种欧亚混血澳大利亚畅想，无须完全放弃使用与"白"色相关的措辞。1909 年的日俄战争以日本取胜而告终，对很多人来说，这意味着日本人值得人们将其与欧洲人相提并论。还有很多人认为中国人也具有类似的特质。从上文可以看到，这种认识在 19 世纪已具雏形，到这个时候已具有一定的影响力。一系列的西方评论家和科学家开始阐述这样的观点："白种人"和"黄种人"之间差异甚小，并且日本人和中国人（虽然比日本人程度上小一些）与欧洲人的基因之间的关系密切。在过去的几千年里，这些种群跨越欧亚平原相互融合，而且这种融合将在太平洋沿岸继续。② 这些论点与认为日本正在崛起的主流社会人士大相径庭，这对许多人来说意味着确认了"黄祸"的存在和全球性种族战争的可能性。但是，应该强调的是，尽管这些论点鼓励种族间的融合，但并不能说这就是反种族主义的立场。尽管持这种观点的人认为日本人和中国人能与"白种人"媲美，但他们仍然坚信白种人和黄种人要比"棕褐色人"和"黑人"高级。③ 一位英国总督曾宣称："在有种族歧视的白人眼里，与印

---

① See H. Reynolds, *North of Capricorn: the untold story of the people of Australia's north*, Allen & Unwin, Crows Nest, 2003.

② See J. M. Tyler, *The Whence and Whither of Man*, Scribner, New York, 1896, pp. 235 – 236.

③ These arguments herald the return to European thinking about the Japanese and Chinese in positive terms, including aspects of whiteness that were prevalent before the rise of racial "science". See the Introduction and first chapter of M. Keevak, *Becoming Yellow: a short history of racial thinking*, Princeton University Press, Princeton, 2011.

度人或马来人混血而来的欧亚人明显地不那么受欢迎。"① 而且，这些观点的形成主要基于这样一种认知，即种族特质一成不变且具有可预见性，有些种族具有生理和伦理上的固有特点。将一些优秀的特质融合在一起就可以促生一个理想的欧亚混血种族这一想法只不过一种不同形式的种族歧视。

尽管如此，这种观点的确是对白澳政策的一种摒弃。英国优生科学运动的领导者、著名医生 C. W. 沙里白在 1904 年预言，"黄祸"很有可能转化为"黄禧"，东北亚人和欧洲人的种族融合将是一个"缓慢和渐进的过程"。将来，"通婚"会变得"司空见惯"，而不带任何种族偏见，这将是一种"无须战争的融合"。② 沙里白担心的是，白种人的统治已接近其巅峰阶段，融入亚洲人的活力有助于阻止种族的退化。持这种观点的并非沙里白一人，他们都不愿意看到种族战争的爆发，而希望有一个种族融合的理想未来。克拉克大学的人类学家亚历山大·F. 张伯伦指出，"东方人和西方人的确同属一族"，而且还预言这两个人种有可能会"集其身体和智力于一身之优势而为人类争光"。③

美国传教士吉尔伯·里德牧师一生的大部分时光在中国度过，他在 1911 年向美国宗教自由主义者联盟委员会提交的报告中指出，"西东方"融合的可能性绝非"空洞幻想"，必须认真考虑。里德坚称，"白种人与黄种人之间的差别远低于与其他种族间的差别。彼此间的调整幅度要小得多，彼此间的矛盾也少得多。"④ 美国社会学家爱德华·A. 罗斯在 1901 年造访中国时也有了以下的发现。罗斯访问了 43 位在中国居住过的欧洲人和美国人，直接问他们"黄种人的智力条件是否与白人相同"，绝大部分的人（即 38 位受访人）认为这两个人种的智力相同。其中一个受访者的回答让罗斯惊诧不已：但凡在这个国家生活过 25 年或更长的人都感到，黄种人是一个正常人种，而白种人倒是一个"笑话"。⑤

---

① H. H. Johnston, "The world – position of the negro and negroid", *Papers on Inter – Racial Problems*; *communicated to the first Universal Races Congress*, 1911, pp. 328 – 336.

② *The Academy and Literature*, vol. 66, 1904, p. 222.

③ A. F. Chamberlain, "China and her role in human history", *Journal of Race Development*, vol. 2, 1912, pp. 323 – 342.

④ G. Reid, "The unity of Occidental and Oriental races", *Proceedings of the Third Congress of the National Federation of Religious Liberals*, Philadelphia, 1911, pp. 174 – 182.

⑤ E. A. Ross, *The Changing Chinese*: *the conflict of Oriental and Western cultures in China*, Century Co., New York, 1911, p. 61.

罗斯认为，欧洲人与其说是至高无上的种族，还不如说他们已经习惯了这样去看待自己。对美洲、非洲和亚洲大部分地区的征服培育了这种高人一等的感觉，正是这种感觉将其误导，声称中国人和日本人不如他们。①

欧洲人与中国人及日本人是平等的种族、这两个种族之间的融合可以造就更高级的人种，这一认识被中国和日本的一些学者所接受，有些学者自己也得出了这样的结论，他们认为"黄种人"和"白种人"是比"棕褐色人"和"黑人"更为高级的人种。② 一位日本到访者向澳大利亚人提出了这个欧亚混血的选择。来自长崎的 Y. 长野在 1907 年至 1908 年间在澳大利亚逗留了几个月，其间，他撰文给《澳大利亚杂志》，批评白澳政策，重点批评排日问题。他指出，日本人可以成为非常有价值的澳大利亚公民，他们刻苦、勤恳，对美的事物有一种特别的欣赏力。他认为，日本人与其欧洲祖先融合已经造就了一个混血种族，澳大利亚除了与日本民族融合别无选择："你们已经是混血种族，再与优秀的日本人种融合又能有何不妥呢？"③

在白澳的大背景之下，这个问题引起了轩然大波。在 1907 年的一个集会上，亨利·沃拉尔牧师批评了白澳政策，呼吁听众对自己予以支持。他认为《移民限制法》伤害了澳大利亚白人的基本公民自由权利，并举例说，如果一个澳大利亚白人爱上了一个日本女人而不能将她带回到澳大利亚一起生活，怎么办？沃拉尔问道，"难道日本女人就不如白人女人吗？"但是他的诘问并未达到预想的效果：会场上的回答是"是啊，不如！就是不如！"不过他很聪明地做了回答道，"也许你们这些持不同意见的人从来没有见过日本姑娘。"④ 经常有人质问那些支持欧亚混血澳大利亚的人是否能够同意他们的女儿嫁给亚洲丈夫，一些激进的报纸杂志发表诗歌来讽刺这种说法和持这种观点的人。第一次世界大战爆发前不久，《公报》报道了这样一个事件：墨尔本的一位教士为一名中国男子和一位白人女子举行了婚礼并宣称，两位的结合将"打破英国人长期的种族歧视，并且会促进

---

① E. A. Ross, *The Changing Chinese: the conflict of Oriental and Western cultures in China*, Century Co., New York, 1911, p. 63.

② See J. Robertson, "Biopower: blood, kinship and eugenic marriage", in J. Robertson (ed.), *A Companion to the Anthropology of Japan*, Blackwell, Malden, 2005, pp. 335 – 337; L. Sun, *The Chinese National Character: from nationhood to individuality*, M. E. Sharpe, London, 2002.

③ *Australian Magazine*, 1 February 1908, p. 475.

④ *Barrier Miner*, 17 August 1907, p. 7.

两国之间的融合。"作为回应，《公报》发表了一首口吻尖刻的诗歌，声称绝不向亚洲人和倡导种族融合的人做出任何让步。① 毫无疑问，媒体对这一事件的关注使得人们不敢再发表类似的观点和意见。

对一些人来说，展望一个欧亚混血的澳大利亚并不等于完全放弃白澳观念。昆士兰州的作家和工党支持者多米尼克·希利发表了《世界大同与联邦》一文，列举了澳大利亚所面临的国际问题。他指出，不能从种族的狭隘角度去诠释白澳，而应该将其定义为"良心的纯洁、心灵的纯净和智力的优秀"。他还阐明，在允许受过良好教育的亚洲人享有公民和通婚平等权的同时，"我们不与黑人或食人族发生任何关系"。他认为，"东方苦力"的印象极大地影响了澳大利亚人对亚洲的态度，而受过良好教育的"东方人"应该在澳大利亚享有平等的权利。鉴于他们有能力与"开明的欧洲人"并驾齐驱，他们就理应受到与其他"东方人"不同的待遇。希利倡议设立某种真正意义上的教育考核制度来甄别受过良好教育的亚洲人，由此为澳大利亚建立一个引进高素质移民的渠道。受过良好教育的亚洲移民最终将被接纳为建立种族融合国家的合适后备人选：冷静地思考之后，似乎澳大利亚注定要成为一个世界化的社会，带有许多亚洲的特点，尤其是北亚的特点。②

希利预言道，澳大利亚人口带有受过良好教育的亚洲人这一特点，这"不是一件什么大不了的事情"，持这一观点的另有其人。1901 年，朗斯顿的《审查人报》曾发表文章称，与英国近邻的南欧和东欧人相比，有些澳大利亚人更倾向于日本移民。③ 同样，维多利亚州的自由贸易政治家和商人弗德里克·萨古德认为，受过良好教育的亚洲移民要比"社会底层的欧洲人"④ 强很多。《南澳记录报》编辑威廉·索顿在探讨了白色的美学价值之后指出，许多亚洲人的肤色不仅比很多"盎格鲁－澳大利亚人"白，而且比很多欧洲人都要白。⑤ 如果澳大利亚的白色仅仅是由肤色来确定的话，那么，许多亚洲人都符合这一标准。

---

① *The Bulletin*, 16 January 1913, p. 36.

② D. Healy, *Cosmos and Commonwealth*：*a discussion of Australian and international problems*, Sydney, 1910, p. 72.

③ *Examiner*, 14 September 1901, p. 2.

④ *Australian Parliamentary Debates*, vi, 1901, p. 7251.

⑤ *South Australian Register*, 25 August 1896, p. 4.

种族融合的科学依据

20 世纪二三十年代,欧亚混血将造就一个更为高级"种族"的认识获得了很多科学上的承认,而且还得到了英国优生科学协会的证实。① 无论是作为个体还是一种人口特征,欧亚混血儿都不断得到人们的积极认可。斯坦福大学的历史学家佩顿·J. 特利特对中国人和日本人不可能被西方文化所同化的观点持反对意见。他认为,东亚人与欧洲人之间"只存在社会差别,而不存在生理差异"。② 类似的反对声音随时可闻,但是,欧亚混血澳大利亚的支持者们此时得为注入"混血新鲜血液"寻找科学依据了。③

这个领域的一位权威人士是悉尼大学的地理学家格里菲斯·泰勒,他认为拒绝让中国人(实际上是全体亚洲人)与澳大利亚人通婚,澳大利亚已经犯了错误。一方面泰勒在早期支持白澳政策,另一方面他又彷徨不定:在中国成为世界强国时,澳大利亚的子孙后代们的日子会不会好过一些。④ 泰勒利用他经常举行的公开演讲来传递这样的观点——亚洲人"与我们是平等的"。⑤ 他坚持认为对澳大利亚真正构成威胁的是非洲黑人和澳大利亚原住民。随着将这些种族因素控制到最低限度,未来的澳大利亚人无须担心因种族融合而带来的种族退化。泰勒经常因其观点遭受辱骂。⑥然而,尽管他向某种种族歧视发起了挑战,但其对黑人移民的厌恶之感可以看出,泰勒的认识仍局限在种族规范之内。

尽管澳大利亚人需要一个更为多样化和综合的种族组合,但是西方非白即黑的种族主义思维的传统观念限制了他们的选择面和想象空间。一个欧亚

---

① See L. Bland, "British eugenics and 'race crossing': a study of an interwar investigation", *New Formations*, no. 60, 2007, pp. 67 – 78.

② P. J. Treat, "California and the Japanese", *Atlantic Monthly*, vol. 127, 1921, pp. 537 – 546.

③ See H. Roseboom and C. Dover, "The Eurasian community as a eugenic problem", *A Decade of Progress in Eugenics: scientific papers of the Third International Congress of Eugenics, held at the American Museum of Natural History, New York, August 21 – 23, 1932*, Williams & Wilkins, Baltimore, 1934, pp. 87 – 94.

④ *Sydney Morning Herald*, 21 June 1923, p. 9.

⑤ *Sydney Morning Herald*, 21 June 1923, p. 9.

⑥ See D. Walker, *Anxious Nation*, pp. 192 – 194.

混血澳大利亚的设想本可以带来一个进步的未来，但是对"黑色澳大利亚"的担忧向整个欧洲殖民的举措提出了挑战，也阻止了原住民型澳大利亚这类种族退化报复性现实的出现。这种对未来的猜想得不到支持，没有人会像对待欧亚混血澳大利亚那样去为一个黑色的澳大利亚提出有力的理论支持。

结　论

欧亚混血澳大利亚的支持者们试图扭转主流社会构建的种族等级制，但他们的构想也是对澳大利亚可以决定其未来这一观点的挑战。许多支持者指出亚洲将不可阻挡地崛起，澳大利亚应通过接受亚洲移民和种族融合来应对这一历史的必然。这一观点不支持澳大利亚对其人口进行控制，因此也打破了澳大利亚社会理想的整体构想。即便是对那些认可中国人和日本人与欧洲人平等的人（如作家万斯·帕尔默）来说，对白澳和英国国民性的精神寄托成了"开创一个宏伟的欧亚壮举"① 的绊脚石，而这种现象将延续几十年。

人们常说，每一代澳大利亚人都将从地理位置和对澳大利亚的重要性这两个方面重新研究亚洲。同样，欧亚混血的澳大利亚也是每一代澳大利亚人的一个梦想。多年来，尽管存在种族歧视、保持单一种族的理想明显占上风，但是欧亚混血澳大利亚的支持者们仍对这个似乎令人诧异的未来充满信心。比尔·海顿站在一个更高的角度在 1983 年呼吁建设一个欧亚混血的澳大利亚；1997 年费思棻提出的"蜂蜜色的国家"与海顿的呼吁大同小异。这些延续至今、经久不衰的想法在他们的表述里得以充分地展现。在澳大利亚向欧亚混血社会迈进的今天，这些畅想揭示了一个非同寻常的澳大利亚传统。在人们熟知澳大利亚有一段排外和种族歧视历史的同时，这段历史的不同侧面也值得人们去探索研究。

（夏玉和　译）

---

① V. Palmer, *Letters of Vance and Nettie Palmer*, *1915 – 1963*: *selected and edited by Vivian Smith*, National Library of Australia, Canberra, 1977, pp. 15 – 16.

漂洋过海，东西交融

凯特·贝格纳尔[*]

1894年4月22日是一个星期日，"曼米尔号"轮船驶出了悉尼港。船上三位悉尼的小乘客开始了他们的海上处女航，他们是梅光达的三个孩子，他们将先抵达香港，然后前往中国内地。同行的是他们的父亲、著名茶商和慈善家梅光达，还有出生于英国兰卡郡、1882年来到悉尼的母亲玛格丽特。梅光达和玛格丽特四年前结为夫妻。梅光达九岁就到了澳洲殖民地，已经两次回国省亲。这是梅光达第三次回国，除了回国开展澳大利亚羊毛贸易外，他此行的主要目的有些让人感到忧伤，也许华人比欧洲人更能因此产生共鸣。家庭是华人心中的重中之重，正是这种情愫促使梅光达回归故里，因为他的母亲仍居住在广州，希望与儿子一家团聚。①

梅光达的朋友和至亲乃至悉尼市名声显赫的达官贵人都前来送行，新南威尔士州州总理乔治·迪布斯爵士还举杯祝梅光达全家旅途愉快、平安返澳。②

---

* 凯特·贝格纳尔（Kate Bagnall），研究领域是澳大利亚华人历史、白澳政策以及澳大利亚华人社区文化遗产，其博士学位论文是首部关于澳大利亚华人男性和白人女性亲密关系的大规模研究。

① "Mr Quong Tart：proposed to visit to China"，*Australian Town and Country Journal*，14 April 1894.

② "Departure of Mr Quong Tart for China"，*Sydney Morning Herald*，23 April 1894.

盎格鲁－华裔家庭

梅光达一家回国省亲的告别场面之隆重难得一见，但是像他家这样的返乡之旅在华人中却是司空见惯，许多居住在澳大利亚的华人都希望叶落归根或回国省亲。数十位澳大利亚裔妻子在 19 世纪 60 年代至 20 世纪 30 年代随其丈夫北上中国探亲，她们中间不乏澳大利亚出生的女性，其父亲为华人，其母亲则有着华人、盎格鲁－华裔或欧洲血统，而其他妇女则完全是澳大利亚出生的白人，或者是像梅光达的妻子玛格丽特那样的海外移民。对许多家庭而言，前往中国就像是一次度假，去拜访家人和朋友，让在澳大利亚出生的下一代去认祖归宗以及了解故国的语言和文化。但是有些家庭可能就因为一次回国省亲而在中国住很长时间，如果孩子们还要在中国接受教育，有些家庭就会在中国定居了。所以，澳大利亚裔妻子必须决定是与丈夫同行还是孤身一人留在澳大利亚，这一决定可能意味着和孩子的分离。偶尔还有家庭过着"双边"日子：丈夫在中国住一段时间，其余时间在澳大利亚与家人一起生活，但是这种家庭往往以悲剧而告终。[①]

在探讨澳大利亚与亚洲关系时，殖民地白人妻子与华裔丈夫之间的关系这一段复杂历史往往被忽略。随着殖民地华裔男子人数的不断增加，中欧通婚从无到有，出现了实质性的发展，最初源自于 19 世纪 40 年代末在新南威尔士实行的契约劳工政策，然后就是 19 世纪 50 年代出现的淘金热。这期间很少有华裔女性来澳大利亚，所以尽管华裔男子的计划是最终要回到中国，他们还会找白人（或原住民）做其保姆、妻子或性伙伴。[②] 要想找到这种中欧亲密关系的具体数据困难重重，但新南威尔士和维多利亚殖民地婚姻登记史料显示，从 19 世纪 50 年代到 20 世纪初，这两个殖民地的中欧通婚数量有一千多对。与此同时，还有许多人没有正式去相关

[①]　K. A. Porter, *Mae Franking's "My Chinese Marriage"*: *an annotated edition*, University of Austin Press, Austin, 1991, p. 25.

[②]　P. Edwards and Y. Shen（eds）, *Lost in the Whitewash*: *Aboriginal－Asian encounters in Australia, 1901－2001*, Humanities Research Centre, Canberra, 2003；R. Ganter, *Mixed Relations*: *narratives of Asian/Aboriginal contact in North Australia*, UWA Press, Crawley 2005.

部门登记，当年进行统计时把这类情况列入非法或危险情况（诱拐、卖淫、吸食鸦片、酗酒、铤而走险和贫困），越来越多的研究表明了这种亲密关系形成的原因和复杂性。① 这个领域的研究主要基于家庭史学家的成果，这些学者与其研究对象的密切关系使得他们从一个完全不同的角度，对这些在选择伴侣时打破了种族歧视羁绊的男性和女性的生命历程来进行研究。

　　盎格鲁－华裔家庭实际上就是文化的交汇点，夫妻双方和混血子女在种族和文化之间穿行。夫妻之间在家庭中通常会使用一种中英混杂的语言。② 有些妻子"尽其所能去教丈夫英语，同时也不厌其烦地学汉语"，不过有些妻子能非常流利地讲丈夫的方言。③ 许多妻子学会了中国妇女的举止言行和做中式的家务，比如做中国菜、穿中式服装以及将房子装饰成中西混搭的风格。1911 年辛亥革命前，一些华裔男孩从小就蓄有其父辈们的长辫子。华裔丈夫意识到了澳大利亚家庭里中国语言和文化传统的脆弱性，便让其子女接受中国式的教育。澳大利亚的盎格鲁－华裔家庭呈现出东西两种文化的特征，这种文化的交流拓展到了回国省亲的过程之中，因为澳大利亚家庭此时已融入华人的环境之中。

　　本章主要探讨白人妻子跟随华裔丈夫回国省亲逗留期间的经历。这些白人妇女的数量有限，且此类史料极为难寻，但是，这些妇女的生活经历和个人选择对我们所理解的澳大利亚白人与其华裔邻居和中国的交往提出了挑战。为数众多的白人妇女自愿跨越种族鸿沟与华裔男性联姻，这些妇女也做出了随同丈夫回到中国探亲的不同寻常的决定。一旦进入中国，这些白人妇女就要成为中国式的妻子和儿媳妇，学会打理中国式的家务和承

---

① K. Bagnall, "Golden shadows on a white land: an exploration of the lives of white women who partnered Chinese men and their children in southern Australia", 1855 – 1915, PhD thesis, University of Sydney, 2006; D. Hales, "Local histories: Chinese – European families of Central Western New South Wales, 1850 – 1880", *Journal of Australian Colonial History*, vol. 6, 2004, pp. 93 – 112; S. Robb, "Myths, lies and invisible lives: European women and Chinese men in North Queensland", *Lilith*, vol. 12, 2003, pp. 95 – 109; P. Rule, "A tale of three sisters: Australian – Chinese marriages in colonial Victoria", in K. Pookong, P. Macgregor and G. Presland (eds), *Chinese in Oceania*, ASCADAPI/Chinese Museum/Victoria University of Technology, Melbourne, 2001.

② "A woman's age!", *Brisbane Courier*, 25 August 1911.

③ "Chinese schools", *Brisbane Courier*, 20 December 1883.

图 1　梅光达和妻子玛格丽特携三个孩子及两位无名氏在香港，1894 年

担中国式的家庭责任。有些人对中国语言、食物和习俗熟悉，这样她们的日子要好过一些；而对许多人来说，她们出现在中国和中国家庭就引起了强烈的反应。她们的皮肤就表明她们毫无疑问地属于外族，她们经历了其丈夫和混血子女在澳大利亚所经历的一切，白澳时期外族人作为个体在家庭、归属感和文化等方面进行了调整，这个过程的复杂性在她们的来华经历中得以证明。

香港、通商口岸和侨乡

香港是一些白人妻子及其子女的目的地，而对很多人而言，香港只是进入中国内陆广东省侨乡的一个口岸。侨乡是指在珠江三角洲的香港、澳门和广东省会广州市之间的三角形地区，当年大多数澳大利亚华人祖先就居住在这个地区的村子里。[1] 19 世纪三四十年代，海外归侨带来的新思想和资本对这些村庄产生了巨大影响，也改变了当地的传统生活方式，如建

①　M. Williams，"Hong Kong and the Pearl River Delta qiaoxiang"，*Modern Asian Studies*，vol. 38，no. 2，pp. 257 - 282.

筑风格、充裕的居家用品、子女教育以及家庭结构。① 不过，尽管有这些影响，那些没有离开的人们，尤其是妇女们，仍旧保持着传统的观念和当地的文化习俗。

1868 年，威廉·杨教士曾发表这样的评论，从维多利亚州回乡的已婚华裔男子会将其妻子留在"更为安全的澳门或者香港居所里"，② 这样做的原因有很多。除了交通不便、不熟悉乡村生活和乡村生活的不舒适，家庭成员的健康和安全是一个很大的问题。梅光达一家于 1894 年 5 月抵达香港，华南地区已暴发瘟疫，有人建议梅光达不要携家眷继续前行。③ 侨乡地区土匪横行，归侨及其家人是绑架劫持的重点对象。而且，中西通婚家庭住在香港有着明显的有利条件。香港的亲戚先给他们找好了住处，安排好居家所需以及帮助开拓商机。极有可能是梅光达的弟弟帮助安排其兄嫂一家在香港的行程，他弟弟是当地颇具声望的商人，与香港的英国上层人士关系密切。④

香港、广州和厦门这些通商口岸与当地居民是隔离开来的，英国人、欧洲人与华人居住在不同的区域。香港的太平山顶地区禁止欧亚混血儿和华人与英国人混居在一起。在这些小社区，种族融合的禁忌使得白人妻子难以在英国社区找到立足之地。香港一位主教曾说：

> 在香港，从把她（白人妻子）引进家门的那一刻起，她就开始了一种被其白人同类摒弃的生活。她不得不生活在中国环境和习俗之中，她的同伴是华人，她过着中式日子，白人世界也因此远在天涯海角。⑤

尽管如此，香港的欧亚混血社区却十分活跃，开办了专门面向欧亚通

① A. McKeown, *Chinese Migrant Networks and Cultural Change*：*Peru，Chicago，Hawaii，1900 - 1936*，University of Chicago Press，Chicago，2004；M. Y. Hsu，*Dreaming of Gold，Dreaming of Home*：*transnationalism and migration between the United States and South China，1882 - 1943*，Stanford University Press，Stanford，2000.

② W. Young, "Report on the condition of the Chinese population in Victoria 1868", in I. F. McLaren (ed), *The Chinese in Victoria*：*official reports and documents*，Red Rooster Press，Ascot Vale，1985，p. 51.

③ R. Travers，*Australian Mandarin*：*the life and times of Quong Tart*，Rosenberg Publishing，Kenthurst NSW，2004，p. 144.

④ "Mandarin and soldier too"：a Chinese visitor；*The Examiner*，24 May 1901.

⑤ "White wives of yellow men"，*The Advertiser*，19 January 1924.

婚家庭的教会和学校（比如九龙的拔萃男书院）。① 盎格鲁－华裔通婚家庭与下等欧洲人一起住在华人社区，主要集中在九龙，许多人也住在欧亚混血人群集中的地区。由于回到香港的澳大利亚华人在同样的学校上学、开展社交活动、家族之间联姻，并在一起工作，他们之间建立了十分紧密的社会、家庭和生意网络。白人妻子一般都是英国社会的弃儿，她们通常会与有相同经历和处境的外国妇女交朋友，与在英国就已相识的家庭保持联系。

相比之下，随其丈夫回到侨乡乡下的白人妻子更是远离了她们熟悉的环境，她们通常是丈夫村里或镇上看到的第一个外国人。1894 年 7 月梅光达的妻子玛格丽特回到了悉尼，当时的《悉尼先驱晨报》报道说：

> 省亲期间，梅光达夫妇拜访了梅光达住在新宁河上游遥远村子里的亲友，梅光达夫人是迄今为止进入如此偏远地区的第一位欧洲人，这里离传教士到达过的最近的地方还有四十英里路程。②

去往侨乡的主要交通工具是坐船，这些船只变得越来越小：从香港到广州、澳门和江门乘坐的是轮船，然后乘坐中国特有的帆船抵达县城和小镇子；要去往没有陆路可通的村子，就只能坐小舢板穿行于沟港河汊之间。有外国人的家庭回乡省亲是村子里的一件大事，一位英中混血男子曾这样描述他自己、白人母亲和混血兄弟姊妹 1890 年抵达父亲村子时的景象：兴奋的人群争先恐后地找一个地势较好的位置来一睹他们全家的到来，一边还大喊着"哎！我看见了一个鬼佬仔"或"哎，哎，我看见了一个番鬼婆。啊，长得真怪！"③ 在中国，这种对西方人的好奇心随处可见，人们尤其会问外国妇女一些有关其生理特点（尤其是头发、眼睛和脚）、家庭生活、婚姻与子女、饮食起居等许多方面的私人敏感问题。④

① H. Lethbridge, "Caste, class, and race in Hong Kong before the Japanese occupation", in *Hong Kong: stability and change – a collection of essays*, Oxford University Press, Hong Kong, 1978.

② "Mr Quong Tart's visit to China", *Sydney Morning Herald*, 13 July 1894.

③ Y. H. Jackson, *My Reminiscences 1890 – 1917*, Alexander Turnbull Library, National Library of New Zealand, Micro MS 112, pp. 4 – 5.

④ E. Reinders, "The spectacle of missionary bodies", in *Borrowed Gods and Foreign Bodies: Christian missionaries imagine Chinese religion*, University of California Press, Berkeley, 2004.

图 2　梅光达老家所在的村子——2003 年凯特·贝格纳尔摄于台山市端芬乡龙腾里
凯特·贝格纳尔摄影

　　白人妻子在村子里与丈夫的大家庭生活在一起，只有为数不多的人会自己另起炉灶单过。她们用各种办法来打发时光，这取决于不同家庭的经济实力和地位，同时还与她们探亲时间的长短有关。如果华裔丈夫返乡仅为度假，那么他们将以休闲为主，携带礼品去探亲访友，或拜访他们在澳大利亚同为华侨的家人。① 妻子们可能有机会去游山玩水和购物，但是大多数的妻子正值育龄期，所以做家务和带孩子占据了她们的大部分时间。许多妻子带着孩子（通常年龄很小）旅行，有的带着身孕随丈夫返乡。那些留在村子里的白人妻子发现自己在按照当地的习惯度过孕产期，有些人在家里和村子里还扮演了别的角色。有人在地里干活，有人教英语，还有一个妇女据说参与了倒卖澳大利亚出生证明和绿卡、入籍证明的非法活动。②

　　侨乡里面没有专门的外国人居住区，所以白人妻子与其他西方人的联

---

① M. Williams,"Destination qiaoxiang：Pearl Reiver Delta villages and Pacific ports，1849 – 1949"，*PhD thesis*，University of Hong Kong，2002，pp. 76 – 77.

② E. Hahn, *China to Me*：*a partial autobiography*，Doubleday/Doran & Co.，Garden City，NY，1944，pp. 203 – 4；T. F. Loie，"My summer vacation，1903"，*The Outlook*，23 January 1904；"Inspector F. W. Gabriel – visit to Hong Kong，etc."，National Archives of Australia，NAA：A1，1913/4976.

系非常有限。如何适应乡村生活对她们来说是一大难题，她们面临着许多困难，如社交缺失、思乡心切、语言障碍以及气候、饮食和环境的不适应。同时，由于疟疾、麻疹、痢疾和结核病的流行，她们还要面对孩子生病甚至死亡的打击。尽管如此，一些白人妻子依然较好地适应了乡村生活，在中国生活了数十年。这些白人妻子学会了当地方言，其思维方式和生活习惯都发生了改变。她们穿中式服装，按照中国的方式操持家务。这些妇女的举止言行引起了她们遇到的外国人的注意，这些外国人（主要是传教士）对白人妇女放弃西方文明和基督教的生活方式很不赞同。1904年，一个传教士见到了一位住在增城的澳大利亚裔妻子，他这样记录了他的感受：在村子里生活了二十年后，她"脑子里的英国的东西已荡然无存，记忆里只有中国的东西"，她已经"完全堕入了罪恶的深渊"。[1]

中式的家庭生活

在做出前往中国的决定时，这些白人妻子最为关心的是她们的家庭，这也是她们侨乡生活的核心所在。中国的家庭成员对与外国女子联姻或保持关系均持反对态度，他们担心会因此无法为活着的家人尽义务、中断了与家族和祖宗的联系。他们还担心白人母亲对其子女施以精神上的影响，害怕这些子女将来会对中国语言、文化和习俗一无所知。因此，华裔男子在决定娶海外非华人为妻时，常常是违背了其父母和家族的意志。梅光达1881年回国时违其母命，拒绝娶华裔女子为妻：

> （他母亲）挑选了几个颇为出色且对他十分满意的女子。但是……他对母亲说，他如果结婚，他的妻子必定是洋人，因为华裔妻子对他将在澳大利亚开创的宏图大业一无所用。[2]

虽然中国人不接受白人妻子，但却要求她们和当地妇女一样守为人妻为人

---

① T. F. Loie, "My summer vacation, 1903", *The Outlook*, 30 January 1904, p. 14.

② M. Tart, *The Life of Quong Tart: or how a foreigner succeeded in a British community*, W. M. Maclardy, Sydney, 1911, p. 8.

媳之妇道。所以，一些白人妻子就肩负了许多生活的重担：养育子女、赡养老人、操持家务、下地劳作，从而将婆婆从繁重的劳务中解脱出来。妇女还要负责操持和参与宗教活动，比如去当地寺庙或家族祠堂敬香，过年过节时烹制宴席和特别的食物，所有这些劳作的目的都是为夫家光宗耀祖、发家致富。当白人妻子开始熟悉乡村文化时，她们又遭遇到其不熟悉和难以逾越的社会限制和难以达到的更高要求，尤其是那些与她们原有宗教、社会和政治观念相抵触的习俗，如祭奠祖宗、限制女童受教育和裹足。就如一位传教士所指出的那样，这些妇女面临一个困境，因为"中国习俗会让西方妇女感到不幸福"，而且"一个不会说当地话、没受过传统中国家庭熏陶的西方儿媳妇，对她的婆婆和姑子来说也是一个极大的考验"。①

就许多澳大利亚妇女而言，中国家庭文化中最难以接受的是男人可以纳妾的风俗。一些白人妻子随夫回国省亲之前就知道丈夫早有家室，但对很多人来说这是一个秘密。这些华裔男子的婚姻情况各异，有些男人没出国之前很年轻就结婚了；有些是回国省亲时成婚的，梅光达的母亲就曾希望其儿子在 1881 年回国时结婚。还有的人在还没结婚生子之前就出国，但是他们的家人在其缺席的情况下，让其与新娘结为夫妻。很有可能在梅光达拒绝娶华裔妻子后，他母亲也给他定下了这么一桩婚姻。可以肯定的是，他家给梅光达过继了一个或几个男孩来延续他家的香火。②

也许是因为有这样一个妻子的存在，白人妻子及其家人便留在了香港，而让丈夫自己返回侨乡省亲。李行功的妻子莎拉（娘家姓为鲍曼）的经历展示了白人妻子对华裔丈夫的文化和家族传统所表现出来的包容。19世纪 70 年代后期，李行功一家抵达香港后，李行功只身一人前往自己的老家，与其早年订婚的女子成婚。他在老家住了很久，直至他的华裔妻子怀孕给他生了两个孩子。与此同时，莎拉在香港等候丈夫，其间李行功也偶

---

① "Married to Chinese: the Lum Mow incident", *Townsville Evening Star*, 11 October 1932.

② W. Mei（梅伟强），"Quong Tart's family and his Chinese sensibility"（梅光达的家世与中国情结），unpublished paper presented at the International Conference on Quong Tart and His Times, 1850－1903, Powerhouse Museum, Sydney, 1－4 July 2004; L. McEvoy, "A visit to Quong Tart's home", *A Scarlett Letter*, Christmas 1986, pp. 7－8, http://www.scarlett.com.au, accessed 11 October 2011.

尔来过。莎拉在香港生下了她的第七个和最小的孩子，这才与李行功和孩子们一道返回达尔文的帕默斯顿。①

图3　梅光达的母亲谭氏，约1888年
新南威尔士州立图书馆提供，编号 ML1347

返回澳大利亚

在多数情况下，澳大利亚白人妻子不会长期生活在中国，她们不会做出这样的安排，因为她们觉得中国不适合她们居住。1894年梅光达阖家省亲也只安排了几个月的访问行程，即使是这样，一家人还是愿意回到悉尼郊区艾什菲尔德舒适的豪宅里。梅光达的传记作家罗伯特·特莱福斯透露出玛格丽特住在婆家时的不愉快经历：

---

① V. Lee with J. Godwin and A. O'Neil, "Lee Hang Gong/Sarah Bowman family history research: a progress report", *Journal of Chinese Australia*, issue 1, May 2005, http://www.chaf.lib. latrobe. edu. au/jca/issue01/05Lee. html, accessed 11 October 2011.

　　家里有这样的说法：如果梅光达母亲把手绢扔在了地上，玛格丽特就要以其优雅的英国淑女身段把手绢捡起来。这被看成是一个"苦力"活，玛格丽特这个陌生人会被当成不值得关注的人而被马上打发走。①

另一个原因可能是，玛格丽特意识到她的华裔丈夫家人既不理解也不认可他的澳大利亚妻子，这正好也印证了玛格丽特的父亲不认可她嫁给梅光达的事实。

　　澳大利亚家庭要想成功地把中国的生活方式融入其中需要文化上的妥协，但在子女卷入两种不同家庭观念冲突中心的时候，就无法达成这种妥协。② 在中国家庭中，子女是延续家族香火的宝贵下一代，尤其是儿子；而对白人母亲来说，她们的子女属于她们，而且应该和她们生活在一起。这些文化和家庭冲突促使一些白人妻子企图弃夫回到澳大利亚。有时这样做意味着暂时的分离，但对许多人来说，这将会导致婚姻的解体。妻子决定回家，一旦牵涉要带着子女一起走，总会遭到丈夫及其大家族的反对。侨乡的妻子所要做的第一件事就是离开所居住的村子去香港，但这并非易事。有些想要离开的妻子遭到家人的直接反对；有些人会对妻子说，走可以，但要留下孩子。其结果是，在传教士、西方官员、外国游客以及从香港专门派来的解救者的帮助下，一些妻子悄悄地离开了乡下村子。1905年，两个澳大利亚妻子带着孩子一起从江门逃到了香港。其中一人一直想离开丈夫的村子，最后在英国海关官员的帮助下，她才得以登上开往香港的轮船。③

　　一到香港，要离开中国的白人妻子就会求助于香港和澳大利亚政府、基督教教会和慈善组织（如香港慈善社）。1904年，香港慈善社就帮助一个年轻妻子回到澳大利亚的家中。这位妇女与丈夫、两个孩子和她的母亲一同抵达香港，然后去内地的丈夫家，她发现在内地小村庄的日子没法过。她一度在香港找了一份工作养活自己，将小孩寄宿在修道院。但是她

---

① Travers, *Australian Mandarin*, p. 146.

② K. Bagnall, "A journey of love: Agnes Breuer's sojourn in 1930s China", in D. Deacon, P. Russell and A. Woollacott (eds), *Transnational Ties: Australian lives in the world*, ANU E Press, Canberra, 2008.

③ "White slaves in China", *The Advertiser*, 19 January 1924.

丈夫很不满意，试图带走一个孩子。除非她与丈夫住在村子里，她丈夫才会养活她，否则分文不给。①

香港慈善社给了这位妻子一小笔钱以应付暂时之需，为其母亲支付了路费，找到好心的华人为她和孩子回家承担了路费。香港慈善社在后来数十年里帮助了若干名这样的妇女。②

白澳的反应

已知有关澳大利亚白人妻子跟随丈夫回国省亲的最早报道可追溯至19世纪60年代末。到19世纪末、20世纪初，澳大利亚和国际上的一些报纸一直都有相关的零星报道，此后就出现了较为丰富和内容详细的媒体报道、传教士报告、政府文件以及家族传说。从19世纪60年代到20世纪30年代，这方面的材料呈现出一个共同特点，澳大利亚妇女的经历被用来评价中国移民，特别是由此带来的种族融合所产生的负面作用。白人妻子陪同丈夫返乡旅途愉悦且平安无事的报道鲜见报端，连篇累牍的负面消息吸引了读者的注意力。当时社会普遍认为种族融合不可能实现，华裔妇女和女童受到了不文明的野蛮待遇，这类报道与这种观念和认识几乎是不谋而合。

在1904年和1905年，香港总督两次写信给澳大利亚政府提出这个问题：香港慈善社在过去的几年里接触了大约五十多桩西中通婚的不幸当事人，恳请澳政府向澳大利亚女性发出警告，不要嫁给华人并跟随他们回到中国。③ 这封信函的内容反映了澳大利亚媒体和在华英国人不断渲染的情绪。华人协会上海分委员会认为，尽管华裔男子与"英国"女子联姻并非违法，"从某种程度上来说也许无任何不适……但是这种婚姻幸福结局的概率几乎不存在"。该委员会评论道，只要这些夫妻不住在中国，他们的日子还能将就过下去，但是几乎所有的华裔男子迟早都会回到中国，在那

---

① *Report for 1904*, Hong Kong Benevolent Society, Hong Kong, 1905, p. 10.

② "White wives of yellow men", *The Advertiser*, 19 January 1924.

③ "Undesirable state of things: European women in China", *Southland Times* (Invercargill, New Zealand), 9 November 1905.

里，无论这个男人做什么，在目前的中国社会里，外国妻子的地位低下程度是完全不可容忍的。①

澳大利亚政府也意识到白人妻子在中国寻求回澳大利亚的帮助时所面临的困难。嫁给华人的澳大利亚妇女的地位存在着模糊性和不确定性，这将随着她们各自不同的情况和所处的不同地区而有所不同。严格地说，澳大利亚妇女与华人结婚后便失去了英国公民的法律地位，当然，如果她们的家要在澳大利亚的话，这种状况所产生的后果就可以忽略不计。在澳洲大陆，澳大利亚出生的孩子就是事实上的英国公民，一旦这个家庭去了中国，英国政府所能提供的帮助就十分有限。在有孩子的情况下更是如此，因为只要一旦进入中国，这个家庭就被视为中国家庭。

1923 年，澳大利亚驻华贸易总干事爱德华·利特尔向澳总理报告了一起白人妇女及其三个子女被困在其已故丈夫村子里的事件。该妇女的丈夫去世之后，她希望带着孩子回到澳大利亚。利特尔认为这位妇女离开并非难事，但是她的孩子可能难以离开：

> 中国人不会让孩子们离开其父亲的村庄，由于孩子们确定无疑的中国血统，英国政府面对中国政府时无能为力。②

利特尔的报告促使内务和领土部向海关发布了一个通知，要求他们如果听说任何华人的白人妻子要去中国，一定要提醒"她们可能遇到不利和无能为力的情况，而且她们及其子女一旦需要帮助，英国政府将无力而为之"。③ 不过，欧洲妻子们可以利用其种族特征在法律上占有优势。在几个案例中，英国和澳大利亚官员促成了将寻求帮助的白人妻子送回澳大利亚。1927 年之后，广州市的英国总领事馆曾经处理了一个十分特殊的事件：澳大利亚政府同意为一名白人妻子及其两个成年子女支付他们返回澳大利亚的费用，英国总领事馆为他们发放了身份证明文件。④

---

① Quoted in J. W. Norton – Kyshe, *History of the Laws and Courts of Hong Kong from the Earliest Period to 1898*, vol. 2, Vetch & Lee Ltd., Hong Kong, 1971 (first published 1898), pp. 520 – 521.

② "Status of Australian women who marry Chinese", NAA：A1, 1924/31745.

③ "White wives of Chinese and their children", NAA：D596, 1923/4232.

④ "Certificate exempting from dictation test, Immigration Act 1901 – 1925：Chinese passengers per SS *Tango Maru* 12/1/27 Sydney", NAA：SP11/6, Box 1.

《移民限制法》于 1901 年实施之后，种族（而不是国籍）成为进入澳大利亚的重要条件，盎格鲁－华裔家庭返回澳大利亚的情况也变得日益复杂。白人妇女可以自由地进入澳大利亚国土，而且在很多情况下，对与母亲同行的混血儿童（甚至是中国出生的混血儿）进入澳大利亚也没有设置任何障碍。但是，成年子女和华裔父亲境遇则不同，他们在离开澳大利亚时就递交了重新入境的申请材料，即使这样，他们还可能遇到困难。这就是一对甘姓夫妻的经历。这一家人在香港生活了十六年之后希望回到澳大利亚，尽管丈夫在 1891 年就已在塔斯马尼亚入籍，但是政府还是拒绝了他重新入境的申请，原因是他离开澳大利亚的时间太长了。[①]

梅光达一家的归澳之旅

梅光达一家于 1894 年 7 月回到了他们位于悉尼郊区舒适的豪宅，这种生活至少延续到了 1903 年梅光达五十三岁突然去世的时候，给玛格丽特留下了六个孩子和债务，从而促使她想到重回中国。1908 年的《悉尼先驱晨报》登载了她出售艾什菲尔德房产的公告，"因为要尽早去香港"。[②] 报纸的其他版面还刊登了这样的消息，梅光达家人将回到香港"让孩子们学习中文和中国习俗"。[③] 梅光达夫人总的来说是一个坚强、勇气可嘉的人，对其丈夫全心全意，但是，她面临着要在一个对混血儿很残酷的环境里带大子女的困境。她的外甥回忆道，"孩子们从学校回来就哭，因为其他小孩对她们不好。别的小孩会冲他们叫：'约翰，约翰，中国佬'以及类似一些难听的话"。[④] 也许随着孩子们对父亲印象的淡化，玛格丽特希望通过在中国住些日子、融入梅家的大家族会有助于梅光达的后代更加尊重和理解其父亲及其文化，让孩子感到作为华人是一件值得骄傲的事情，这样也可以将孩子们与其成长过程中遭遇到的种族歧视隔离开来。不过，最终玛格

①　"Edward Chung Ah Gan（Chinese）"，NAA：B13，1933/22224.

②　*Sydney Morning Herald*，4 May 1908.

③　*Queanbeyan Age*，1 May 1908.

④　"Out of the past：recollections of Marjorie Unwin，Née Wilkin"，*A Scarlett Letter*，no. 27，August 1989，p. 16，http：//www. scarlett. com. au，accessed 11 October 2011.

丽特和孩子们并没有回到香港，他们的豪宅也没卖掉。这个家庭如何生存下来已不得而知，但传说在他们的豪宅里藏了大量的现金。① 但这一家人的确认真地考虑过回到中国，这也表明玛格丽特在丈夫生前随其返乡省亲给她留下了多么深刻的印象。

结　论

　　白人妻子随华裔丈夫前往中国香港和内地这一现象到 20 世纪 30 年代就基本消失了，其主要原因是中国的政治、社会形势使得回国探亲的机会变得越来越受限制。在今天，白人妻子及其子女的故事已化为侨乡的淡淡记忆。我发现，个别老村民还记得白人妻子来过，还能描述出一些当年的具体细节。就是在澳大利亚家庭里，对白人妻子去中国的记忆也消失了，零星的记忆只与当年的辛苦、磨难和最后得以回到澳大利亚的喜悦有关。因此，只有通过广泛、细致的研究才能够取得真实具体的成果，才能够反映出在欧中联姻家庭里不可避免的文化冲突与调和，以及不同文化、历史和个人理想在其中所发挥的推动作用。

　　如果只是从政治、外交和经济的角度来看澳大利亚与亚洲的交往，就会忽略澳大利亚与亚洲近邻人与人之间亲密交往的历史。华人的白人妻子的经历表明两个不同人种间的密切关系，而他们的这种经历在澳大利亚与亚洲交往史中被遗忘，因为个人经历会使得对差异、距离、误解和冲突的历史主流认识变得错综复杂。尽管排华浪潮汹涌，白人妇女依然决定嫁给华裔丈夫并与其生活在一起，抚养他们的混血子女，她们还随夫回到中国并且接受了中国的文化习俗，这让人感到不可思议。但是，当年很少有妇女会从这样的高度去考虑问题，更有可能的是，她们只不过就想找到一个玛格丽特·斯嘉丽所描述的梅光达那样的人——"一个真正的丈夫、父亲和朋友"。②

（夏玉和　译）

---

① "McEvoy executors to pay £ 134，000 in taxes"，*Sydney Morning Herald*，2 December 1950.
② M. Tart，*Life*，p. 99.

种族现代说的美丽故事

雪莉·詹妮弗·林*

本文将通过光彩照人的美籍华人女影星黄柳霜 1939 年访问澳大利亚的历史事件，探讨想象中的亚洲在澳大利亚历史中所发挥的作用，从澳大利亚主流社会和澳大利亚华人的角度来阐述在 20 世纪 30 年代"中国人"的多种具体内涵。黄柳霜出访澳大利亚引起了极大轰动，以至于福克斯新闻电影澳大利亚公司、《悉尼先驱晨报》一类的主流报纸、澳大利亚的杂志都报道了这次访问。尤其是澳大利亚华人表现出了极大的热忱，影迷们去迎接她的到来，给她写信，所到之处索其签名者无数。

在这个历史时期，澳大利亚国民特征的中心就是禁止中国人移民到澳大利亚并成为该国公民，大卫·沃克在其《焦虑的国度》一书中讨论了澳大利亚因亚洲在地理和种族问题上所存在的焦虑感。[①] 此外，海伦·厄文也指出，澳大利亚联邦制的核心在于"中国人存在的作用就是用来反衬和凸显澳大利亚白人群体。澳大利亚白人也就完全成了修辞意义上的英国人"。[②] 是否接受亚洲人和美裔亚洲人也因此变得十分关键，对

---

* 雪莉·詹妮弗·林（Shirley Jennifer Lim），纽约州立大学石溪分校历史学副教授，澳大利亚国立大学研究员（2010 年），著有《归属感：亚裔美国女性的公共文化 1930 – 1960》。

① D. Walker, *Anxious Nation*：*Australia and the rise of Asia 1850 – 1939*, University of Queensland Press, St Lucia, 1999.

② H. Irving, *To Constitute a Nation*：*a cultural history of Australia's constitution*, Cambridge University Press, Melbourne, 1977, p. 114.

澳大利亚人如何看待其国民特征的核心内涵有着很大的影响。我发现，这些内涵表现出沃克和厄文所描述的对中国人的历史矛盾心理，与此同时，指出了一个广义上与亚洲、狭义上与中国特征相融合的新政治走向。

由于对黄柳霜个人经历及其电影角色的诠释存在种种困难，她一直都是学术界的专有话题。① 但是，由于黄柳霜是 20 世纪现代化的标志性人物，她在很多方面都是学术研究的极好题材：魅力、性感、种族、名气和身材。作为一个演员，黄柳霜有能力在不同角色中进行转换，存在于多种符号之中：中国人、欧洲人和美国人，时而合三为一。黄柳霜 1936 年之前从未到过中国，但人们通常期望她在影片中和舞台上扮演"原汁原味"的中国人。她的好莱坞背景、欧洲的教育背景使其成为向全世界观众传达美国现代化的代表性人物。黄柳霜在多大程度上被视为美国人、摩登女郎、中国人、有着欧洲教育背景的人，抑或集这所有标签于一身？这些标签又怎样与澳大利亚的种族化进程和现代化融为一体？黄柳霜出访澳大利亚引发了如此之多的话题，为理解种族和国民特征之间的磨合提供了一个内容十分丰富的案例。

史学文献对黄柳霜的澳大利亚之旅鲜有记载。格厄姆·霍吉斯在其撰写的传记中对此次访问只写了半页纸的篇幅；而廖卡伦用一章的篇幅十分精彩地将黄柳霜描写成一个"偶然的"跨国人士，内容涉及欧洲和中国，但是没有澳大利亚。这一章并没有通过简单地记录黄柳霜访问澳大利亚来弥补史学中的遗漏，相反，黄柳霜的到访表明了澳大利亚这个新世界移民社会与中国人的层层叠叠的交集。就如黄柳霜一样，20 世纪的澳大利亚也彷徨在美国、中国和欧洲皇室之间。黄柳霜对澳大利亚的访问也因此为探讨混血文化的内在活力提供了新视野。

由于澳大利亚国民性在一定程度上是在与中国人交往或排华过程中形成的，黄柳霜访澳一事受到了特别的关注。她自身的现代性挑战了对

① K. Leong, *China Mystique：Pearl S. Buck，Anna May Wong，Mayling Soong，and the transfor-mation of American orientalism*, University of California Press, Berkeley, 2005; S. J. Lim, *A Feeling of Belonging：Asian American women's public culture*, New York University Press, New York, 2006; G. Hodges, *Anna May Wong：from laundryman's daughter to Hollywood legend*, Palgrave, New York, 2004.

其纯正中国特征的任何简单程式化的理解。大卫·瑟欧·哥德堡指出，"如果前现代理论缺乏对人类种族之间差别的认知，现代说则越来越以种族或通过种族来予以界定"。[①] 黄柳霜访澳所产生的效果都表明，种族、民族的混合或混血已经出现，因此，也出现了种族现代理论的认知。种族现代理论首先标志着通过大众文化输出，英帝国和美国种族分层的相互融合；其次，这也是对种族差异上所带有的暂时价值观的一种补充，比如说"野蛮人"或陈腐的"东方人"。黄柳霜在澳大利亚扮演了文化大使的角色，通过她训练有素的"世界英语"，优雅地将中国社会和文化呈现出来。

最后一点，澳大利亚华人社区在一个种族分层社会里以其文化公民的身份做出了很大贡献，而黄柳霜访澳无疑是最大的亮点。她访澳前的几十年里，澳大利亚对中国移民和中国社区实行了严厉的政策，由于没有新移

图 1　黄柳霜照片，卡尔·凡·范希登摄于 1932 年
国会图书馆提供，卡尔·凡·范希登作品

[①]　D. T. Goldberg, "Modernity, race, and morality", *Cultural Critique*, no. 24, spring, 1993, pp. 193 – 227.

民的到来、现有人口死亡以及华人回国，在澳的中国人口从三万人降至八千六百人。由于限制移民的措施，到 20 世纪 30 年代，大多数澳大利亚华人要么就是在澳大利亚出生，要么就是在澳居住了几十年。他们积极参与到社区、城市和国家的公民与文化生活之中，表现出一种归属感。此时，澳大利亚华人处于文化公民的地位，通过主流媒体将这种身份传播开来。在同一时期排华的美国，无数亚裔人口采取了以其文化传统来表明归属感的相同策略。他们的现代生活方式与澳大利亚白人所持的成见背道而驰，因此使得在澳华人群体得以展示文化特征。

黄柳霜在澳大利亚

黄柳霜访问澳大利亚时已是蜚声国际的电影明星了，当时，她已经完成了从影生涯里六十部电影中的大部作品。她在整个欧洲是备受欢迎的轻歌舞剧演员，在美国和英国是家喻户晓的话剧演员，其美貌和魅力征服了全世界。她成为许多时尚杂志（如《尚流》）和《电影周刊》《电影世界》等杂志的封面女郎，纽约梅菲尔模特协会（Mayfair Mannequin）称黄柳霜为欧美着装最佳女子；澳大利亚帝沃力剧院的节目单封面上印有她的大幅照片，标题是"舞台和银幕的耀眼之星黄柳霜"①。由华莱士·帕内尔制作、黄柳霜主演的剧目于 1939 年 6 月 22 日在墨尔本开始上演，有日场和晚间表演，该剧目于 1939 年 7 月 20 日在悉尼上演。

隆重推出黄柳霜的确是有效的广告营销策略，因为在黄柳霜访问之前的十年里，澳大利亚人已经观看过她主演的电影。1927 年，澳大利亚共有 1250 家电影院，观众达到一亿一千万人次，而当时的人口仅为六百万。换言之，澳大利亚人平均每人每年看十八场电影，为世界上最高的国家之一。② 全国各地报纸发表的电影评论和电影宣传海报表明，黄柳霜的主要电影作品，其中包括公映不久的轰动影片，如《生辰》（1939 年）和《唐人街之王》（1939 年），都在澳大利亚上演过。澳大利亚地方报纸清楚地

---

① Tivoli Theatre program, 1939, Performing Arts Collection and Research Library, The Arts Centre, Melbourne.

② G. Shirley and B. Adams, *Australian Cinema*, Currency Press, Sydney, 1983, p. 77.

显示，黄柳霜主演的电影颇受欢迎。

在像澳大利亚和美国这样的白人移民国家里，国家公民权和归属的种类划分不是一成不变的，① 其划分标准不断受到挑战并修改成各种形式，其中包括音乐剧。吉尔·马修斯认为，城市休闲活动对澳大利亚的现代化发挥着关键性的作用。② 黄柳霜有着代表光彩夺目、带有种族特征现代观念的能力，从而使她作为一个少数族裔人变得格外突出和具有亲和力，这也是为什么她能在 1939 年来到澳大利亚，并在悉尼和墨尔本的帝沃力剧院演出的原因。西方现代化的进程中，种族的差异表现一直都是至关重要的。两次世界大战之间这一时期最令人惊诧的是美国现代化怎样折射出了全球种族的分类，这种美国现代化源自于种族融合和好莱坞其他娱乐业，也正是后者催生了有史以来极为特殊的世界型文化。像美国一样的移民社会对种族构成起到了重要作用，如澳大利亚一样的地区就成了跨国演出的路径节点，这种移民社会引发种族活力的一个重要地点就是欧洲。尽管数百年来欧洲出现过有色人种的演员，但是整个社会对"原始"和东方文化表现出饶有兴趣则是在第一次世界大战之后，当地涌现出了一大批美国黑人和亚裔美国音乐家、作家和画家。当时欧洲对这方面的兴趣如此之强烈，主要是因为第一次世界大战暴露了现代文明邪恶的一面，所以在战后的 20 世纪 20 年代，西方白人便寄希望于在对所谓的原始和异域文化的追求中得到救赎。然而，宗主国依然缺乏真正的殖民地的题材。随着诸如约瑟芬·贝克和保罗·罗伯森一类的美国黑人表演艺术家的出现，黄柳霜的声名鹊起进一步证明西方对原始和异域文化的兴趣源自于美国的现代化。

帝沃力剧院制作方对美国亚裔和非洲裔表演艺术家所表现出的兴趣也表明了澳大利亚与美国种族现代化有着相同之处。在舞台上，黄柳霜扮演的白人、混血人物、中国女性等角色将观众吸引进了剧院；而台下，她优雅大气的个人魅力引来无数崇拜者。帝沃力剧院就是一个种族和差别相互作用的场所，将英国和美国的少数族裔表演艺术家呈现在澳大利亚人面前。

---

① B. Anderson, *Imagined Communities: reflections on the origin and spread of nationalism*, Verso, London, 1983.

② J. Matthews, *Dance Hall and Picture Palace: Sydney's romance with modernity*, Currency Press, Sydney, 2005.

1908 年，鲍伯·帕里希在帝沃力剧院演出，还有"忧郁的"妮娜·M. 麦肯纳，她和保罗·罗伯森联袂出演了《桑德斯的河流》。① 黄柳霜 1939 年在帝沃力剧院演出的同时，还参加了一个更大的综合节目的演出，名叫"好莱坞集萃"，演员包括"古巴舞者"阿尔弗拉多和德罗里斯，"美国年轻的喜剧之星"杰克·莱恩，以及"无线电骗子"巴格斯·威尔逊。

黄柳霜在帝沃力剧院的演出是一系列跨国巡演的一部分。尽管她的演出生涯起步于好莱坞，但她之所以成为世界级明星却得益于德国导演理查德·埃希伯格选她参加这些电影的拍摄：《歌唱生涯》（亦称《演艺生涯》，1928 年）和《海棠》（亦称《生命之火焰》或《堕落之路》，1931年）。这些电影在德国、法国和英国制作，配有多种语言的字幕，甚至用多种语言拍摄，这样就可以在欧洲各地上映，最重要的是可以在殖民地上映，因此一个电影有着不同的片名。这些电影不仅在法国和德国上映，而且在澳大利亚、莫桑比克和南非都能看到这些电影，由此出现了全球性的电影以及全球性的观众。当黄柳霜在进行这种跨国演出时，其在帝沃力剧院的种族角色的扮演对澳大利亚这个移民社会来说有着特殊意义，在这个地方，其种族焦虑主要与中国人有关。

黄柳霜到帝沃力剧院主要出演一出轻歌舞剧，在欧洲她的演出已达到登峰造极的水平。她在剧中不仅扮演中国人，还扮演混血人物以及"白肤色的人"。黄柳霜曾经指出，参与轻歌舞剧演出的一个优势在于她能够根据人物的受欢迎程度将各种角色集于一身。在帝沃力剧院的节目单封面上，黄柳霜身着蓝色旗袍，她在节目单上所饰演的角色叫作"老陈"。② 《悉尼先驱晨报》写道，黄柳霜所演的剧目最初分为四场："第一场，黄柳霜穿戴着中式上衣和头饰，唱着中国民歌出场；而在第二场中，她又打扮得像澳大利亚小姑娘。"③ 显然，所唱的歌词是可以调整的，她在哪个国家演出，她就把那个国家的名字加进去，比如说"哦，我是来自澳大利亚的小姑娘"，或者是"哦，我是来自丹麦的小姑娘"。《悉尼先驱晨报》还注意到，"之后就是诺尔·考尔德的'混血女人'"一场。黄柳霜扮演了一个

---

① Tivoli Circuit of Australia, Pty. Ltd. , *The Tivoli Story*：*55 years of variety*, Victory Publicity, Melbourne, 1956, pp. 4, 10.

② Tivoli Theatre Program, 1939.

③ *Sydney Morning Herald*, 21 July 1939, p. 13.

欧亚混血女子，为其在两种文化中纠结的命运感到忧伤不已，这一段通常是她在全世界巡演时的高潮之所在。最后一场是"路障"，有评论指出，"这一场反映了天津的现状。"① 该报严厉批评这一场是"赤裸裸的鼓动宣传"，而"根本谈不上是什么戏剧"。不过，这篇评论也不全是负面的观点："'混血女人'让黄柳霜有机会来展现难度较高、充满激情的表演。黄柳霜在其他表演里的妆饰还是令人愉悦的。"② 同时还有一些对其表演略微不同的报道和评价："一般来说，黄柳霜开场都会唱一曲中国民歌，然后是一首巴斯克情歌，这是对澳大利亚妇女的挖苦。"③ 然而有别的报道说她唱了一首法国歌曲。不管怎么说，显然黄柳霜扮演了各种不同的角色和种族，她通过更换不同的服装进行了一次从中国人变成澳大利亚人、再变成混血儿的有益尝试。

种族剧目，即扮演不同的种族和民族，是研究黄柳霜演艺生涯的关键之所在。观众们看到一个亚裔女演员唱法语歌而开怀大笑，因为这里面含有法国在东南亚殖民活动的隐喻。法国种族的白色皮肤与中国面孔之间的巨大差异也许滑稽搞笑，但也因此强调了黄柳霜表象上所展现的中国特征。但是，这些种族剧可以挑战那些关于民族、国家和种族的固有观念，从而质疑那些根深蒂固的种族划分类别。黄柳霜高唱着"我是一个澳大利亚小姑娘"，扮演着澳大利亚人，从而给澳大利亚外貌赋予了中国特征。她之所以可以这样做是因为她是有名的美国电影明星，人们不可能将其与一个真正的澳大利亚华裔混为一谈。没有书面史料能提供这方面的佐证。《悉尼先驱晨报》的评论将其称为"对澳大利亚妇女的挖苦"，从而排除了黄柳霜是澳大利亚妇女一员的可能性。

黄柳霜访澳引起的轰动远远超越了她的舞台和银幕形象。澳大利亚报纸最初只是报道她的日常活动，如墨尔本的《阿格斯报》对一幅照片作了以下文字说明："正在帝沃力剧院访问演出的黄柳霜女士，照片拍摄于她正在福克斯时装店购物。"④ 在这幅照片里，黄柳霜正在购物，身边簇拥着一大群澳大利亚白人。还有一篇特写文章描述了黄柳霜在公共场合被众人

---

① *Sydney Morning Herald*, 21 July 1939, p. 13.

② *Sydney Morning Herald*, 21 July 1939, p. 13.

③ G. Hodges, *Anna May Wong*, p. 198.

④ *The Argus*, 15 June 1939, p. 18.

前呼后拥的情景。《阿格斯报》还这样报道："电影演员黄柳霜女士行程紧张，图中她正于昨天离开国会剧院。她来此出席一部她主演电影的首映式。黄柳霜女士每天在帝沃力剧院有两场演出。"① 在这张大街上拍摄的照片上也能看到黄柳霜身后有一大群人，表明了澳大利亚普通民众对她的极大兴趣。

令人惊异的是，黄柳霜不是唯一到澳大利亚帝沃力剧院演出的有中国血统的演员。墨尔本的邝如丝（Rose Quong）也是一名澳大利亚的华裔话剧演员，在英国成名。② 实际上在 1929 年，邝如丝曾在黄柳霜和劳伦斯·奥利弗合演的《灰阑记》中出演一个配角。后来在 1939 年，邝如丝在纽约和黄柳霜同台演出。然而，在 1939 年被邀请到帝沃力剧院演出的是黄柳霜而不是邝如丝。当然，黄柳霜在电影界的成就使其享有远比邝如丝大得多的国际声誉；而且，黄柳霜比邝如丝更有魅力，邝如丝年龄大，外貌平平。正是黄柳霜的美国特征以及她与好莱坞的关系使其在种族剧演出中如鱼得水。邝如丝扮演成"澳大利亚小女孩"很难在观众中产生相同的讽刺效果，因为她的身份太真实了。作为华裔美国人和好莱坞耀眼的明星，黄柳霜的演出不会被视为一种种族威胁。

利用其美国身份和影星光辉，黄柳霜可以免受一些澳大利亚华人所面临的种族歧视。《悉尼先驱晨报》1939 年 8 月出版的专刊《家园》发表了一篇特写文章提到了黄柳霜的这种特殊的影星品牌效应。这个为澳大利亚妇女所熟悉的月刊用两页、四个版面的照片将黄柳霜介绍成为美裔华人③。与之相配的文章写道，黄柳霜自己创造了这种中西的两重性："黄柳霜举止优雅、衣着讲究且有着极佳的幽默感，她集东西方于一身——她一会儿讲述中国那些消逝城郭的神秘传说，一会儿又从她嘴里蹦出一串串好莱坞时髦机敏的俏皮话。总而言之，她有着光彩照人的个人魅力。"这段叙述表明，黄柳霜自己调制了支撑其戏剧人生的混合色彩。

这种对异域风情的兴趣和渴望在《家园》月刊发表的照片里得以淋漓尽致地表现，黄柳霜在其中一张照片里戴着她的"爱之火焰"头饰，而与

---

① *The Argus*, 15 June 1939, p. 5.

② A. Woollacott, "Rose Quong becomes Chinese: an Australian in London and New York", *Australian Historical Studies*, no. 129, 2007, pp. 16 – 31.

③ "Anna May wong", *The Home*, Sydney Morning Herald, August 1939, pp. 50 – 51.

这些充满异域风情的照片同时刊登在一起的是她身着西式服装的照片。这种精心设计的西中混合特性在与照片相配的报道里得以充分地阐述，文章透露，"她真实姓名的意思是'风霜之中的黄柳树'。她生长在美国。在学校时，她总是用她的英文名安娜黄，但进入演艺界后，觉得'这个英文名字有些唐突'，'于是我把我最喜欢的月份五月放在我的英文名字里'"。①这个说法与黄柳霜在美国和欧洲讲述的内容是一致的。给自己取名这件事对她来说意义重大，因为这也是更为广义上的自我塑造过程中的一个重要内容。②

图 2　黄柳霜戴着中国头饰
《悉尼先驱晨报》《家园》月刊，1939 年 8 月 1 日

①　"Anna May wong"，*The Home*，Sydney Morning Herald，August 1939，p. 50.
②　"Hollywood is a gamble says Anna May Wong"，*Sydney Morning Herald Women's Supplement*，24 July 1939，p. 4.

　　当别的报纸在介绍黄柳霜的美国背景、中国血统时，这篇月刊上的文章试图要强调她中西混合的文化背景。这篇文章引用了黄柳霜的话，写道，刚开始的时候，我总是焦虑不安。我与一位朋友交流我的感受，她说，我的问题与身体无关，是心态。她对我说，我正处于"精神冲突"之中，其原因是我继承了中国人的生活态度，但却是在美国环境中长大的。中国历史悠久，他们已经预见到了个人理想的结局，所以他们很放松，听之任之。而美国是一个年轻的国度，充满生机。①

　　因此，黄柳霜的中国血统和美国归属感让她产生了一种紧张感，但显而易见的是，这种紧张感来源于两个同等重要的因素：中国文化从未被放在比美国文化低或差的地位。而且，黄柳霜用地道的美国英语表述了这种紧张感，只有完全掌握了美国英语的人才可能使用这种措辞。

　　澳大利亚人对黄柳霜中西混合性的认识明显地不同于20世纪20年代末和30年代初的德国人、法国人及英国人，后三个国家将黄柳霜基本上塑造成了一个中国人②。与其相比，澳大利亚人对种族和民族混合的描述更为直接和司空见惯。鉴于澳大利亚亚裔人的历史渊源，尤其是中国人不仅是一个非常重要的、澳大利亚借以定义自己的参照系，而且成为临时吸收二等或三等公民的基准，因此，也就构成了亚洲焦虑和融入亚洲的内涵，这一点在有关黄柳霜访澳的新闻报道中显而易见。

地道的英语，称职的使者

　　访澳最为精彩的亮点就是西中特征之间巨大差异的可变性，即黄柳霜对"世界英语"的掌握，以及我所说的她为中国而打造的使者人格魅力。这种人格魅力在福克斯新闻电影澳大利亚公司专门为她抵达澳大利亚而制作的新闻专题短片中得以体现。在电视新闻播出前几天，放映故事片之前都会加放福克斯新闻电影，让观众了解黄柳霜抵达的情景。福克斯新闻电

---

① "Philosophy is a heritage", *Sydney Morning Herald*, 18 July 1939, p. 4.

② S. J. Lim, "'speaking German like nobody's business': Anna May Wong, Walter Benjamin, and the possibilities of Asian American cosmopolitanism", *Journal of Transnational American Studies*, vol. 4, no. 1, spring 2012.

影澳大利亚公司还有一些与男性政治话题有关的新闻专题短片，比如说澳大利亚海军上将、战争题材和神职人员等。因此，为黄柳霜这样一位有着中国血统的美国女演员制作专题片具有双重意义，当年其他专题片没有一部是针对一名女性的世界之旅的。

福克斯新闻电影澳大利亚公司的新闻专题片表明，黄柳霜是一位货真价实的国际大电影明星。影片开头就是她在户外的台阶上一边往下走，一边招手致意，手上捧着鲜花，中途还接下了一个花篮。黄柳霜身穿毛皮长外套，深色裙子，深色船形高跟鞋。她头戴帽子，头发全扎在里面。之后，画面切到了黄柳霜踏上澳大利亚土地时的场面，站在一男一女旁边，身着中式立领深色上衣，短款皮毛斗篷和薄裙子，头发用发网挽在头后。黄柳霜看上去是一位给人以力量感的现代职业妇女，而绝对不是刻板守旧、唯唯诺诺的交际花。她这时大声且清晰地对中国驻澳大利亚总领事及其夫人说：

> 非常感谢总领事和夫人，谢谢你们的热忱欢迎。今天我在澳大利亚度过了非常高兴的一天，我想我在余下的日子里也会过得十分愉快。请允许我向正在收听我讲话的中国朋友们说……（黄柳霜用中文问候）。①

在黄柳霜抵达之前，美国出生的总领事夫人和中国驻珀斯领事曹文彦（音译）的夫人接受了媒体采访，澳大利亚人已经做好准备等待她的到来。马克·费南教授在本书里所撰写的文章中指出，曹夫人被认为是一个光彩照人的现代中国妇女，同时也是澳大利亚妇女的榜样。黄柳霜与她如出一辙。一个新闻报道说，"黄女士举止文静、声音婉转；身材苗条，长裙及踝；裙子从膝盖处开叉，露出白色透明的绣花长裤。她头戴黑色无檐帽，上有金色饰物和一个银狐斗篷"。② 黄柳霜的服饰透着现代气息，她将中国风情融入西方时装的能力为她赢得了喝彩，正因如此，她获得了1934年一个纽约模特儿协会授予的世界最佳着装称号。她这种时髦着装风格代表了中国特征的一个新模式，完全不同于人们成见中的畸形、赢弱和乏味的亚

---

① Fox Movietones Australia, "Anna May Wong", 10 June 1939.

② *The Argus*, 5 June 1939, p. 2.

洲人形象。

黄柳霜地道的英语、她与澳大利亚华裔粉丝的关系以及她的中式服饰等，这一切都突出地反映出在太平洋战争前夜中国与澳大利亚及西方列强之间的关系正在发生变化。与不断给人带来焦虑感的日本相反，中国人成为澳大利亚在太平洋地区的盟友。这种转变得益于像曹文彦这些人的努力，他们积极地促进澳大利亚人对中国社会和文化的了解。这种变化后的政治动力也反映在有关黄柳霜的新闻专题片里。尽管对澳大利亚华人的看法依然摇摆不定，但是黄柳霜所展示的那种恬静而迷人的形象，依然有可能让人不从民族的角度去看中国。①

从某种意义上来看，黄柳霜令人十分振奋地担当了中国而不是美国的使者和代言人的角色。在1939年这个时间点上，她出生于美国这一点已经淡化，而中国已经成为她想象中的祖国。她在美国参加了中国慈善会的工作，十分享受这种中国海外侨民的公民待遇。作为一个"标准"的美国人，曾经，乃至今天仍然纠结于白的肤色，也因此戴上了白人的标签，这都不是黄柳霜所能选择的。尽管她的肤色对她构成了某些限制，但同时也为她提供了步入国际或大都市舞台的机遇。能够受到总领事及其夫人隆重的正式接待肯定让黄柳霜感激不已，她对此感受更为深刻，因为她1936年访问中国时并未受到如此高规格的礼遇，威斯利校友宋美龄访问美国时她也没有受邀与其见面。

黄柳霜尽管有着中国文化使者的身份，但是在福克斯新闻电影澳大利亚公司制作的新闻专题片里，她明确地展示了她完美的世界英语口音。世界英语是一种新的口音，与英格兰的语言模式和有教养的、非方言的英国英语有些相似，被认为是有文化、有修养的人说的英语。② 黄柳霜地道的世界英语在澳大利亚意义不同寻常，因为这个国家把英语或某一种欧洲语言的考试（从未有类似的亚洲语言考试）用作维持白色人种澳大利亚的工具。海关官员用这种貌似公平的语言考试来挑选移民，实际的标准是种

① D. Walker, "Shooting Mabel: warrior masculinity and Asian invasion", *History Australia*, vol. 2 no. 3, 2005, pp. 89.1 – 89.11.

② D. Deacon, "World English? How an Australian invented 'good American speech'", in J. Damousi and D. Deacon (eds), *Talking and Listening in the Age of Modernity: essays on the history of sound*, ANU E Press, Canberra, 2007, p. 76.

族。黄柳霜无可挑剔的英语，哪怕就是她的口音，都让澳大利亚人羡慕不已，因此，这也是对实施多年的白澳政策的一个挑战。

黄柳霜的口音在她尚未抵澳时就引起了媒体的关注，"大家会喜欢黄柳霜"，一位《悉尼先驱晨报》的记者这样写道：

> 她迷人、友好、有教养，英语说得非常漂亮，几乎不带任何美国口音。她对我讲了她的说话口音为什么变成这样。她第一次在伦敦演出的时候，媒体就她的美国口音提出了尖锐的批评。评论家说，这么美丽迷人的一个东方女子说着一口纽约侉腔侉调的英语，真是太可惜了，她应该说一口纯正的英语。这个可爱的中国小明星立即聘请了一位一流的演说家，学习纯正的英语发音，到现在这种口音对她来说已经习惯自如了。①

黄柳霜曾指出，对一个华人演员来说，英国口音和美国口音哪一个更正宗真是难分伯仲。此外，《悉尼先驱晨报》还报道说，黄柳霜说过，"我的中文非常有限，都读不了中文报纸。"② 这一事实表明了她并非在中国文化中长大成人，强化了带着经专业培训的口音而表现出的个人魅力。黄柳霜在抵澳之前，对其身世背景介绍的报纸也津津乐道于这一点，这的确值得关注。

从某种程度上来说，黄柳霜担当了非正式的中国文化使者的角色，她访澳所引起的轰动媒体效应似乎也证明了澳大利亚对在澳华人有着更大程度上的接受，尽管如此，也可以将这一现象理解成为一种掩饰的行为。人们可以通过尊重和等级来化解对种族的担忧，通过呈现中上等华人的标志性特质，黄柳霜不仅让人们对其华人背景产生尊敬感，而且对澳大利亚与中国的交往史产生了敬重。费欧娜·佩斯利指出，澳大利亚作为一个现代国家致力于让人们对其殖民化事业产生敬重感。③ 作为一个完全与澳大利亚本土无关、受人尊敬并对澳大利亚不构成任何威胁的公众人物，黄柳霜被赋予一个非正式中国文化使者的角色会有助于这个殖民化的事业。

---

① L. Jones, "Anna May Wong to visit Australia", *Sydney Morning Herald*, 1 May 1939, p. 8.

② "Hollywood is a gamble", p. 4.

③ F. Paisley, "'Unnecessary crimes and tragedies': race, gender and sexuality in Australian policies of Aboriginal child removal", in A. Burton (ed.), *Gender, Sexuality and Colonial Modernities*, Routledge, London, 1999, pp. 134 – 147.

澳大利亚华人

澳大利亚华人社区通过各种确定其归属感的活动来表明其文化公民身份。在我的《归属感》一书中，我对美籍华人及其他美籍亚洲人群体是如何确定其文化身份从而争取融入美国政治生活中这个问题进行了研究。人类学家瑞纳托·罗沙多和一些学者认为，文化公民身份的意义在于，尽管弱势群体面对自身文化与主流文化之间的诸多差异，依然提出了获得完整公民权的诉求。① 对那些不具有民族身份主要特征的人来说，这种对归属感和公民权的阐述通常会通过像举行选美比赛这一类的现代化手段来进行磨合和妥协。但这其中存在一个自相矛盾的地方，就是采纳霸权文化可以为殖民地的人们和少数族裔提供一种手段来打破这种文化霸权。通过采纳主流文化来与主流文化保持高度一致，这将导致为剥夺权利和特权提供土壤，同时还会为打破内外二元世界提供依据。黄柳霜现象引起了不同群体的不同反应，尤其是通过服饰、发型和文化活动，中澳文化公民身份的构建因黄柳霜访澳而变得显而易见。

许多澳籍华人对黄柳霜的到访表现出极大的兴趣。《悉尼先驱晨报》报道说，"令这位来访的女影星高兴的是，澳大利亚的华人社区对其来访表示了热烈的欢迎。她收到许多华人的信件，昨天火车抵达悉尼时，新南威尔士华人妇女慈善基金和华人青年团的代表们已聚集在那里迎接她"。② 黄柳霜随身带了许多自己的照片以备为中国慈善会签名之用，她在美国积极参加了许多该基金会的活动。③ 墨尔本的华人历史博物馆现保存了一张有黄柳霜亲笔签名的照片，据说就是当时她从美国带来给中国慈善会的。④

---

① R. Rosaldo, "Cultural citizenship, inequality, and multiculturalism", in W. V. Flores and R. Benmayor (eds), *Latino Cultural Citizenship: claiming identity, space, and rights*, Beacon Press, Boston, 1997.

② *Sydney Morning Herald*, 18 July 1939, p. 4.

③ Frank Chinn collection, Museum of Chinese Australian History, Melbourne.

④ Frank Chinn collection, Museum of Chinese Australian History, Melbourne.

　　黄柳霜还受到了不同城市青年组织的欢迎，其中一个是墨尔本的中国华人青年团，其团员都是刚开始社交和爱好体育的年轻人。黄柳霜1939年访问澳大利亚时，这个团体的成员以外表摩登、时尚而闻名，墨尔本当地报纸《阿格斯》也经常报道该团体的活动，一次曾报道这个社团组织了一个为中国士兵筹款的舞会，初入社交圈的"漂亮中国小姑娘"被引荐给了中国总领事的夫人，将种族、跨国外交和女性魅力紧密地联系在一起。报道说，"她们穿着一样的白色裙子，手拿山茶花，之前受到了阿尔玛·郑小姐（Alma Quon）的培训"。① 在初入社交圈仪式之前，"两个扮着维多利亚早期妆容的中国小女孩表演了一个特别的加伏特舞蹈"。虽然情境完全不同，这个表演让人想起了非裔美国人在其主人面前表演走猫步和欧洲交际舞的模仿秀。就如霍米·巴哈所指出的那样，这些做法不仅仅是在模仿主流文化，而是一种全新的混合文化，对边缘化群体有着特殊的意义。在报道中国华人青年团的活动时，主流报纸展示了华人社区的文化公民特征。他们完全遵循受人尊重的澳大利亚上流社会礼仪，以强调这些年轻的澳籍华人是多么时尚和令人尊敬。20世纪二三十年代拍摄的中国华人青年团海滨游的照片就是华人社区资源，这些照片证明了主流报纸对他们文化公民活动的报道。② 这些照片藏品来自于澳籍华人的个人收藏，展示了澳籍华人如何在服饰和娱乐活动上与当时的澳大利亚主流时尚保持一致。第二次世界大战的太平洋战争爆发时，这些标志性的因素变成了更为时尚的中式服装和中国文化的推广。中国妇女的身影也频频出现在公益活动中，比如说为中国慈善会募捐而举办的"时尚小姐"和"中国小姐"比赛。

　　正如约翰·菲茨杰拉德所认为的那样，尽管华裔女孩身着维多利亚早期的服装，但是这些照片表明，"中国人是最早接受现代技术和追随现代时髦生活方式的人"。③ 这些现代时髦的生活方式向东方的传统观念提出了挑战，同时也使得澳大利亚华人社区得以展现其文化公民特征。历史学家安德鲁·马库斯指出，在澳大利亚早期白人移民中，极少有人

---

①　*The Argus*，26 September 1945，p. 10.

②　Chinese Australian Historical Images in Australia，Young Chinese League，Museum of Chinese Australian History.

③　J. Fitzgerald，*Big White Lie*：*Chinese Australians in white Australia*，UNSW Press，Sydney，2007，p. 29.

持这种种族观念以及白人比中国人优越的看法，就是在对中国人仇视情绪普遍存在的时期，这种仇视并没有以种族的语言表达出来，而是与中国人的举止言行和风俗习惯有关。① 因此，像中国华人青年团这一类的团体专门展示西方礼仪就具有了双重意义，他们表现出了良好的举止和体魄，从而被澳大利亚这个国家所接受。出入社交圈的华裔小姑娘面带微笑、身穿白色裙子，或者是体格健壮的小伙子参加各种比赛的照片广为散发，这传递了一个强烈的信息：澳大利亚华人值得尊重并且有着良好的素养，同时这也意味着他们与传统的中国礼仪和举止规范保持着一段距离。

澳籍华人的文化公民特征还可以从多方面来研究。澳大利亚华人社区通过其值得尊重的言行举止化解了种族的焦虑感。事实上，这种现象从19世纪70年代那些希望将自己与一般苦力区别开来的中国上等商人抵达澳大利亚时就开始出现了。20世纪30年代，凸显文化公民特征也是为了抹掉中国苦力的历史背景，或通过展示那些不具威胁和可同化的个体，如黄柳霜访澳时前去欢迎的那些人，用一种种族化的方式再次打上中国的烙印。从本质上来说，凸显文化公民特征的本质是试图回避和躲避澳籍华人亲身经历且日益严重的种族歧视和边缘化。

结　论

通过回顾美籍华人演员黄柳霜访问澳大利亚的媒体报道，我们分析了在跨越国家的界限去接受亚洲人和亚裔澳大利亚人的过程中，澳大利亚大众文化所发挥的作用。普通观众和主流媒体对这位美籍华人演员所表现出来的热忱可以说是令人惊讶。现存的每张照片中都可以看到，无论在城内还是城外，黄柳霜身边都簇拥着无数的澳大利亚白人，渴望能一睹这位时髦影星的芳容。对这些人来说，黄柳霜的中国背景并没有引起对"黄祸"或中国人将蜂拥而至的恐惧感。这些变化的意义来自于过去对中国人的焦

---

① A. Markus, *Fear and Hatred: purifying Australia and California 1850 - 1901*, Hale & Iremonger, Sydney, 1979.

虑，但是也意味着 20 世纪 30 年代出现的一种新的相互融合的政治局面。用移民政策中的排华手段来缓解中国威胁以及第二次世界大战爆发之际国家间的联盟，使得黄柳霜访澳的媒体报道在与中国相关的内容上呈现出模棱两可和澳中融合的特点。

　　这一阶段的深刻意义在于其延续时间的短暂性。这个具有某种可能性的阶段突然出现，随着第二次世界大战的爆发而销声匿迹。太平洋战争、1949 年中华人民共和国的成立以及冷战后出现的新关注重点使得政治文化重新以男性为中心，于是以黄柳霜为女性代言人的形象便不再受到重视，从而开始重弹种族分离的老调。对黄柳霜来说，这是她个人的天鹅之歌，在她国际名声凋谢之前的最后一个星光熠熠的短暂时刻。黄柳霜没能在欧洲再现辉煌，没有来澳大利亚故地重游，也没有回归她的故里中国。她一直待在美国，偶尔出演一些小角色，如拉娜·特纳《黑色肖像》（1960 年）中的侍女。黄柳霜终身未嫁，无子女，于 1961 年死于因酗酒而引发的肝硬化。魅力四射的美籍华人女演员黄柳霜在 1939 年的国际舞台上熠熠生辉，她对澳大利亚的访问使这个国家模糊不清的种族特征变得明朗清晰。但是就如黄柳霜的名气一样，这种明朗清晰的状态犹如昙花一现，在后来冷战时期日益严峻的地缘政治和种族主义的背景下消失殆尽。①

（夏玉和　译）

---

① M. Dudziak, *Cold War Civil Rights*: *race and the image of American democracy*, Princeton University Press, Princeton, 2000; C. Klein, *Cold War Orientalism*: *Asia in the middlebrow imagination*, *1945 - 1961*, University of California Press, Berkeley, 2003.

想说爱你不容易

澳大利亚的亚洲观

黑暗之心，黄金之心

阿格涅什卡·索伯辛斯卡 *

澳大利亚对待亚洲的态度在二战后经历了转折。1948 年，一批知名记者出版了《近北：澳大利亚与一亿邻居》一书。澳大利亚外交部部长 H. V. 伊瓦特称赞此书"具有前瞻性"，但是此书也反映出殖民时代惯性思维在战后的延续。尽管一些编辑批评了那些自认为比有色人种感觉优越的家伙，但是他们也担心澳大利亚作为"白人的地盘……会被棕色人、黄种人、黑人分割占据"。他们认为在美国的保护下澳大利亚应该在亚洲事务中发挥更积极的作用。① 二战期间的澳大利亚总理约翰·柯廷选择了从效忠于旧主大英帝国转而投向美国的怀抱。尽管此举动被解释为象征性地撇清与大英帝国的关系，但是这个决定无疑也透露出他对于西方世界应在亚洲扩张势力这一态度的支持。有关日本虐待战俘真相的披露进一步增强了战后对日本实施惩罚性占领的呼声。其代表之一是《悉尼先驱晨报》在其刊登的文章中关于确保日本"再也无法发动报复性战争"的提法。② 尽管美国在对日军事占领中占主导地位，但不少人认为澳大利亚在太平洋战争中的角

* 阿格涅什卡·索伯辛斯卡（Agnieszka Sobocinska），澳大利亚莫纳什大学国家澳研中心讲师，2010 年巴厘岛乌达雅纳大学的"奋进奖研究员"获得者，研究领域是二战后澳大利亚与亚洲的关系、澳大利亚民众对亚洲的态度以及澳大利亚政府对亚洲的外交政策。

① H. V. Evatt, "Foreward", R. B. Leonard, "Australia's foreign policy", and R. J. Gilmore and D. Warner, "Preface", in R. J. Gilmore and D. Warner（eds）, *Near North：Australia and a thousand million neighbours*, Angus & Robertson, Sydney, 1948.

② "Warning against treachery", *Sydney Morning Herald*, 17 August 1945, p. 3.

色使得它有权参与压制旧敌的计划。这种占领热情表明无论是民众还是政界对西方在亚洲扩张势力是持支持态度的。

战后时期也是后殖民时代理想主义高涨的时期。1941 年签署的《大西洋公约》得到了澳大利亚工党的积极支持。该公约宣称所有民族都有自决权。许多澳大利亚人开始重新审视西方世界统治亚洲是"天经地义"的观点。① 尽管公众舆论支持占领日本，但同时越来越多的人声援印度尼西亚（简称为印尼）争取民族独立。工会运动是荷属东印度群岛去殖民化的重要推动力。比如澳大利亚海员工会在 1945 年印尼宣布独立后就下令禁止所有荷兰船只驶往印尼。这场被称为"黑色舰队"的工会行动迅速扩大为包括三十个工会、近 50 万澳洲工人参加的全国性运动，受此运动波及的荷兰军事及运输船只多达 559 艘。② 一大批澳大利亚普通民众也开始支持印尼争取民族独立。其中有些人是出于政治忠诚和意识形态信仰而支持印尼独立——比如工会支持者③；而另一些人支持印尼独立则是由于在太平洋战争期间与印尼人有过私下交往因而对其心生同情。军队期刊和主流媒体刊登了读者支持印尼独立的来信——比如《澳大利亚妇女周刊》刊登的文章就反映出从东南亚战场回来的士兵和战俘对印尼的政治运动抱有深厚的同情与支持。④

这些明显对立的观点不仅同时存在，而且在某种程度上还形成了统一。一些知名政治家和文化名人也同时表达了支持占领日本和希望印尼独立的态度。在政府层面上，这种观点导致了自相矛盾的政策。为了确保澳大利亚再也不会受到其他亚洲势力的威胁，澳大利亚总理本·奇夫利和外交部部长 H. V. 伊瓦特全力支持美国占领日本。历史学家约翰·道尔把这所谓的"白人的责任"称作"在殖民者傲慢情绪引领下的最后一次自负举动"。⑤

---

① A. Sobocinska, " 'The Language of Scars'：Australian prisoners of war and the colonial order", *History Australia*, vol. 7, no. 3, 2010, pp. 58. 1 – 58. 19.

② R. Lockwood, *Black Armada*：*Australia and the struggle for Indonesian independence*, 1942 – 1949, Hale & Iremonger, Sydney, 1982.

③ N. Meaney, *Australia and the World*：*a documentary history from the 1870s to the 1970s*, Longman Cheshire, Melbourne, 1985, pp. 537 – 539.

④ See for example "Letters from our boys", *Australian Women's Weekly*, vol. 13, no. 12, 1 September 1945, p. 14.

⑤ J. Dower, *Embracing Defeat*：*Japan in the wake of World War II*, W. W. Norton & Co., New York, 1999, p. 23.

当然，奇夫利和伊凡特也受到了《大西洋公约》中"理想主义精神"的感召。伊凡特坚持认为澳大利亚与其邻国的关系不应是冷漠的尊重与容忍，而是积极的合作，从而实现《大西洋公约》所倡行的基本原则。① 凭借这股战后热情，澳大利亚工党政府于1947年代表印尼参加了联合国斡旋委员会，并在会上全力支持印尼，从而确定了1949年印尼独立的条件。

与此同时，政界保守一派的态度则要直接明了得多。珀西·斯彭德认为澳大利亚岌岌可危，"一小撮白人淹没在有色人种的汪洋大海中"，这种情况意味着澳大利亚维持亚洲殖民势力具有关乎国家安全的意义。② 抱有这种观点的人对"土著人"摆出一副高高在上的姿态。与此同时，反对党领袖罗伯特·孟席斯声称，"印尼国内智力水平达到处理民主事务的人不过数以百计，而非百万"。③ 大部分主流媒体也对去殖民化持怀疑态度。一种观点认为唯有"能够民主地管理国家"的人才有资格要求民族独立。澳大利亚《阿格斯报》称，像苏加诺这样的冲动鲁莽之人是无法做出理智的判断的。④《悉尼先驱晨报》则更为过分，该报用"野蛮"程度来评价共和主义运动参与者。⑤

然而，盖勒普民调显示，尽管对印尼独立运动的负面报道接二连三，公众舆论却并没有一边倒。许多澳大利亚普通民众和工党政府一样，在希望澳大利亚对日强硬的同时支持印尼去殖民化运动。这反映出民众对亚洲殖民主义未来和澳大利亚战后角色的矛盾态度。一方面，对占领日本的支持说明不少人赞同西方在该地区扩张殖民势力的做法——毕竟日本不仅从未受到过殖民统治，它还曾对朝鲜和中国部分地区实施殖民统治。另一方面，澳大利亚对印尼独立运动的支持和帮助又显示了民众对亚洲去殖民化的认同。正如伊凡特在《近北》一书中说的那样，"主动权掌握在我们手

---

① R. J. Gilmore and D. Warner, *Near North*, p. vi.

② C. Waters, "War, decolonization and post – war security", in D. Goldsworthy（ed.）, *Facing North: a century of Australian engagement with Asia*, DFAT and Melbourne University Press, Carlton, 2001, p. 125.

③ Meaney, *Australia and the World*, pp. 533 – 534.

④ "British general asks for Dutch policy in NEI", *The Argus*, 2 October 1945, p. 1; Editorial, "Justice must be firm", *The Argus*, 2 November 1945, p. 2.

⑤ C. C. Eager, "Demonstrations by Javanese for independence", *Sydney Morning Herald*, 25 September 1945, in N. Meaney, *Australia and the World*, pp. 530 – 532.

里"①，但是这种主动权会将澳大利亚引向何方还未可知。

　　当时与亚洲毗邻而居的澳大利亚人的亲身经历是这种矛盾局面的最好写照。正如凯特·贝格纳尔在本书中提到的，澳大利亚"普通民众"往往都是非凡的跨文化体验者。本文将介绍两类在战后与亚洲有过接触的澳大利亚人。一队人马是由驻扎在日本的英联邦占领军士兵及其家属组成的，另一队则是被"毕业生志愿者项目"派往印尼工作和生活的澳大利亚青年。这两支队伍在许多方面形成了巨大的反差。在日本的占领军犹如新殖民统治者，而志愿者们则是印尼反殖民运动的激进支持者。这两批人代表了两种截然不同的政治理想，这样两种生活方式对当时的国际环境而言具有深远的政治意义。此外，他们的亲身经历充满了跨文化交往固有的复杂性，不能被简单地归类。总之，他们的经历深刻地折射出有关种族、殖民和澳大利亚在亚洲地位的不确定性。

黑暗之心

　　美国于1945年8月底开始了对日本的军事占领，到1952年撤离日本之前，美国军队几乎重塑了日本的政治、经济和社会生活。尽管日本并非是真正意义上的殖民地，但是这段时期的军事占领多少还是给日本打上了殖民主义的烙印。联军最高统帅、美国战争英雄道格拉斯·麦克阿瑟将军崇尚传统的殖民方式。他按照过去殖民帝国的做法下令没收日本的土地和财产，重建这个国家的经济，从位于东京被称为"小美国"的基地发号施令干预日本政府的大小事务。众所周知的是，麦克阿瑟拒绝与日本人握手，认为这样做相当于认可日本与美国处于平等地位。在美国占领期间，甚至日本天皇都必须对麦克阿瑟行正式的鞠躬礼而不是体现民主精神的握手礼。许多日本人都对德高望重的天皇不得不向美国人鞠躬一事感到震惊，这也意味着日本人必须对美国俯首称臣。

　　英联邦占领军里的帝国霸权气息同样浓重。占领军由英国、印度、澳大利亚和新西兰军队组成。它最初是"大英帝国"的部队。后来尽管帝国

---

①　Evatt, "Forward", in R. J. Gilmore and D. Warner, *Near North*, p. vi.

瓦解了，但是这支部队的部署仍然显露出昔日帝国的强大和凝聚力。据称，这支部队被派往日本是为了抚慰和减轻战争给"大英帝国无数家庭"造成的"重创和损失"。① 澳大利亚媒体依旧把这支队伍描写为帝国军事力量。比如《澳大利亚妇女周报》就称它为驻扎在日本的"帝国部队"。② 1950年底，著名作家、帝国忠诚分子弗兰克·克卢恩在提及这支队伍时就曾一时口误说成了"大英帝国占领军"，意识到错误后他立即改口说"抱歉，我是说英联邦占领军"。③ 事实上，这时的英联邦占领军里已经只有澳大利亚士兵了。印度军队在印度1947年独立后就撤出了日本，随后新西兰和英国也迅速撤离。因此，这支在日本号称"大英帝国——抱歉，英联邦占领军"的部队实质上是澳大利亚部队。

　　在英联邦占领军中，帝国之凝聚力虽已不复存在，但其帝国主义的傲慢态度却有过之而无不及。表现得最为突出的是占领军以日本人身体孱弱为由歧视他们。罗宾·格斯特发现许多士兵认为日本人"身材矮小、弱不禁风"，因此称他们为"小日本"。④ 澳大利亚广播公司记者弗兰克·莱格把日本人描写为"一群乌合之众"，"身形瘦小的受气包"，"像一群目中无人的男孩"，总之，"微不足道"。⑤ 澳大利亚人对日本人的态度与美国人并无二致。麦克阿瑟将军也曾把日本人比作"十二岁的男孩"，与这些小毛孩相比美国人则像是"45岁"的成年人。⑥ 麦克阿瑟的种种帝国主义行为被英联邦占领军指挥部视为了榜样。澳大利亚部队也明令禁止士兵与日本人握手。⑦ 占领军的新闻片中日本人被用殖民语言描述为"基本上是土著人"⑧，完全无视日本曾是亚洲最强大的国家，甚至有"亚洲的英国"之

---

① "Personal instruction from Lt - Gen John Northcott, Commander - in - Chief BCOF", in C. Carter, "Between war and peace: the experience of occupation for members of the British Commonwealth Occupation Force, 1945 - 1952", PhD Thesis, Australian Defence Force Academy / University of New South Wales, 2002, p. 247.

② M. Coles, "To command empire troops in Japan", *Australian Women's Weekly*, 4 May 1946, p. 18.

③ F. Clune, *Ashes of Hiroshima*, Angus & Robertson, Sydney, 1950, p. 76.

④ R. Gerster, *Travels in Atomic Sunshine*: *Australia and the occupation of Japan*, Scribe, Melbourne, 2008, pp. 13, 15.

⑤ F. Legg, *War Correspondent*, Rigby Limited, Adelaide, 1964, p. 250.

⑥ MacArthur cited in R. Gerster, *Travels in Atomic Sunshine*, p. 31.

⑦ C. Carter, "Between war and peace", pp. 229, 243.

⑧ R. Gerster, *Travels in Atomic Sunshine*, p. 57.

称的事实。一本发放给随军家属的名为《英联邦占领军规定》的小册子居然把日本形容成"由披着东方文明的皮的原始人组成的原始国家"。①

殖民主义并不仅仅是一种政治制度，它也是活生生的经历。在这样的经历中，个人生活高度政治化，日常活动也带有了更宽泛的意义。在殖民世界里，相应的权力和地位是靠仪容仪表彰显出来并通过行为举止表达出来的。② 保持体面是相当重要的。在亚洲生活的欧洲人采用了一套复杂而刻板的行为准则来维护"白人的威望"，从而显示出他们代表的是更高级的文明。许多殖民者都效仿一种无可挑剔的着装标准：那些讥讽欧洲人在赤道地区的高温下仍戴着手套、穿着晚礼服的笑话还真的确有其事。生活在新加坡、印度和荷属东印度群岛的欧洲人不愿从事体力劳动——更准确地说是不愿意被看到从事体力劳动——因为这被认为有损白人的威望。

尽管澳大利亚人在日本的新殖民主义占领者身份与传统欧洲殖民者的身份不尽相同，但是他们在战后日本也实行了相似的身体政治。这些士兵一到达日本，就被告知"英联邦占领军的目标和任务"是"维护和提升英联邦的威望"。③ 澳大利亚指挥部编排了一套复杂的"显示其军事实力"的仪式，一有机会就让一排排穿着盛装的士兵手拿装有刺刀的武器在市镇中心进行游行表演。④ 澳大利亚皇家空军精心编排的低空飞行表演更是在空中展现了英联邦的显赫与威望。这些耗资巨大的仪式竟成了占领军在日本的主要工作，但实质上它们毫无战略意义。这些仪式之所以存在仅仅是为了"提醒日本人时刻牢记军事占领的官方性质"。⑤

---

① *BCOF Bound: for the women and children of the British Commonwealth Forces in Japan*, British Commonwealth Occupation Forces, Japan, 1946.

② A. L. Stoler, "Rethinking colonial categories: European Communities and the boundaries of rule", *Comparative Studies in Society and History*, vol. 31, no. 1, 1989; A. L. Stoler, *Carnal Knowledge and Imperial Power: race and the intimate in colonial rule*, University of California Press, Berkeley, 2002; S. Pierce and A. Rao (eds), *Discipline and the Other Body: correction, corporeality, colonialism*, Duke University Press, Durham, 2006.

③ J. Wood, *The Forgotten Force: the Australian military contribution to the occupation of Japan, 1945 – 1952*, Allen & Unwin, St Leonards, 1998, p. 68.

④ J. Wood, "The Australian military contribution to the occupation of Japan, 1945 – 1952", Australian War Memorial, Australians at War Series, http://www.awm.gov.au/atwar/BCOF_history.pdf, accessed 20 February 2010.

⑤ J. Wood, *The Forgotten Force*, pp. 64 – 66.

图 1　1950 年，英联邦占领军军人在日本东京皇宫的表演场地上庆祝帝国日。
哈罗德·瓦格汉·敦克利拍摄，澳洲战争纪念馆允许刊出，编号 DUKJ3010

　　澳大利亚部队以更具侵略性的方式让日本人感受到了澳大利亚在日本的权威。比如军事占领区的社会秩序原本由日本警方负责，但是英联邦占领军却越俎代庖地担负起了部分警察职责。卡洛琳·卡特认为占领军的警察职责主要是向当地民众展现澳大利亚的军事实力而不是真的要承担什么维护社会秩序的任务。占领军命令士兵必须要求日本人向他们鞠躬，并称呼他们为"长官"。日本行人在路上必须给占领军的车辆让路。从一长串的事故和投诉不难看出，许多士兵确实是依照命令坚持主张了他们在日本的优先通行权。更有甚者，占领军为了阻止卖淫和性病传播，竟然当街随意抓捕妇女并强迫她们接受身体检查。澳大利亚士兵们冷酷无情、高傲蛮横的行为令当时占领军的一名翻译艾伦·S. 克里夫顿感到非常吃惊。1950年回国后，他在一本日本占领回忆录《落花时节》里批评了英联邦占领军的帝国主义行径。① 不过，克里夫顿不知道的是，澳大利亚军队的傲慢态度其实已经在军队内部引起了担忧，有人担心"对日本民众的傲慢态度不

---

① 　A. S. Clifton, *Time of Fallen Blossoms*, Cassell & Co., Melbourne, 1950.

但没有提升反倒有损澳大利亚的声望"。①

这种殖民意义也延伸到了士兵们的私人生活领域里。澳大利亚士兵有史以来第一次在有家属陪同的情况下执行海外任务。军队为家属的到来在占领区内建起了一幢幢独栋平房，当家属到达时，近500名妇女和600多名儿童住在这里，让人不禁以为这里是永久定居点而不是军事占领区的暂住地。弗兰克·克卢恩把这一定居点与英国统治印度全盛时期的英国卫成部队相比较，从帝国拥护者的立场对此大加赞赏。② 令人诧异的是，澳大利亚士兵在日本的生活水平远远高出他们在国内所能实现的。所有军官和许多士兵家中都有日本"女仆"或"男仆"负责做饭、清洁和家务。有孩子的军官和士兵家中通常都有一个以上的佣人，甚至连单身汉都有家政人员照顾。③ 这种生活对于英联邦占领军中的绝大多数人来说是想都不敢想的，因为在国内只有最富有的家庭才能雇得起佣人。许多人不知道应该如何对待这些家政人员。《英联邦占领军规定》建议他们做到"举止得体、冷淡有礼"。多数人由于没有与佣人打交道的经历，于是纷纷效仿起了曾经的殖民者。他们像那些遍布亚洲的欧洲老牌殖民者一样，不管佣人年纪大小一律称呼他们为"女孩儿"或者"男孩儿"。连随军儿童也对他们的日本保姆颐指气使。克里斯汀·德·马托斯认为，这种称呼是殖民主义行为模式的典型代表，目的是为了"创造并强化西方殖民者在亚洲的特权地位"。④

军方高层也鼓励这种殖民主义行为。当时占领军的指挥官是澳大利亚人约翰·诺思科特、贺瑞斯·鲁滨逊和威廉·布里奇福德。他们认为特权和奢华享受是军事占领的重要组成部分。军方不仅要求佣人的服务，还征用了14家豪华酒店供部队和随军家属舒适地疗养和度假。其中最著名的一家是川奈酒店，士兵和家属在这里整日打高尔夫、喝皮姆酒（Pimm's），

---

① C. Carter, "Between war and peace", pp. 189, 289, 305.

② F. Clune, *Ashes of Hiroshima*, p. 56.

③ C. Carter, "Between war and peace", p. 253; C. de Matos, "A very gendered occupation: Australian women as 'conquerors' and 'liberators'", *Faculty of Arts – Papers*, University of Wollongong, Wollongong, 2007, p. 6.

④ C. Carter, "Between war and peace", p. 253; C. de Matos, "A very gendered occupation: Australian women as 'conquerors' and 'liberators'", *Faculty of Arts – Papers*, University of Wollongong, Wollongong, 2007, p. 2.

SHOES are always removed in the house. Hisaye laces up the Air Vice-Marshal's shoes before his departure.

图 2　媒体描绘的日本女仆服侍澳大利亚人的一个例子。
《澳大利亚妇女周报》，1945 年 5 月 18 日，第 17 页。

充分享受着作为统治阶级的特权。这种情况使得许多人抱着殖民者的心态在占领区生活，并且认定西方人在亚洲就应该享受特权生活。[①]

　　跟喝皮姆酒这种看似无害的举动相比，澳大利亚士兵试图在占领区创造殖民文化的做法则要严重得多。英联邦占领军高层不希望士兵与日本人"结交往来"，明令禁止他们进入当地餐馆、酒吧、电影院、剧院、公共澡堂和平民家中。禁令之所以如此严苛，部分原因是为了安抚国内民众在得知日本人虐待澳洲战俘后产生的强烈反日情绪。有些媒体以占领军中性病感染率急剧上升为证据暗示占领军士兵与他们仇视的日本人保持着亲密关系。《悉尼先驱晨报》1946 年的一篇报道就谴责了与日本人为友的行为，认为这么做"有损军队威望"，并且声称澳大利亚士兵"能够也必须被日本人尊重"而不是与日本人为友[②]。公众对英联邦占领军的支持也开始动

[①]　R. Gerster, "Six inch rule: revisiting the Australian occupation of Japan, 1946 - 1952", *History Australia*; vol. 4, no. 2, 2007, p. 42.1.

[②]　G. Caiger, "Problems in Japan over 'fraternising'", *Sydney Morning Herald*, 4 April 1946, p. 2.

摇了。一直致力于在国内舆论界维护占领军声誉的弗兰克·克卢恩则坚称，占领军非但没有与日本人为友，反而认为"是时候该好好管教管教日本人了"，还引用了一名中士说的"决不跟这些混账东西为友"的话。①

澳大利亚之所以如此积极地展现其对日本的强势和权力实在是因为这种机会千载难逢。美国率领联军占领日本，澳大利亚不过是它的小跟班而已，在大多数有关军事占领日本的历史记载里都没有提及澳大利亚。人们对澳大利亚曾是殖民地的历史还记忆犹新，而日本人直到最近才丧失了自己的庞大帝国。澳大利亚人在日本人手上遭受的屈辱，以及长期以来有关日本种族、政治例外论的看法都使得澳日关系变得更加复杂。澳大利亚军方领导人对本国"威望"的自信显得有些不合时宜，不过他们还是坚持主张对日本人的统治权力。因此他们在占领期间不遗余力地展示着各种趾高气扬的姿态。

英联邦占领军的部署证明澳大利亚人仍在用帝国主义的眼光打量亚洲。然而人与人的实际接触远比这复杂。占领军的种种规定无疑是助长了一些帝国主义行为，但是，并非所有澳大利亚人都遵从这些规定。与亚洲的接触会产生意想不到的效果。大多数刚到日本的澳大利亚人都对日本这个二战中的敌人深恶痛绝，但是与日本人一起生活的经历使他们的态度逐渐软化。许多澳大利亚人在目睹了战后日本困苦的生活后开始同情当地人。占领军翻译克里夫顿的《落花时节》一书不仅揭露了他的同胞在日本的傲慢行为，也反映出他与日本人的友好关系。其他一些士兵也加入了克里夫顿的行列，公然反抗占领军颁布的"不得与日本人为友"的规定。澳大利亚人与日本人关系日益亲近的一个例证是众多士兵向移民局提交请愿书，要求修改《移民限制法案》，允许他们的日籍妻子和女友进入澳大利亚。这一要求最终在 1958 年得到通过。罗宾·格斯特甚至认为占领军的部署实际上就是澳大利亚与日本开始交往的早期形式。② 占领军以外的澳日关系显得更为融洽，记者威尔弗雷德·伯切特和皮特·卢素以及传教士弗兰克·科尔德雷克和梅达·科尔德雷克的亲身经历都证明，澳日两国人民的跨文化交往多种多样，与维护国家威望和耀武扬威相比，好奇、接纳与

---

① F. Clune, *Ashes of Hiroshima*, p. 59.

② R. Gerster, *Travels in Atomic Sunshine*.

着迷才是两国关系发展的主流。英联邦占领军及其新殖民主义政策是澳大利亚积极参与亚洲事务的真实写照，而士兵、家属与日本人的交往经历则淡化了这一部署的帝国主义本质。

黄金之心

就在英联邦占领军试图在日本建立一个新殖民地的时候，另一群澳大利亚人则在印尼努力根除殖民文化。他们在印尼的政府部门里工作，通过与当地人同吃同住同劳作展现出平等和尊重。他们这么做是希望用他们的身体筑起去殖民化运动的前线。然而事实再一次证明个人经历往往会与政治理想有所背离，它削弱了——或者至少干扰了——志愿者们试图传达的信息。

不少澳大利亚人在印尼 1945 年独立后仍以殖民者的眼光看待这个国家。澳大利亚移民局直到 1949 年底仍禁止澳大利亚妇女在未获特殊许可的情况下移居印尼，即便是嫁给了印尼男子的已婚妇女也在禁令之列。表面上的理由是战后印尼局势动荡，对澳大利亚妇女来说比较危险。但是移民局的相关文件中却列举了一条颇有些种族主义色彩的担忧——"移居印尼的澳洲白人妇女恐怕得在部落里生活"①。当时的移民部长阿瑟·卡维尔认定对澳洲妇女来说"印尼村庄里的生活是不堪设想的"②。然而，这种"不堪设想"只是针对白人妇女的，另外的七名"澳洲非白人妇女"则被允许带着孩子前往爪哇岛与她们 1946 年被遣返的印尼丈夫团聚③。尽管澳大利亚在许多年前就摆脱了殖民状态，但一旦问题涉及国家"声望"，政府的殖民主义惯式思维就又冒出头来。

悉尼居民茉莉·博丹（娘家姓氏是华纳）决心打破这些惯式，于是拒绝接受政府颁发的前往雅加达与丈夫团聚的许可。早在二战期间，她就参与建立了澳大利亚－印尼协会，这个最初以社交为目的的俱乐部迅速发展

---

① "Memorandum: grant of travel facilities for Indonesia to Australia – born wives（of European race）of Indonesians repatriated to Indonesia", undated, NAA: A433, 1949/2/4823.

② A. Calwell to E. J. Ward, 18 April 1947, NAA: A433, 1949/2/4823.

③ "Australian wives of Indonesians", NAA: A433, 1949/2/4823.

成为反对殖民主义的桥头堡。博丹一生致力于追求开明政治，她在与印尼人的交往过程中受到了鼓舞，认为"印尼人不仅谈论她所向往的理想社会，而且更有勇气为了实现理想而积极投身革命"，如她所言，"这么有意义的事业如果我不参加就太不明智了"①。她在二战中认识并嫁给了印尼反殖民运动家、政治犯穆罕默德·博丹。他在日本进攻印尼时被转移至澳大利亚。在 1946 年穆罕默德·博丹被遣返后，茉莉·博丹坚持不懈地游说移民局官员允许她与丈夫团聚。在多次请愿后，她终于获得了特殊出境签证。然而在澳洲安全情报局（ASIO）的档案中记录，她之所以得到出境许可是因为安全部门认定如果让她继续留在澳大利亚，她的激进思想和行为会对社会造成一定不良影响②。

博丹和她的丈夫一样决心打破殖民主义秩序。她认为社会、文化差异以及政治、经济势力是殖民主义的温床。殖民主义"究其根本是一种心态"，欧洲人怀着这种心态觉得他们理应比"土著人"享有更好的生活条件，也是这种心态"导致了剥削、压迫和社会排斥的产生"③。博丹想要打破的正是英联邦占领军在日本努力寻求的国家"威望"，而她反抗殖民主义的表达方式就是摆脱一切殖民文化的象征物。

在这条反抗殖民主义的道路上博丹并不孤独。师从著名学者威廉·麦克马洪·波尔的政治学学生赫布·费斯也对印尼的独立事业深感兴趣。他与他的同学约翰·巴利、艾伦·亨特一道发起了"毕业生志愿者项目"（简称"志愿者项目"），希望通过派遣澳大利亚大学毕业生前往印尼政府部门工作来填补荷兰殖民者撤离印尼所造成的技术空白。该项目于 1951 年获得了澳大利亚全国学生联合会的支持，费斯成了被派往雅加达的第一名志愿者。第二年又有另外两名志愿者加入，他们是葛文达·罗达和欧力·麦克米歇尔。在随后的十年里，共有 35 名澳大利亚青年志愿者参与了这个项目，他们每个人都按照当地薪酬标准在印尼工作了两年。

在博丹的榜样作用下，志愿者项目也以努力根除殖民文化残余为己任。尽管参与该项目的志愿者需要具备一定技能，但项目组委会坚信"志

---

① J. Hardjono and C. Warner （eds）, *In Love with a Nation：Molly Bondan and Indonesia*, self - published, Picton, NSW, 1995, p. 23.

② "Bondan, Mary Allethea", NAA：A6119/19, p. 356.

③ J. Hardjono and C. Carter, *In Love with a Nation*, pp. 173 - 174.

愿者们最重要的工作……是融入印尼生活并与印尼人成为朋友，而不是像许多住在印尼的西方人那样自觉高人一等、傲慢无礼"。① 伊凡·萨斯霍尔曾在早先的记述中提到，当时"几乎没有西方人'认同'印尼的生活方式"，但是"志愿者项目"的成员们却偏偏要"按照印尼的方式与印尼人生活在一起"。② 因此"认同"被该项目定为首要目标。③

对印尼生活方式的"认同"与维护国家"威望"是截然相反的两个目标。正如"毕业生志愿者项目"的一份刊物所宣称的那样，"通过与印尼人一起分担体力劳动、洗碗、往返于部落里的泥泞小路上，志愿者们反抗着长久以来封建主义和殖民主义的产物——等级制度"。④ "认同"也要求志愿者们用一种全新的方式与分属不同社会阶层的人打交道。比如与佣人的相处就比较敏感，"志愿者项目"提供的如何对待服务人员的建议与英联邦占领军的规定形成了鲜明的对比。费斯建议志愿者要明确地表达澳大利亚人与印尼人平等的态度，这就意味着"你必须和佣人一起擦鞋、洗碗"。⑤

志愿者们意识到自己与其他同胞对待印尼人的差别，于是更加虔诚地表现出"平等"的一面，犹如占领军在奢华酒店里卖力地展现殖民文化一般。萨斯霍尔回忆说，"志愿者们是第一批不仅接受并且主动要求与印尼人同吃同住的欧洲人"，而其他西方人士则认为这么做会"辱没白人的尊严"。⑥ 这些志愿者刻意回避聚集在雅加达澳大利亚使馆附近的澳人社交圈，认为"鸡尾酒和网球巡回赛"这些澳洲人热衷的活动"与项目赋予他们的使命——与印尼人一起工作和生活——背道而驰"。当他们有机会接触澳洲侨民时，他们则努力凸显他们的不同。例如在1954年，一些志愿者参加了一个有美国人和印尼人共同出席的野餐会。当美国人拿出他们丰盛到只差没把冰箱搬出来的野餐食物时，澳大利亚志愿者们则煞有

---

① Volunteer Graduate Association for Indonesia, *Living and Working in Indonesia*, Volunteer Graduate Association for Indonesia, Melbourne, 1962, p. 6.

② I. Southall, *Indonesia Face to Face*, Landsowne Press, Melbourne, 1964, p. vii.

③ Overseas Service Bureau, *Bulletin of Overseas Vacancies*, no. 4, May 1963, p. 4.

④ Volunteer Graduate Association for Indonesia, *Living and Working in Indonesia*, p. 6.

⑤ Volunteer Graduate Association for Indonesia, *Living and Working in Indonesia*, p. 1; J. Purdey, *From Vienna to Yogyakarta: the life of Herb Feith*, UNSW Press, Sydney, 2011, p. 159.

⑥ I. Southall, *Indonesia Face to Face*, p. 56.

介事地打开他们的午餐盒——用香蕉叶包裹的米饭和蔬菜，并用手拿着吃起来。① 志愿者对待印尼人的态度与占领军对待日本人的态度的确有着天壤之别。

图3　1952年"毕业生志愿者项目"创始人赫布·费斯在印度尼西亚。
这是费斯最为出名的照片，被用作他的传记封面。

虽然澳大利亚志愿者对待印尼人的好意毋庸置疑，但是他们的行为还是带来了意想不到的后果。尽管"志愿者项目"出版的刊物一再强调该项目的反殖民特性，但事实上志愿者行为准则却有着比反殖民主义更为复杂的渊源。杰玛·珀迪在最近为赫布·费斯撰写的传记中重点阐释了宗教对费斯的世界观形成所发挥的重要作用，特别是犹太教和基督教两者之间的竞争所带来的影响。费斯和其他几位"毕志愿者项目"的创始人包括巴利和亨特都曾是澳大利亚基督徒学生运动的积极分子。因此，"志愿者项目"所倡导的行为准则带有浓重的西方宗教色彩，也正因为如此，志愿者们的行为有时并不能获得印尼人的理解。独立后的印尼人口以穆斯林为主，此外，在该国占主导地位的爪哇文化对等级制度习以为常，平民与贵族之间

---

① 　J. Purdey, *From Vienna to Yogyakarta*, pp. 105，172.

以及不同民族之间都存在着明显的等级差异。许多爪哇家庭都雇佣仆人，但这种仆人与主人之间的不平等与殖民主义没有丝毫关系。另外，尽管"志愿者项目"的行为准则是根据印尼生活水平与当地人一起生活，但是，有着多个社会阶层和民族的印尼社会并没有统一的"印尼"生活标准。印尼政府部门就是这种不平等的真实写照——最高级别官员的工资数倍于他们下属的工资。印尼的工资标准是根据受教育程度决定的，因此大学生志愿者们的薪酬都相当不错。大部分志愿者还通过教授英语等副业增加收入。就连志愿者项目的相关文件也承认志愿者们并没有过着跟佣人一样的生活，相反，他们在印尼的日子"过得很滋润"。事实上大多数志愿者包括费斯在内都有帮佣打理家务。①

可想而知，志愿者们对"平等"的追求和展示与战后印尼社会现状格格不入，虽然不至于招来当地人的仇恨和敌视，但的确会让他们感到困惑不解。在这种情况下，志愿者善意的行为——比如自己擦鞋、洗碗——就可能让主人感到十分尴尬，更糟的是，有时会被误以为是在批评对方。比如，珀迪在费斯传记中提到，费斯由于不满意主人对待佣人的方式而颇有微词，结果可能引发了一些矛盾。②尽管志愿者们力图向印尼人传播后殖民时代的平等思想，但是他们的行为可能会被看作是欧洲人企图把他们的标准强加在当地人身上，就如同当年的传教士和殖民统治者一般。

多少有些讽刺的是，志愿者项目逐渐代表了一种新的适用于后殖民时代的"国家威望"。第一位志愿者于1951年到达雅加达，这时候距离印尼独立已经过去6年了，距离包括荷兰在内的各方承认印尼独立也已过去4年了，也就是说20世纪50年代澳大利亚对印尼独立的支持不再算是一种激进行为，而是明智的外交政策。著名亚洲学家皮特·卢素在给《阿格斯报》撰写的文章里对志愿者项目所传达的澳大利亚正面形象大为赞赏，称志愿者们是"向亚洲推销澳大利亚最重要的保险推销员"。此外，他还把志愿者与力图展现"国家威望"的英联邦占领军相比较，认为与"炫耀军事实力"相比，志愿者的行动更好地树立了国家"威望"，也更有利于消

---

①　Volunteer Graduate Association for Indonesia, *Living and Working in Indonesia*, p. 8.

②　J. Purdey, *From Vienna to Yogyakarta*, p. 159.

除亚洲对具有殖民特征行为的不信任。①

志愿者项目从 1952 年起得到了澳大利亚政府的支持（以及资助），同年澳大利亚政府终止了对日本的军事占领。至此人们终于明白殖民制度在亚洲再无立足之地。澳大利亚在日本的殖民实验被悄无声息地废除后，澳大利亚保守派自由党政府开始支持这一批截然不同的澳洲侨民——志愿者。此前自由党曾反对印尼独立并支持荷兰对西新几内亚提出主权要求，而现在做出资助志愿者项目的决定，说明澳大利亚在亚洲实施帝国主义统治的可能性已不复存在了。

图 4　外交部拍摄的宣传照片。照片上的 M. F. 戴小姐于 1957 年参加了毕业生志愿者项目。这些照片说明该项目具有公众外交目的，而不仅仅是反对殖民主义的激进运动。
克里夫·莫雷拍摄，澳大利亚国家档案馆允许刊出，编号 A1501，A597/5

后殖民时代的亚洲发生了巨大的变化。志愿者项目代表了澳大利亚在这样的背景下"展现实力"的新方式。它的成功使得这种模式被许多其他

---

① 　P. Russo, "Behind the news: the students don't need advice", *The Argus*, 12 January 1956, p. 2.

国家所采用。尽管它的名气不及英国于 1958 年开展的海外志愿服务社和美国于 1961 年建立的和平队，但是志愿者项目开创了在国家资助下派遣西方志愿者帮助发展中国家的非宗教项目的先河。时至今日它更名为澳大利亚海外服务局并继续发挥着作用。在政府不间断的资助下，该组织已经向以亚洲为主的世界各地发展中国家派遣了 6000 多名志愿者。和其后的众多志愿者项目一样，毕业生志愿者项目意义复杂：一方面，生活富足的外国人怀着传教士般的热情去实现反殖民理想，而另一方面，资助他们的各国政府对这些项目给国家带来的"威望"心知肚明。

为澳大利亚确定发展方向

毕业生志愿者项目与英联邦占领军的巨大差异折射出的是战后澳大利亚民众对亚洲态度的差异。一边是占领军征用豪华酒店扮演殖民统治者，而另一边却是志愿者们寻找廉租房与他们的佣人住在同一屋檐下。占领军领导人试图阻止澳大利亚人与日本人接触；而志愿者们则努力与当地人打成一片。志愿者们认识到殖民主义不仅体现在制度规定上，也依存于身体政治，于是他们放弃了豪华酒店里的舒适寝具，选择喝水而不是皮姆酒。然而，这两队人马的经历都反映出了有关殖民主义的更广泛的政治叙事，以及澳大利亚在战后世界格局中的地位。英联邦占领军的部署是澳大利亚向敌人彰显"国家威望"的手段。相比之下，志愿者项目所坚持的"平等、共享则被刻意、自觉地看作是澳大利亚与其他非西方国家关系发展的'新方向'"①。两种体验之间的巨大差异揭示了战后澳大利亚与亚洲关系的可塑性。无论是政府还是个人都在重新构建对待亚洲的态度。太平洋战争后的数年里澳大利亚在该地区的地位被再次评估，也引起了各种不同的回应。

乍看上去，占领军和志愿者这两队人马的经历完全相反，但事实上它们有着深刻的相似之处。首先，二者都承认殖民主义是依存于一定的文化、经济和政治制度的。其次，二者都认定殖民制度是建立在"普通"民

---

① B. Feith，cited in J. Purdey, *From Vienna to Yogyakarta*, p. 75.

众的日常生活行为之上的，身体是帝国的管理疆域，于是它们通过规范日常生活和利用身体政治来诠释澳大利亚在二战后应该如何对待亚洲。两者的目的都很复杂，而真实的跨文化交往不时会削弱它们原本的意图。旨在把澳大利亚人和日本人隔离开来的严格规定备受挑战和考验，尽管他们之间存在种族、文化和地位的差异，但最终还是建立起了形形色色的关系。同样，志愿者想要与印尼人打成一片的理想有时会被误解，结果是带来矛盾和误会，而不是他们所期待的共同反击殖民主义的同志情谊。虽然占领军和志愿者项目追求的目标各不相同，但结果却是澳大利亚"普通"民众构成了与亚洲跨文化交往的第一线。

（周杜娟　译）

巴厘岛的可爱客人

艾·纽曼·达玛·普特拉 *

澳大利亚人对巴厘岛的热爱显而易见。自 20 世纪 70 年代以来,澳大利亚人对它的影响长盛不衰,以至于旅游杂志将巴厘岛称为"澳大利亚的'歌诗达'游轮"。在游客云集的巴厘岛南部,随耳可闻"澳式足球联盟比赛"和"澳大利亚全国橄榄球联赛"的战况;身着红黄相间制服的救生员在库塔海滩上往返巡视,与澳大利亚海边的救生员们不差分毫。如今也许这样的文化影响比比皆是,然而对于一个 55% 以上经济需要由旅游业支撑的岛屿而言,这一点尤为重要。巴厘岛 2002 年和 2005 年的爆炸事件让人们认识到旅游业,特别是游客数量对巴厘岛的重要性。预定被纷纷取消,整个旅游业笼罩了一片愁云惨雾,其中首当其冲的群体——民宿老板、出租车司机以及卖 T 恤的小贩们——在重创之下苦不堪言。

巴厘岛民们需要游客作为衣食父母,但是对于澳大利亚这个国家及其人民,他们究竟持怎样的看法呢?历经四十余年的接触,他们对澳大利亚人形成了怎样的印象?这些印象全都是正面的吗?正面印象的形成是因为

* 艾·纽曼·达玛·普特拉(I Nyoman Darma Putra),印度尼西亚巴厘岛乌达雅纳大学印度尼西亚文学和旅游学教师,2003 年在昆士兰大学语言及比较文化研究学院获得博士学位,2007–2010 年在昆士兰大学进行博士后研究,2010 年在莱顿大学荷兰皇家语言学、国情与文化人类学研究所从事研究,著有《一面文学的镜子:20 世纪巴厘岛对现代性及身份认同的折射》(2011),以及与迈克尔·希区柯克合著的《巴厘岛旅游发展与恐怖主义》(2007),研究兴趣包括:印度尼西亚和巴厘岛文学、大众传媒以及巴厘岛文化和旅游。

有些人一次次到访，难舍岛上丰富的文化和"美丽"的人民吗？但是如果岛民对澳洲人心怀厌恶，只因年轻一代的澳大利亚人来到岛上纵情狂欢，夜夜买醉，并且染指毒品，沉沦肉欲吗？除此之外，近来刺激了澳大利亚—巴厘岛、澳大利亚—印度尼西亚关系的危机又对这些印象产生什么样的影响？这两起恐怖袭击事件使得各方各面群情激昂。巴厘岛岛民们举行了多次驱邪避难的仪式，每一次澳大利亚人都与岛民们并肩参与，而且澳大利亚还通过大手笔的援助计划来表达其悲痛之情。然而在另一方面，以涉毒的罪名将许多澳大利亚人抓捕入狱却让澳洲人释放出更多的负面情绪。夏贝尔·戈碧、米歇尔·莱斯利和"巴厘岛九人帮"锒铛入狱后，媒体掀起轩然大波，博客和互动电台怨诘之声一片泛滥，所谓的"公众"四处发布诸如"那帮腐败的印尼人"及其"鼠害成灾的国家"之类的言论[1]。在这些事件的影响下，巴厘岛民众对澳大利亚和澳大利亚人的态度会产生什么样的变化呢？

本文从另一方面探讨澳大利亚与亚洲的接触。通常，所谓"接触"总是被认为取决于澳大利亚能够从何种程度上克服长久以来的偏见，跟亚洲愉悦地"共处"。但是"接触"当然也表示一种互动关系，也取决于"亚洲"从多大程度上愿意接纳澳大利亚，这跟澳大利亚对亚洲的接受程度同样重要。

旅游业的发展

1914 年，荷兰皇家航运公司开始运营一条蒸汽机船的航道，在爪哇岛和巴厘岛之间运送货物和游客[2]。在 20 世纪 30 年代之前，每年有数以千计的游客上岛游览，20 世纪 40 年代，游客数目再次增长[3]。印度尼西亚共

---

① Quotes from Australian bloggers cited in A. Sobocinska, "Prisoners of opinion: Australians in Asia captivity, 1942 – 2005", *Australian Studies* (*Journal of the British Australian Studies Association*), vol. 1, no. 1, 2009.

② A. Vickers, *Bali: a paradise created*, Periplus Editions, Singapore, 1989; M. Picard, *Bali: cultural tourism and touristic culture*, Archipelago Press, Singapore, 1996.

③ W. Hanna, *Bali Profile: people, events, circumstance 1001 – 1976*, Whitman Press Inc., Lebanon, New Hampshire, 1976, p. 106; M. Picard, "Kebalian orang Bali: tourism and the uses of 'Balinese culture' in New Order Indonesia", *Rima*, no. 24, 1990, pp. 1 – 38.

和国首任总统苏加诺的母亲就是巴厘岛人，因此他更是致力于将巴厘岛推崇为旅游胜地。20世纪60年代早期，苏加诺利用日本战争赔款，在沙努建造了十层的巴厘海滨酒店。1966年，这一工程在苏加诺的继任者苏哈托总统的任期内得以完成。1968年，乌拉莱国际机场投入使用，为巴厘岛带来了更多的游客，截至20世纪70年代，地处内陆的乌布地区以及沙努和库塔的海滩地带，小旅店和家庭旅馆遍地开花。到访巴厘岛的外国游客数量开始激增，1975年已达到75790人①。

长久以来，巴厘岛一直吸引着学者和艺术家们，而新建成的面向大众游客的基础设施对中产阶级度假群体也充满了吸引力。起初，巴厘岛民众对于旅游业这一新兴的收入来源和工作机遇充满了热情。另一群西方人也几乎在同一时间"发现"了巴厘岛。渐渐地，来自世界各地年轻游客在前往亚洲的"嬉皮士之旅"之前在巴厘岛稍事停留。这些年轻人蓄着长发，吸食毒品，据说还纵欲无度，淫乱不堪。总而言之，巴厘岛民众和印尼人认为他们是道德堕落之源，对他们不甚欢迎，有别于对待其他游客的态度。的确，嬉皮士们引发了重重疑虑，以至于印尼政府曾威胁停止为他们颁发签证，不过这样的威胁从未付诸行动②。然而尽管一些人将嬉皮士视为避之犹不及的祸害，但是另外一些人对其持正面态度。嬉皮士较之其他游客囊中羞涩不少；但是他们通常住在当地人开的民宿中，大多数人在小食肆就餐。他们的钱直接落入巴厘岛民的荷包，相比那些阔绰的游客在高级酒店和饭店的消费，最终流入当地民众手中的却少之又少。

但是，雅加达有自己的权重。20世纪80年代，苏哈托的"新秩序"政府将巴厘岛南部的努沙杜瓦地区变成了奢华的度假胜地，专门吸引更为高端的游客。豪华酒店也逐渐出现在沙努和库塔，这两处都渐渐变成游客村，为各个阶层的游客提供全方位的服务。旅游学学者米歇尔·皮卡德指出，嬉皮士造成的文化威胁逐渐消失，因为他们的数量被那些更年

---

① Bali Government Tourism Office, *Tourism Statistics 1993*, Bali Government Tourism Office, Denpasar, 1994, p. 1.

② P. F. McKean, "Pengaruh – pengaruh asing terhadap kebudayaan Bali: hubungan 'hippies' dan 'pemuda international' dengan masyarakat Bali masa kini", in I Gusti Ngurah Bagus (ed.), *Bali dalam sentuhan pariwisata*, Fakultas Sastra UNUD, Denpasar, 1971, p. 21.

长（更富有）的游客所超越①。但是库塔继续吸引着年轻的游客，沿着海滩和雷吉安路的酒吧和夜总会如同雨后春笋一般。一种全新的旅游方式蓬勃兴起，其中豪饮成为重要的组成部分。年轻的澳大利亚人尤为热衷于饮酒，许多酒吧专门做起了他们的生意②。直至最后一批嬉皮士离开时，毒品一直伴随着游客。夏贝尔·戈碧、米歇尔·莱斯利和"巴厘岛九人帮"的入狱再一次证实了巴厘岛旅游业和毒品之间的关联。其他的堕落行径也仍旧和旅游业纠结着。2010 年，一部揭示岛上男娼现象的纪录片"巴厘岛舞男：天堂里的牛郎"引发许多争论，一些评论者认为，显而易见，旅游业玷污了巴厘岛的风化。旅游方面的官员和学者再一次开始呼吁在旅游业规划的过程中，要着眼质量，而非数量。旅游业观察员艾·尼奥曼·马迪安博士甚至将那些来岛时间较短、花费较低的游客蔑称为"劣质游客"，并称其对岛上的环境造成了威胁③。旅游业对巴厘岛而言喜忧参半。一方面它带来了经济的发展，但是另一方面却造成了文化堕落，这枚硬币的正反面继续影响着巴厘岛的人民。

澳大利亚游客：友谊和悲剧

澳大利亚一直是巴厘岛最广大同时也是最坚韧的游客市场之一。1991年，143610 名澳洲人游览了巴厘岛，远远超过游客数量 87703 人的第二大旅游市场日本。食品安全宣传欠佳，恶名昭彰的"巴厘腹泻"，甚至政治和经济危机都未能在 20 世纪 90 年代削减澳大利亚游客的热情。游客数量一直居高不下，直到 2002 年 10 月，伊斯兰祈祷团的恐怖分子在库塔最热闹的夜生活场所帕蒂斯酒吧和萨丽俱乐部引爆了两枚炸弹。这两起同时发生的袭击造成 202 人死亡，其中包括 88 名澳大利亚人——创下了单个国家伤亡人数之最。袭击发生后，游客立即蜂拥而出。许多外国人争相逃

---

① M. Picard, *Bali*, 1996, p. 70.

② A. Sobocinska, "Innocence lost and Paradise regained: tourism to Bali and Australian perceptions of Asia", *History Australia*, vol. 8, no. 2, 2011, pp. 199 – 222.

③ "Badung Regency predicts 10% more tourists in 2012", *Bali Discovery News*, 10 February 2011, http://www. balidiscovery. com/messages/message. asp? Id = 7446.

离，还有一些人取消了即将来岛的度假计划。2003 年，游客数量急转直下。

然而，危机是短暂的：游客们又回来了。国际社会的支持帮助巴厘岛恢复了安全，其恢复速度超过了预期。2005 年，巴厘岛的第二次恐怖袭击造成了类似的负面影响，但是游客数量减少的局面也是短暂的。尽管澳大利亚外交与外贸部发布了言辞激烈的旅行警告，但是这并未阻挡巴厘岛旅游市场的复苏。人们对旅行警告反应不一，因为对于某些游客而言，遵循旅行警告就如同向恐怖主义者就范一般。出于各种各样的原因，涌向巴厘岛的澳大利亚人反而更多，其数量前所未有。例如 2010 年，澳大利亚的游客纪录是 647872 人，比第二大市场日本游客人数的两倍还要多。

巴厘岛的恐怖袭击为印度尼西亚和澳大利亚之间的合作开辟了新的道路，维护这一地区的和平与安全成为双方共同的利益。军事和安全方面的合作（1999 年澳大利亚参与东帝汶脱离印尼后合作被冻结）迈入了新的时代。2006 年，自从《龙目条约》签署后，澳大利亚和印度尼西亚将安全框架在情报收集、警力和军事层面融为了一体。澳大利亚政府在印尼国内打击恐怖主义的行动中给予了大量的支持。此外，澳大利亚还进一步致力于援助印尼的发展，从而使印尼超过了巴布亚新几内亚成为获得澳大利亚对外援助和发展援助最多的国家。

在个人层面，印度尼西亚人，尤其是巴厘岛人和澳大利亚人的关系也进入了一个新的阶段。澳大利亚游客除了经济价值以外还取得了情感价值。这种新关系的精神从这张手写信息中得到充分的展现。这条信息落款是三名澳大利亚人"歌莉娅、约翰和朱迪"，写于 2002 年爆炸事件之后，悬挂于萨丽俱乐部的废墟上：

> "日出日落。我们将铭记所失去的一切，也深知恐怖主义最终邪不压正。巴厘—澳大利亚：友谊地久天长。"

这种共患难的经历所造就的情感纽带在规划"和平纪念公园"的过程中得到更为正式的体现，公园将落成于萨丽俱乐部旧址对面的一小片空地上。这项计划的支持者们表示，这座公园将代表共同的记忆，象征着国际友谊①。在巴厘岛爆炸一周年之际，印度尼西亚和澳大利亚政府联合树立了巴厘岛爆炸纪念碑，当时的澳大利亚总理约翰·霍华德出席了落成典礼。这座公园也成为纪念活动的一部分。每一年，巴厘岛人和澳大利亚人以及世界各地的人们来到纪念碑下，寄托哀思，在同悼悲剧的过程中巩固了恐怖袭击形成的情感纽带。

然而，这样的关系中也出现过重重危机。许多澳大利亚人因为涉毒罪名被捕入狱成为焦虑猜忌的源头。有关首个也是最广为人知的被告人夏贝尔·科碧的报道铺天盖地，充斥着偏执的恐惧，唯恐同样的指控会降临到任何一个在巴厘岛度假的澳大利亚人头上。澳大利亚的媒体普遍比较支持科碧，认为她是无辜的。某些更为戏剧化的报道甚至暗示印度尼西亚人靠不住，并且呼吁抵制巴厘岛，以互动电台中的播报尤甚。印度尼西亚媒体则对澳大利亚的利益尺度非常好奇，不过印尼媒体虽然并未一味为自己的国家辩解，但其立场依然不甚明朗，讳莫如深。尽管媒体一片狂潮，但是完全未对澳大利亚有任何指摘②。

怀恨在心？

巴厘岛民们一向彬彬有礼。他们将游客们称为"塔木"（*Tamu*），在当地语言中意为"客人"：到访者要得到敬重和尊崇。热情好客要遵循复杂精细的准则，受到社会、宗教和文化的规范，因此许多巴厘岛民并不公开质疑"客人"们的价值观。每当外国人试图让巴厘岛民谈论旅游业的负面影响——例如暗示旅游业威胁到岛上的自然环境，或是旅游业妨碍了岛民的生活传统时，他们总是报以宽慰的笑容，反驳道："巴厘岛人民热爱游客们，很乐于欢迎他们到来。"这并不是口是心非。巴厘岛是印度尼西亚共和国最富有也是最发达的地区，这里的繁荣很大程度上得益于旅游

① M. Tumarkin, *Traumascapes: the power and fate of places transformed by tragedy*, Melbourne University Press, Carlton, 2005; J. Lewis and B. Lewis, *Bali's Silent Crisis: desire, tragedy and transition*, Lexington Books, Lanham, MD, 2009.

② K. Sen, "The trail of Schapelle Corby", *Australian Journal of Anthropology*, vol. 17, no. 1, 2006, p. 74.

业。这项产业不仅增加了岛上的投资量，而且还创造了就业机会，是岛上贫困率日益降低的一个主要因素①。许多当地人真心诚意地相信旅游业带来的利益远远超过了其负面影响。

但是，巴厘岛民如果声称对于旅游业没有任何怨言，则是不诚实的；只不过这些不满的表达方式非常微妙。20世纪80年代，古鲁·苏加诺布德拉有一首歌曾经风靡一时，最近再次广为传唱，歌曲的名字叫作"把我的巴厘岛还给我"。2002年爆炸事件之后，为了重新吸引游客前来，作为宣传活动的手段之一就是在岛上四处树立标语，称"巴厘岛属于全世界"。这令当地人感到不快：他们认为巴厘岛也应该是属于自己的②。诚然，这样激烈的反应究其原因可以归咎为不满巴厘岛在印度尼西亚国内的地位，但是旅游业这个大背景不容忽略，其中澳大利亚人的影响尤为突出。巴厘岛民能够辨认出热衷于日光浴、冲浪、豪饮和派对的澳大利亚游客，同时也注意到不计其数、无处不在的文化渗透。在印尼语中，库塔被一语双关地称为"澳洲游客镇"，或者"澳洲殖民地"。事实上，在巴厘岛民的眼中，库塔是一个国际村，而并非巴厘岛的村镇，意味着这里已经失去了本土身份。

通过文学和小说，巴厘岛民们对于游客和旅游业的态度可见一斑。自从20世纪70年代以来，外国角色时常成为巴厘岛长短篇小说中的一项特色③。一系列西方和亚洲的游客，包括德国人、美国人、荷兰人和日本人，都曾出现在巴厘岛的文学作品中，但是出现频率最高的仍然是澳大利亚人。最典型的情形是游客成为一场跨国之恋的主角。一位澳大利亚游客度假时邂逅一位巴厘岛人，二人坠入爱河。在发表于20世纪七八十年代的故事中，这样的亲密关系不过是一段短暂的风流韵事，仅维持在签证的有效期内④。近年来，这种关系被描述得更为浓烈和持久，二人被塑造成心有

---

① I. N. D. Putra and I. G. Pitana, *Pariwisata Pro - Rakyat*: *Meretas Jalan Mengentaskan Kemiskinan di Indonesia*, Kementerian Kebudayaan dan Pariwisata, Jakarta, 2010, pp. 46 - 47.

② M. Hitchcock and I. N. D. Putra, *Tourism*, *Development and Terrorism in Bali*, Ashgate, Aldershot, 2007, p. 125.

③ "Balinese writer" is a problematic term, but here refers to writers who are Balinese by ethnicity, regardless of where they work and live, and non - Balinese who choose to live and work in Bali.

④ D. Sabdono and B. Danujaya, "Kisah Cinta Seumur Visa", in P. Kitley, R. Chauvel and D. Reeve (eds), *Australia di mata Indonesia*: *Kumpulan artikel pers Indonesia 1973 - 1988*, Gramedia, Jakarta, 1989, pp. 163 - 167.

灵犀的灵魂伴侣，而非一对随意的露水夫妻。然而没有一对情侣终成眷属，像传统巴厘岛爱情故事中的人物那样获得善终。通常情况下，来自澳大利亚的人物角色总是英年早逝（枉死于横祸），二人生死相隔，使之不能完全融入巴厘岛的生活。

这种避免通婚的结局有悖于社会现实。巴厘岛人和西方人之间的结合是司空见惯的，而且很多跨越种族的伴侣都能被巴厘岛的社会所接受。几段早年间的婚姻，例如巴厘岛的舞者妮·波洛克和比利时画家勒迈耶，妮·蓉德吉和西班牙画家唐·安东尼奥·布兰科，伉俪深情都通过艺术博物馆流芳于世：沙努的勒迈耶艺术馆和乌布的布兰科复兴博物馆。一对著名的当代伉俪，克图特·苏阿达那和他的来自澳大利亚的妻子珍妮特·德·妮菲，已经结婚快二十年了，在乌布成功地经营着以游客为中心的生意，包括一年一度的"乌布作家与读者节"①。小说中对于澳大利亚人和巴厘岛人浪漫关系的描述，并非反映现实情况，而是天马行空般充满象征色彩。通过这些作品，我们能够更多地了解到巴厘岛人民对旅游业在岛上所形成的经济、环境、社会和文化等方方面面的影响作何反应。

巴厘岛上的黑魔法

第一部描述澳大利亚游客和巴厘岛民情感纠葛的小说是 1978 年普特拉·玛达所著的《狂笑的巫灵》②。在这部小说问世前，普特拉·玛达曾在畅销杂志上发表过几篇短篇小说；《狂笑的巫灵》是他的一部开山力作。该书在巴厘岛拥有广大的读者群，其中很多人都是被书中对"巫灵"的细致描写所深深吸引。"巫灵"是会施黑魔法或从事巫术的人；正如小说中所说，他们是"能够使用一些具体的知识，让自己变为其他事物"的人。这样的巫灵能够变身为许多形态：妖魔，猴子，猪，火球，甚至是没有身体的人类。在巴厘岛传统文化中，巫灵嗜血邪恶，会将毁灭性的力量降临到无辜的人身上；他们是不言而喻的公敌。

---

① J. De Neefe, *Fragrant Rice: my continuing love affair with Bali*, HarperCollins, Pymble, NSW, 2003.

② P. Mada, *Liak Ngakak*, Selecta Group, Jakarta, 1978.

图 1　普特拉·玛达，《狞笑的巫灵》封面，Selecta 出版集团，雅加达，1978 年

　　玛达小说的主人公名叫凯西·迪恩，来自澳大利亚，想要了解关于巫灵的事情，然后写一本书，向全世界揭示这个秘密。尽管凯西年仅二十岁，但是她已经在非洲学习过伏都教的巫术，也在澳大利亚和爪哇岛学过印尼语。在巴厘岛，凯西结识了一位当地男子，叫作普萨卡·马恩德拉。作为一名水手，他曾到过印尼东部一些与世隔绝的岛屿，也有一颗热爱冒险的心。与大多数巴厘岛的故事一样，这位西方的女子貌美惊人，很快普萨卡就拜倒在她的石榴裙下。当他第一次见到凯西时，惊为天人，瞠目结舌，而他的心告诉自己"她太美丽了"，因此普萨卡和凯西的友谊很快就发展成为爱情。

　　《狞笑的巫灵》是第一部将西方游客作为主角的巴厘岛小说，同时首次通过小说中的人物来表达对巴厘岛旅游业所造成影响的疑虑。小说中包含了许多对嬉皮士的负面评价，例如当凯西和普萨卡在计划观光出行时，他们说了下面的话：

> 我受够了，再也不想看到留着长发的男人，一副女里女气的样子；也不想看到脏兮兮的女人，穿着皱巴巴、臭烘烘的衣服。那么我们到努沙杜亚海滩，怎么样？
>
> 有时候那里也会有一两群嬉皮士呢①。

凯西本人就是西方游客，由她表达对西方游客的负面评价不会显得无礼或不友好。对于游客言辞最为激烈的评价顺理成章地出自她之口：她一度曾将嬉皮士比作巴厘岛美丽脸庞上的疥疮疙瘩。凯西和普萨卡想不出有哪一片海滩不曾被嬉皮士所污染，于是他们决定去百度库，一处凉爽的内陆山区。在那里，他们泛舟、滑水，度过了美好的一天，但是这样愉快的心情也被蒙上了一层焦虑的阴影：恐怕很快就要失去这片净土了。环顾四周，普萨卡惆怅地叹道，一旦嬉皮士们"发现"了此处，这里的美丽和平静将一去不复返。他接着将话题扩展到全国范围，说道："其实印度尼西亚政府已经禁止他们入境了，"但是"实际上他们总有办法溜进来"。这样的评价包含了好几层含义。表面上看来，它将凯西从其他游客中分离出来，只有她一人强烈地渴望完全沉浸在巴厘岛的文化和生活中。然而在更深刻的层面，它使得对旅游业更强烈的抨击成为可能。

尽管印度尼西亚政府试图禁止嬉皮士以及其他"不受欢迎的游客"入境，但事实上印尼政府正是巴厘岛大众化旅游发展的主要推动者。在苏加诺和苏哈托两任政府期间，旅游业都是印度尼西亚发展规划中的重要支柱。许多巴厘岛人不愿批评"新秩序"政府。1965 年的"反共清洗"中，十万巴厘岛人惨遭屠杀②，人们对此记忆犹新，而这一点连同其他国内政策，无疑压制了批判的声音。旅游业还得到了国际利益团体的支持。世界银行承保了乌拉莱国际机场和巴厘海滨酒店的修建；20 世纪 80 年代位于努沙杜亚的建筑也得到了多边发展机构的支持。国际资本是更具权势的利

---

① "Memualkan. Aku selalu mual melihat laki‐laki gondrong yang kebetina‐betinaan. Sama mulanya（sic. mualnya）kalau melihat wanita dekil yang berpakaian kusut dengan bau amis. Bagaimana kalau kita mengunjungi pantai Nusa Dua？" "Kadang‐kadang di sana juga terdapat satu dua kelompok hippies". （p. 101）

② A. Vickers, *Bali: a paradise created*, p. 172.

益方。面对体制化的力量，普通巴厘岛民的批评轻易就可被噤声。因此在文学作品中通过西方人物表达对岛上变化的不同意见，是巴厘岛人提出批评的一种有效方式。

《狞笑的巫灵》风靡一时，1981 年被改编为电影《巴厘岛之谜》。同小说一样，这部电影也空前成功。同样，一部分吸引力也是来自于电影对于"巫灵"的描写。将巫灵的故事纳入表演艺术并不少见——的确，大部分的巴厘岛舞剧和戏剧都包含有黑魔法的元素——但是"巴厘岛之谜"却是第一部细致表现黑魔法的现代电影。影片的另外一个可取之处是它颇具策略性地对旅游业，尤其是对巴厘岛传统文化的威胁所展开的批判。

凯西亲自演练巫术以及她出书的计划所带来的威胁感体现了西方侵入巴厘岛文化这一主题。在小说和电影中，凯西的美貌和活泼蒙蔽了普萨卡，因而他协助凯西接触了黑魔法。他帮助凯西在沙努找到了一位大巫当师傅，而沙努正是由于邪恶的力量而闻名于全岛。巫术并非一种能够公开谈论的知识；黑魔法更是秘而不宣。身为外来者，凯西自己是无法触及这个秘密的。但是在普萨卡的帮助下，她终于找到了一位能够引导她的女祭司。凯西的富有也使她的入门仪式成为可能：因为其中一项必不可少的仪式需要七颗钻石，但是不同于众多巴厘岛人，这笔开销对凯西来说不构成障碍。很快，凯西就能够变身为巫灵，转换为各种形态：火球，鸟，以及猪。在继续学习的过程中，她渐渐不需要普萨卡的帮助了。在协助西方女子发掘了巴厘岛文化的秘密之后，普萨卡发现自己遭到了排斥；他只能眼睁睁地看着凯西将巴厘岛古老的秘密操纵于自己的股掌之间。玛达通过描写凯西的练习，明确表示她已经完全掌握了巫术：

> 我感到我坐在闪耀的火球上，但是我一点儿也没感觉到烫。更为神奇的是我能够随心所欲地控制它。我能让它向前，向后，向上，向下，飞旋环转，基本上全由我掌控[①]。

经过八个晚上连续不断地练习，凯西告诉普萨卡接下来的晚上将是最

---

① "Rasanya aku duduk di atas sebuah bola api yang berpijar namun aku sama sekali tidak merasa kepanasan. Yang lebih ajaib lagi bola api itu dapat kukendalikan sesuka hatiku. Bisa kuatur maju mundur, naik turun, terbang, meluncur, menukik, pokoknya bergantung sepenuhnya kepada kemauanku". (p. 133)

后一夜。她已经学得差不多了；现在她已经能够写她的书了，她将通过此书将巫术的秘密公之于世。普萨卡很高兴凯西终于要回到他身边了，但是工作任务突然将他召离。他满怀遗憾地对她说自己不能目睹她最后一场学习仪式，不过他将于两周之后返回。然而在沙努，出人意料的事情发生了。凯西和她的师傅最后一晚变身成了猴子，但是一场暴风雨骤然来袭，卷走了她们恢复人形所必需的神龛。变身后的巫师是无法在阳光下生存的：如果凯西找不回神龛，她将在太阳升起时死去。然而与此同时，同一场风暴延误了普萨卡的行程，当他回到沙努的时候，只看到凯西和女祭司在初升的太阳下化为了灰烬。

格莱德文曾做过有关印度尼西亚恐怖电影的研究，他指出这一情节有别于此类电影的常态。印度尼西亚的观众通常会希望看到女祭司灰飞烟灭，而凯西会侥幸逃生[①]。这部电影背离了这样的情节设置，标志着其与众不同之处：这不仅仅是黑白魔法之间的争斗，而且还探讨了关于保护巴厘岛文化、使其免遭外来侵入的权力这一问题。凯西的死不仅是因为她染指邪灵，而且还因为她企图向外国的读者揭示巫灵的秘密。

尽管凯西因为希望向外输出巴厘岛文化而丧命，但是《狞笑的巫灵》一书实际上成了向新一代的巴厘岛人传输"巫灵"传说的载体。该书详细描写了凯西的学习过程，成为当时对"巫灵"最准确详尽的书面解释；此外，"巫灵"在电影版本中所呈现的形象也是影片票房成功的一个主要原因。研究旅游业的学者们，包括阿德里安·维克斯以及米歇尔·皮卡德，曾经指出尽管旅游业引发了对文化堕落的恐慌，但是实际上它却强化了巴厘岛的文化，因为它提供了一个迫切希望了解传统艺术形式的观众群体[②]。《狞笑的巫灵》复制了这一悖论。凯西对传统巴厘岛知识的热忱感染了普萨卡；结果小说的读者和电影的观众也对"巫灵"产生了新的看法。但是这种振兴含有一定的风险因素，西方人在从巴厘岛民们手中争夺对传统的控制权，从而带来了威胁。《狞笑的巫灵》绝不是一部无关紧要的娱乐作品，而是对国际旅游业为巴厘岛带来的矛盾影响的一种冥思。

---

① S. Gladwin, "Witches, spells and politics: the horror films of Indonesia", in S. J. Scheneider (ed.) *Fear Without Frontiers: horror cinema across the globe*, FAB Press, UK, 2003, p. 223.

② A. Vickers, *Bali*; M. Picard, *Bali*.

爱恋和恐惧

2002 年和 2005 年巴厘岛爆炸事件后，巴厘岛和澳大利亚的关系跌宕起伏，各种情感错综复杂。另外一部反映澳大利亚游客和巴厘岛人的爱情小说与这一变化产生了共鸣，这就是诺由曼·曼达 2007 年的小说《永世不嫁》[①]。曼达是最为著名也是最为高产的巴厘岛当代作家，曾出版了一系列诗歌、戏剧、短篇和长篇小说。由于他对发展巴厘岛语言以及现代巴厘岛文学做出杰出的贡献，1998 年他获得了享誉印尼的"兰卡奇文学奖"。

《永世不嫁》所讲述的故事展开于巴厘岛旅游业蓬勃发展的背景之上，2002 年的恐怖袭击事件推动了情节的高潮。这部小说由 2002 年爆炸事件不久后出版的短篇小说集《库塔悲剧故事集》中的一篇拓展而成。在这部小说中，澳大利亚旅行作家约翰·派克最近旅居于巴厘岛。他作品颇丰，每周都有特稿见诸澳大利亚的报纸和杂志。然而与玛达的《狞笑的巫灵》不同，曼达却并没有因为派克广为传播巴厘岛的知识而对他持批判态度，相反，曼达对他向澳大利亚游客推广巴厘岛文化魅力的做法赞誉有加。在发展大众旅游业时，对游客侵入巴厘岛文化的担忧被另一种恐惧的心理所取代，也就是游客们完全不再尊重巴厘岛的文化传统，而仅仅是希望在沙滩上或是在库塔的酒吧里度假。派克起到了从中斡旋的作用，不光是要吸引游客来消费，而且要向游客传授有关巴厘岛文化的知识，这一点使他契合了 21 世纪旅游叙事文本中的主人公形象。

约翰·派克与一位巴厘岛女子璐·莎丽或莎瑞塔成了朋友。她是乌布的小商贩，也做临时的导游。莎丽熟练掌握了好几门外语，包括英语、日语和法语。她是约翰的帮手，为他提供巴厘岛文化、宗教和表演艺术的相关信息。莎丽想要提高自己的英语，而约翰很希望跟她学习印度尼西亚和巴厘岛的语言。小说中，约翰的语言学习进步很快，借此证明他对巴厘岛和印度尼西亚真心实意地投入。莎丽和约翰渐渐互生情愫，约翰还起了一个巴厘岛的名字，叫玛迪·柯苏玛，这是他融入当地的象征。之后就是巴

---

①　I. N. Manda, *Depang Tiang Bajang Kayang-kayang*, Pondok Tebuwetu, Gianyar, 2007.

厘岛文学作品中常有的桥段，当莎丽受到当地一位精通武术的流氓骚扰的时候，约翰英雄救美。对于巴厘岛的观众而言，这种情节设置的作用是证明约翰有多么在乎莎丽，而此事进一步增进了他们的感情。

　　的确，约翰深爱着莎丽以及她的故乡，情深意切，以至于他亲口表达想要成为巴厘岛人的愿望。为了说明约翰深谙巴厘岛的风俗，约翰挑选了一个吉日，郑重其事地来到莎丽家提亲。他意味深长地表示莎丽即使嫁给西方人，也不会遗失自己的文化传统：

> "莎瑞塔，你愿意来澳大利亚吗？"他紧紧搂着她，轻抚着她的脸颊。
>
> "我愿意，不过我不想一直待在澳大利亚。"她把手放在他的颈后，愉悦地回答。
>
> "我们先在那里举行一场婚礼，然后回到巴厘岛。"
>
> "然后举行一场巴厘岛的婚礼，你说你会继续用（你的巴厘岛名字）玛迪·柯苏玛。"①

　　尽管二人的跨国恋情意绵长，但是灾难却不期而至。2002 年 10 月 12 日，就在即将举行婚礼的前几天，约翰到库塔去跟一位刚从澳大利亚抵达的记者朋友会面，之后两人来到了萨丽俱乐部。那天晚上，他在恐怖袭击中丧生，遗体一直未能找到。莎丽陷入了深深的绝望，发誓永远忠于约翰，至死不渝，永不再嫁。

　　虽然小说中融入了当代的恐怖主义问题，但是《永世不嫁》依然延续了《狞笑的巫灵》所树立的避免异族通婚这一传统②。这一模式在其他文学作品中也得到了体现。在尼古拉·帕苏拉 1986 年的短篇小说《纪念碑》中，一位澳大利亚学生立下誓言，要回到巴厘岛与她的男友成婚，但是却在一次空难中丧生③。在葛德·阿炎塔·苏塔玛 2002 年的短篇小说《死于

---

① "Sarita tidak mau ke Australi?" sangetanga geluta lan arasa pipine.
"Mau…tapi tidak mau menetap di Australi," ia menying ngelut baong gelane. "Kita upacara du-lu di sana, sudah itu kita kembali ke Bali". "Dan upacara seperti perkawinan orang Bali, kat-anya Beli akan terus memakai nama Made Kusuma". (p. 49)

② I. N. D. Putra, *A Literary Mirror: Balinese reflections on modernity and identity in the twentieth century*, KITLV Press, Leiden, 2011, pp. 241 – 265.

③ I. G. N. Parsua, "Tugu Kenangan" in Ngurah Parsua, *Anak – anak*, Balai Pustaka, Jakarta, 1987, pp. 48 – 56.

乌布的美国女孩》中，主人公死于一场枪击事件，因而未能与巴厘岛的情人成婚①。这样的情节设置一再出现，说明巴厘岛的作家们不愿在小说中考虑异族通婚的观念，尽管在巴厘岛社会中，通婚的现象司空见惯。将这些文学作品综合在一起，就会发现这样的叙事表达了一种强烈的渴望，就是将游客排除在巴厘岛社会与生活最亲密的空间之外，也代表了不愿异族继续沾染巴厘岛文化的一贯愿望②。

天堂和恐怖

这些小说中，外国人物的恐怖死法也为巴厘岛天堂一般的旅游形象蒙上了一层阴影。正如历史学家阿德里安·维克斯所表明的那样，这种天堂乐园的形象一成不变，从 20 世纪 30 年代开始就吸引着海外游客来到巴厘岛③。然而这样的形象是外人强加给巴厘岛的，与巴厘岛普通老百姓的日常生活经历毫无瓜葛，也与岛上动荡不安甚至有时血腥暴力的历史相去甚远。巴厘岛的小说家们将美丽的景色和恐怖的场景并列呈现，打破了天堂的形象，暗示着岛上更为复杂多样的现实生活。在《狞笑的巫灵》一书中，对美丽的海滩、恬静的湖泊等旅游胜地的诗情画意的刻画中，穿插着恐怖骇人的情景。凯西在成为巫灵的过程中，经历了一系列异常血腥暴力的入门仪式。在小说中，她为女祭司大巫师提供血祭，她的这位师傅贪婪地饮下了鲜血；电影中的恐怖元素更胜一筹，凯西把自己的头颅作为贡品，而她无头的身躯还在一位孕妇分娩的时候吸食她的鲜血。

巴厘岛的作家们对恐怖事件的描述逐渐转向现实主义风格。外国人被夺去性命的方式——枪击、空难，以及恐怖袭击——暴力依旧，但是与 20 世纪、21 世纪巴厘岛的社会背景相切合。在库塔的恐怖袭击之后，曼达所描绘的满目疮痍的景象，模糊了小说中的恐怖和当代现实之间的界限。世界各地报纸的头条都引用弥尔顿的《失乐园》来报道巴厘岛的爆炸事件。外国人对巴厘岛天堂形象不切实际地塑造，与岛上的现实生活之间相互作

---

①　I. G. A. Soethama, *Wanita Amerika Dibunuh di Ubud*, Arti Foundation, Denpasar, 2002.

②　I. N. D. Putra, *A literary Mirror*.

③　A. Vickers, *Bali*.

用着继续吸引着巴厘岛的作家们，而随着一系列危机的出现，人们喜闻乐见的巴厘岛的天堂形象日益扑朔迷离，使得上述的艺术呈现愈发复杂多变。

旅游业对巴厘岛生活的方方面面产生影响，但是面对发生在身边的巨大转变，巴厘岛民众却基本无法表达真实的感受。细读巴厘岛的文学作品，从中可以看出他们面临潮水般涌来的游客时的种种反应——特别对来自澳大利亚的游客，他们自从 20 世纪 70 年代以来就开始选择来岛上度假。旅游业大步流星地发展速度激发了充满矛盾的回应。起初，忧虑来自于巴厘岛的文化面临着西方的侵入，之后又杂糅了与之对立的焦虑，担心游客们会无视巴厘岛的传统文化，直奔海滩而去。旅游业为巴厘岛带来许多益处，巴厘岛民们无法不欢迎海外的"客人"们，但是旅游业也夹带着内在的威胁，作者们只能以无情但是却越来越贴近现实的手段将书中人物除之而后快。当外国游客询问巴厘岛人对旅游业的态度时，岛民们脸上挂着的礼貌微笑并非不是发自内心，但是就如同他们的文学作品一样，他们对旅游业的本质抱有深刻的矛盾心理。

（窦薇　译）

中国谜题

澳大利亚的亚洲观

同床异梦

马克·费南*

在中澳关系的史话中，曲折的外交关系史必将是浓墨重彩的一笔。1949 年新中国成立后，澳大利亚一直延宕承认共产党领导的新政权。倘若要考量两国的现代外交史，这一点总是难免如鲠在喉①。直到 1972 年 11 月，惠特拉姆领导的工党政府才一举打破"冷战"政治的坚冰。成长于"冷战"时期的几代人，目睹了 20 世纪 70 年代澳大利亚与中国"重修旧好"的历程，因而他们对于民国时期澳中关系所历经的漫漫长路，难免会有些兴味索然。然而越来越多的研究成果不断涌现，使得早期的外交史得以重现其丰富、厚重的意味，并且促使我们去重新思考雪莉·詹妮佛·林在本书中所提到的澳大利亚国民性在一定程度上是在"与中国人交往或排

---

* 马克·费南（Mark Finnane），格里菲斯大学卓越治安与安全研究中心研究员，目前的研究重点是澳大利亚历史中对于暴力的应对。他对于曹文彦的研究来源于他的有关澳大利亚法官及犯罪学家传记《J. V. 巴瑞的一生》（2007）。

① H. S. Albinski, *Australian Policies and Attitudes Toward China*, Princeton University Press, Princeton, 1965; D. Lee and S. R. Doran（eds）, *Australian and Recognition of the People's Republic of China, 1949 – 1972*, Documents on Australian Foreign Policy Series, Department of Foreign Affairs and Trade, Canberra, 2002; E. M. Andrews, *Australia and China: the ambiguous relationship*, Melbourne University Press, Carlton, 1985; E. S. K. Fung and C. Mackerras, *From Fear to Friendship: Australia's policies towards the People's Republic of China, 1966 – 1982*, University of Queensland Press, St Lucia, 1985.

华过程中形成的"①。

　　在本文中，笔者将通过研究某种特定的文化外交之作用，借以恢复澳中历史上的一段外交往来的原貌，而此前它几近被湮没在战后国际时局的乱象里和中国政权重大更迭的动荡中。在太平洋战争战火蔓延、澳大利亚国家前途攸关的时期，中国外交官曹文彦先生先后出使澳大利亚三座城市。他将对外宣传作为一种外交手段发挥得淋漓尽致，在其演说和发表的作品中有意识地以塑造国家形象为己任，将中国呈现为历史悠久、文化深厚、幅员辽阔的国家，并正在以飞速的现代化水平谋求跻身于世界领先国家之林。时值亚太地区局势日益恶化，澳大利亚正在为自身同亚洲的关系而焦灼不安，因此曹文彦的外交筹略针对的正是澳大利亚人群中的无知、冷漠和敌意等情绪。

　　20世纪早期中澳外交史的形成背景是两国对比鲜明的宪政情况。自清朝晚期到二战之后，中国的政府极不稳定。民国时期的中央政府竭尽全力力图重树权威。然而面临日本日益强大的国际影响，中国实力却日渐衰微，在"维也纳会议"上，日本获得了山东半岛的托管权，中国公然受辱，其国象虚空可见一斑。直到二战即将结束时，西方公民在中国所享受的治外法权仍是中国主权受限的另外一项标志，中国人对此无不义愤填膺。尽管处处受到掣肘，但是中国政府在国际上仍以主权国家的形象示人，向外派驻大使和领事，在外代表其利益并处理侨民事宜。相反，由于澳大利亚仍然是大英帝国的领土，因此直到1939年，除了驻伦敦之外，澳大利亚在其他国家和地区的独立外交代表数量十分有限。截至1940年，此前的三十年，中国对澳大利亚的外交持续发展，颇具规模。而在此期间，除了一位临时的贸易专员外，澳大利亚在中国没有设立任何正式的代表处。甚至在1941年弗雷德里克·艾格勒斯通爵士被任命为第一任澳大利亚

---

① Most recently, see J. Fitzgerald, *Big White Lie*: *Chinese Australians in white Australia*, UNSW Press, Sydney, 2007; R. Ganter, J. Martinez and G. M. Lee, *Mixed Relations*: *Asian - Aboriginal contact in North Australia*, University of Western Australia Press, Crawley, 2006; M. Lake and H. Reynolds, *Drawing the Global Colour Line*: *white men's countries and the question of racial equality*, Melbourne University Press, Carlton, 2008; D. Walker, *Anxious Nation*: *Australia and the rise of Asia 1850 - 1939*, University of Queensland Press, St Lucia, 1999; S. Brawley, *The White Peril*: *foreign relations and Asian immigration to Australasia and North America*, UNSW Press, Kensington, 1995.

驻华公使之后，两国外交活动的不平衡性仍令人愕然——艾格勒斯通由两
到三名人员辅佐，而同期中国驻澳大利亚的外交人员至少有二十四人①。

在 20 世纪 30 年代如履薄冰的国际环境中，中国驻澳大利亚使团肩负
两项任务：一是就日本侵华一事争取澳大利亚对华的支持；二是敦促澳大
利亚建立驻华外交机构。除了这些较高级别的目标之外还辅以日常的外交
工作，例如保护在澳华人的利益，因为其权益时常被"白澳政策"所损。
高级别的中国外交官通常会私下里或偶尔在媒体上要求澳大利亚在海关和
移民程序上做出改变，从而维护从中国驶往澳大利亚的船只上的乘客之尊
严②。日益恶化的国际局势使得中国的外交官们面临着抉择。当他们为中
国的"抗战"事业而努力争取澳大利亚政治家、舆论导向以及普通大众的
支持的时候，"白澳政策"的问题就显得无足轻重了。尽管日本 1933 年退
出"国际联盟"，但它依然同太平洋的邻国们保持着高级别的双边关系，
其中包括美国和澳大利亚，这种情况一直持续到 1941 年的"珍珠港事
件"。澳大利亚一方面希望加强贸易关系，一方面又忌惮长期以来日本帝
国扩张的野心，这两股相左的力量成为澳大利亚支持中国"抗战"事业的
障碍③。杰克·谢泼德在 1939 年为太平洋关系学院所做的研究《澳大利亚
的利益及其远东的政策》中，精准地捕捉到这一矛盾，他极富洞察力地写
道："'国联'让澳大利亚自己决定要采取什么行动来帮助中国或是阻止日
本，但是澳大利亚政府决定袖手旁观。"④

---

① E. M. *Andrews*, *Australia and China*, chs. 2 – 3; S. Brawley, *White Peril*, pp. 176 – 182;
D. Goldsworthy (ed.), *Facing North*: *a century of Australian engagement with Asia*, Melbourne
University Press, Carlton, 2001, pp. 85 – 95.

② "Consul General for China. Complaint re Immigration Laws (Illegal entry of Chinese)"; NAA: A1
(A1/15), 1937/10256, M. Finnane, "National security and immigration in Australia's twentieth
century history", *Australian Policy and History*, April 2010, http: //www. aph. org. au/files/arti-
cles/nationalSecurity. htm, accessed February 2012.

③ For the context, see especially E. M. Andrews, *Australia and China*; L. Strahan, *Australia's
China*: *changing perceptions from the 1930s to the 1990s*, Cambridge University Press, Cam-
bridge, 1996; J. Fitzgerald, *Big White Lie*. For Australia and Japan see this volume and
D. Walker, *Anxious Nation*; N. Meaney, A *History of Australian Defence and Foreign Policy*,
1901 – 1923, vol. 2: *Australia and worlds crisis*, *1914 – 1923*, University of Sydney Press,
Sydney, 2009; N. K. Meaney, *Fears and Phobias*: *E. L. Piesse and the problem of Japan*,
1909 – 1939, National Library of Australia, Canberra, 1996.

④ J. Shepherd, *Australia's Interests and Policies in the Far East*, 1940, AMS Press, New York,
1978, p. 79.

1936 年，曹文彦就是在这样的历史环境中临危受命，被派驻到中国驻悉尼领事馆出任领事。曹文彦全情投入，以塑造澳大利亚人眼中的中国形象和学习澳大利亚之所长为己任。在这项任务中，他的作用跟此前的一位更有影响的造访者略有不同。梁启超曾在联邦成立之时来到澳大利亚，学习澳大利亚政治和社会的先进之处，并欲将之用于振兴中华的伟业[①]。然而梁启超并非官方来使，他自认为自己的作用主要是帮助流散海外的华人。但是外交官的作用更为繁杂，一方面要保护在澳华人的权益，另一方面还要以己为媒，让澳大利亚受众了解中国。

曹文彦在澳期间，除了秉任常务外交工作，出席众多宴会、社团活动、教会和社区的联络活动外，还需在各种会议上代表中国政府和民众。然而不同于其他外交同僚，他还倾心致力于"以文促政"，因而笔耕不辍，其文常见报端，不仅就周边的世界表达个人看法，而且旗帜鲜明地以提升澳大利亚人对中国文化、社会和政治的了解为己任，因为在当时的澳大利亚社会中，中国在这些方面的影响被完全阻断和排除。尽管当时社会对这些信息的接受度一片渺茫，前景黯淡，但他依然不辞劳苦，将一切重任揽于一身。1954 年，另一位激进的外交官——印度高级专员卡里阿帕将军——公开对"白澳政策"提出质疑，若是将其引起的社会效应与当年曹文彦外交策略的效果相比较，不难看出他在十多年前所受的掣肘[②]。20 世纪 30 年代末期，曹文彦外交策略的局限性以及他不失时机地宣扬中国社会成就、希望提升澳对华尊重的迫切程度，均说明当时外交艺术的确需要非凡的创造力。

"全方位提升中澳关系"[③]

1936 年 11 月，曹文彦携夫人和两名年幼的孩子抵达悉尼。悉尼的媒

①　J. Fitzgerald, *Big White Lie*, pp. 100 – 125.

②　D. Walker, "General Cariappa encounters 'White Australia': Australia, India and the Commonwealth", *Journal of Imperial and Commonwealth History*, vol. 34, no. 3, 2006, pp. 389 – 406.

③　The Consul – General Dr Pao describing the object of the new Consular Office in Melbourne, *The Argus*, 17 May 1939, p. 1.

体对他们报以热烈欢迎，这似乎并不仅仅是因为曹夫人气质非凡，善于交际——她亮相之初就因为从容优雅而备受关注，此外她就"中国女性地位已不同以往"所发出的言论更是让人耳目一新①。这种地位的变化是中国现代化的标志，而开此先河者正是颇具影响力的"宋氏三姐妹"。姐妹三人中最年轻的宋美龄已成为蒋介石夫人。20 世纪 30 年代晚期，他们的传奇故事在澳大利亚的报纸上被大肆渲染，诸如"塑造中国命运的三姐妹"等，几乎使小说中的浪漫故事都相形见绌②。无论如何，1938 年 2 月，在"澳大利亚150周年纪念理事会"的资助下，"世界妇女大会"在悉尼召开，蒋夫人的发言在会上宣读，凸显了其作为中国追求和平、抵抗日寇入侵的代表地位③。这样的文化和政治主张更广泛地得到领事界的拥戴。

曹氏一家雷打不动地成为悉尼（后来墨尔本和珀斯）外交和社交鸡尾酒会上的常客④。曹文彦更为官方的职责是驻悉尼的副领事，在任期间他成为澳大利亚中国文化和政治利益的大力支持者。在他任职于悉尼的三年里，曹文彦在多种场合和集会中频繁演讲，支持中国抗日伟业，并出席为中国战争难民和受害者筹款的募捐大会。1937 年以来，日本加剧了在中国境内的军事扩张，使得曹文彦的任务更为紧迫。他强调主权国家有权反对

① *Sydney Morning Herald*, 17 November 1926, p. 17; 20 November 1936, pp. 3, 10; 26 November 1960, p. 19.

② *Mercury*, 23 September 1937, p. 8. Syndicated extracts of John Gunther's *Inside Asia* in 1939 focused on the "song of the Soongs": *Courier Mail*, 14 June 1939, p. 3; 17 June 1939, p. 4.

③ Madame Chiang Kai – shek, "To world's women", in C. J. Pao, *A century of Sino – Australian Relations*, John Sands, Sydney, 1938.

④ See *Sydney Morning Herald*, 24 December 1936, p. 4; *The Argus*, 17 July 1939, p. 13; *West Australian* 1 October 1942. I have relied mainly on the currently available digitized Australian newspapers for tracing Tsao's Australian career—these, primarily the *Sydney Morning Herald* and *The Argus*, include more than 120 cuttings relating to Tsao 1936 – 1944. See Australian Newspapers, National Library of Australia, http://newspapers. Nla. gov. au/. There is a substantial body of Tsao – related Chinese – language material in the KMT and Chinese Consulate Achieves currently being collated and digitized, see Chinese Australian History Collections Online, http:// www. kuomingtang. org. au/en/en_ introduction. aspx, as well as in the Academia Sinica Archives. See also M. Kuo, "Chun – Jien Pao and his Australian experience during the Sino – Japan War", Dragon Tails Conference, Melbourne, 11 – 13 November 2011, which emphasizes that these archives suggest the Chinese diplomats did not focus on encouraging the local Chinese community to embrace patriotism and loyalty to homeland but instead "tried to connect Australia and Chinese communities in terms of 'cultural exchange' and universal values". I am grateful to Mei – fen Kuo for her advice on these collections.

这样的侵略行为，特别是中国这样一个拥有传统美德的文明国度理应在抗日活动中得到国际社会的支持①。澳大利亚受众对这样信息的接受度较其几年前（或几年后）有所提高。主流的澳大利亚媒体谴责了日本1937年轰炸南京的行径，这与他们报道20世纪30年代初"满洲里争端"的方式大相径庭②。

图1   副领事及其夫人：曹氏夫妇初抵悉尼，1936年11月
新南威尔士州立图书馆，Mitchell馆提供图片，编号hood_13316

在悉尼，曹文彦是一位活跃的外交家，几乎与中国领事保君建比肩齐名。1938年，他们两位共同出席了英国人抵达澳大利亚150周年庆典，就"华人为此番成就所做的贡献"致辞。中国领事馆收录了保君建和曹文彦二人的文章，结集出版，此后他们在一次悉尼媒体所关注的会议上将此文集呈献给新南威尔士州总理波特仑·斯蒂文斯③。时值"白澳政策"鼎盛

① See *The Argus*, 27 July 1937, p. 10；16 June 1939, p. 12；10 October 1940, p. 4, an article by Tsao, among many other examples.

② J. Shepherd, *Australia's Interests and Policies*, P. 72；A. G. Pearson, "The Australian Press and Japan", in W. Macmahon Ball（ed.）, *Press*, *Radio and World Affairs*：*Australia's outlook* Melbourne University Press, Melbourne, 1938.

③ C. J. Pao, *A Century of Sino - Australian Relations*.

时期，澳洲出生的华人数量也正因此而大幅下降，他们的外交策略似乎很难获得支持。而近期所发生的一些事件更是令他们的处境举步维艰。1937年，几名中国船员弃离了一艘到访的商船（英国船只"休克沃斯号"，由一家日本公司租赁使用）。此事件发生后，中国外交官不得不向澳大利亚政府提出异议，以中国国内动荡危险为由，要求勿将这几名船员遣返回国。出于对外交礼仪的尊重，保领事敦促其中六名已失去行踪的船员主动出现——但是其他几名船员从纽卡斯尔被移交到悉尼等待遣返的时候，曹文彦一直充当他们的主要收容者①。

1939 年，曹文彦被任命为驻墨尔本副领事，正式恢复了 1932 年所取消的驻墨外交代表处。从上任之初他便开始促进澳中之间的相互了解，特别是强调中国在未来太平洋区域不可动摇的中心地位②。他的首要任务是促进中国的抗日大业。他的行事方式不拘一格，受邀于教会、反战组织以及专业和社区团体。刚刚抵达墨尔本不久，他就在"和平和民主同盟会"——一个共产主义前线组织——所在地举行了一场名为"中国战争海报、照片及其他素材"的展览。1939 年 10 月，曹文彦同意和墨尔本大学历史系的 R. M. 克劳福德教授联手资助一个新组织——"澳 - 中合作运动组织"（还有"联合会"，另一个引起军事情报机构关注的组织）③。次年，在小伯克街"中华会"的一次集会上，曹文彦面对二百余位墨尔本华人，发表了"鼓舞人心的纪念演讲"（以普通话和广东话）。此次活动是为了纪念中国抗日战争第三年。曹文彦的目标之一就是让澳大利亚人意识到在这场所谓的"虚假"的战争期间，中国为抵抗日军入侵付出了巨大的代价，甚至在关于此次活动的简短汇报中他也没忘记提到这一点④。

曹文彦对于中国文化史的力量和深度抱有坚定的信心，他坚信其价值

---

① The course of diplomacy around the dispute is traced in a Prime Minister's Department file "Sino - Japanese dispute—Chinese view of S. S. 'silksworth'", NAA A1606, D41/1; for Tsao's hosting of the seamen in Sydney see *Sydney Morning Herald*, 23 October 1937, p. 17; for the incident and its context in the politics of anti - fascism, see S. Macintyre, *The Reds*, Allen & Unwin, St Leonards, 1998, pp. 307 - 308, opposite p. 404.

② See in particular his comments on his arrival in Melbourne, *The Argus*, 10 June 1939, p. 9.

③ *The Argus*, 17 October 1939, p. 6; J. V. Barry, ASIO file, NAA B/68/30, CRS A6126 2005, Item 1210.

④ *The Argus*, 8 July 1940, p. 5.

能够促进世界和平的建立。他迫切地想要推动相互的文化了解。1939 年 9
月 7 日，他在"中国文化协会"的落成大会上作了历时长久的有关中国哲
学史的讲座，而这个组织本身也是经他协助而成立的。在这场讲座中，曹
文彦例行回顾了儒家传统的历史发展。在维多利亚，曹文彦发现了一个人
数不多但至关重要的华人群体，他高度认可这个群体所保留的传统，并时
刻准备着以文化对话者的身份向更广泛的受众推广这样的传统①。11 月，
"中华联合会"组织了一场盛大的游行庆典，作为墨尔本春节庆祝活动的
一部分。此次游行庆典的中心元素是一条 140 英尺长的巨龙，为此《阿格
斯报》不惜笔墨发长文来解释这条巨龙的"象征意义、历史传统和神话寓
意"。曹文彦是这篇文章的主要信息来源，他深入阐释了中国包容万象的
宗教传统以及采用这条龙的意义——"和平和发展的精神"——是清帝王
的象征②。除此之外，他也力图通过其他方式推动大家对丰富的中国文化
有更广泛的了解。1940 年 5 月，由他亲自操刀制作的"中国剧"在墨尔本
的阿波罗剧场上演。演员们男扮女装，故事情节是"一位富商之子爱上一
位出身卑微的姑娘，为他的家庭所不容"。八位音乐家为辞藻华丽、情绪
饱满的对白以及"女声独白"配乐，同时身着传统民族服装的中国女子售
卖纽扣和徽章，为战争慈善事业募集善款③。

　　随着国际形势的不断恶化，澳大利亚政府趋向于向主要的亚洲国家派
遣自己的外交代表。尽管早前中国领事保君建博士一直对此事施压，但孟
席斯政府依然决定在日本而非在中国设立独立的外交代表处④。曹文彦对
澳大利亚即将在亚洲国家设立外交代表的报道表示欢迎。在一篇刊载于

① The vitality generally of Chinese – Australian communities in the cities and towns of Australia is
highlighted by the style and energy of their participation in fundraising in wartime Australia, evi-
dence of which leads Khoo and Noonan to question the 'traditional supposition that Chinese Austral-
ians existed in social isolation during the era of the White Australia Policy': T. Khoo and
R. Noonan, "Wartime fundraising by Chinese Australian communities", *Australian Historical Stud-
ies*, vol. 42, no. 1, 2011, p. 109.

② *The Argus*, 11 November 1939 (supplement), p. 2.

③ *The Argus*, 6 May 1940, p. 5.

④ See Pao to McEwen (External Affairs) I June 1940 and Pao to Menzies (PM), 24 June 1940:
R. G. Neale (ed.), *Documents on Australian Foreign Policy 1937 – 1949*, Australian Govern-
ment Publishing Service, Canberra, 1975, pp. 372, 487; E. M. Andrews, *Australia and Chi-
na*, ch. 3.

1941 年 3 月的详尽说明中，曹文彦敦促尽早向华派驻公使。"中国对澳大利亚知之甚少"，他在《阿格斯报》刊登的文章中写道：

> "在多数中国人眼中，澳大利亚是一片英国的殖民地，居民为当地土著人。这样的误解源于无知，但是从未有过正式的官方代表访华，以增进人们对澳大利亚的了解。如果澳大利亚人能够让中国人了解自己，便能收获世界四分之一人口的友谊。"①

曹文彦的主张并非没有引起反响。4 月，《阿格斯报》的一名记者质询"众所周知中国是一个热爱和平的国度，而澳大利亚为什么不向中国派遣大使？"以及"难怪曹文彦博士对此义愤填膺，称澳大利亚的态度纵容了日本，果不其然，日本悍然发动了对南太平洋的袭击"②。后来当政府宣布任命弗雷德里克·艾格勒斯通爵士为第一任驻华公使的时候，曹文彦虽不胜欢欣，但他也深知这已并非领先时代之举。1941 年 7 月，在一次华人群体纪念中国抗日四周年的集会上，曹文彦对于中国打击侵略者的前景表示

图 2   圣基尔达路太平咖啡馆举行的欢送晚宴：杰西·邓斯坦夫人，弗雷德里克·艾格勒斯通爵士和曹文彦先生，《阿格斯报》，1941 年 8 月 5 日

---

① *The Argus*, 14 March 1941, p. 4.

② *The Argus*, 23 April 1941, p. 2.

乐观①。当艾格勒斯通爵士即将启程奔赴重庆的时候，曹文彦参加了他的诸多欢送会，并于 8 月 4 日在圣基达尔路的"台北咖啡馆"亲自为他饯行②。席间，他对艾格勒斯通爵士的任命感到欣喜，并称赞他"胆识过人，雷厉风行，必将促成太平洋上最年轻的国家和最古老的国家之间的合作与了解。"曹文彦的外交作风总使中国拔得头筹。

"太平洋两民主国家"

曹文彦除了履行副领事的职责，并在这个尚未完全卷入战火的国家和城市中为中国的抗战大业奔忙之外，还依然坚持笔耕不辍。尽管澳大利亚在建国之初就决定向中国移民关上大门，但他依然致力于宣传中国的成就，想努力提高中国在澳大利亚心目中的地位，依此足见其乐观执着。他仅有偶尔几次大胆向"白澳政策"的基本原则提出质疑，但是很快就将此项政策归咎于对中国文化和社会的某项优点的孤陋寡闻所致，于是便掉转矛头，继续热衷于以提升两国间相互了解为目标。

然而值得一提的是，有一次他的确大胆地挑战了澳大利亚的种族主义论调。1942 年初，盟军和日军交战的消息传到澳大利亚，当时日军已经占领了新几内亚的大部分地区，并且空袭了达尔文。一时间媒体愤慨激昂，大众讨论言辞激烈，种族主义的论调骤然间一发不可收拾，首当其冲者就是"黄祸"这一说法。这种说法从 19 世纪末期就根深蒂固地盘踞在澳大利亚以及北美的公共议题中。就在日军轰炸达尔文后的一个月后，1942 年 3 月，在一个"中国请愿日"上，曹文彦首先恳请大家为战争中的受害者筹集善款而慷慨解囊，之后话锋一转，开始抗议"使用带有种族歧视色彩的表达方式，暗指太平洋国家卷入了一场种族战"。当

---

① *The Argus*, 8 July 1941, p. 4. On the appointment, urged in the previous January by the Department of External Affairs as a 'very valuable insurance premium' likely to 'create a profound impression on Chinese minds', see W. Osmond, *Frederic Eggleston: an intellectual in Australian politics*, Allen & Unwin, Sydney, 1985, pp. 202 – 204; M. Andrews, *Australia and China*, pp. 95 – 97.

② *The Argus*, 5 April 1941, pp. 3, 6.

日本的威胁被称为"黄祸"或"黄色统治"的时候，所有其他的亚洲国家也被置于同一范畴中。然而，中国是一个爱好和平的国度，并且已经与大家同仇敌忾、浴血奋战了四年半，因此中国有权要求对其予以尊重，至少盟军国家更应如此。使用"黄祸"这样的字眼，带有白色种族和黄色种族两相对立的含义。在当前局势下，这样的误解理当力求避免。①

如此激烈的言辞在曹文彦的第一部著作《太平洋两民主国家——中华和澳洲》中不见丝毫痕迹。该书于 1941 年由位于墨尔本的切希尔出版社出版发行。《太平洋两民主国家》有幸获总领事保博士撰写前言，由麦克斯·克劳福德执笔简介，着力向澳大利亚读者推介中国的历史和政治。从这个意义上而言，书名带有一定的误导性：澳大利亚部分在书中着墨不多，仅有一章中谈到中澳贸易关系的时候方有所涉及。当然，书名全面体现了曹文彦多年心血所依附的理论依据——要让澳大利亚认识到中澳两国无论文化有多么迥异，却都对于自由和平等发展有着共同的追求。对于世界和平以及和谐发展的理想与现实之间的鸿沟，书中的看法流于纸上谈兵，而且将文化间的相互理解作为基础来解决当时世界格局下的各种问题，未免过于乐观，不切实际。

曹文彦对于中国的描述植根于他的儒学教育，书中的各个章节都由中国古代经典格言引领。他从《礼记》中选取了一段格言，用于"外交官"一章，作为对自己工作的训谕——"入境而问禁，入国而问俗"②。有些章节详细描述了中日战争对国家造成的影响，以及从中国古代典籍中汲取的战术教训。此书虽出版于 1941 年，但曹文彦对于战争的结果持非常乐观的态度，认为日本已精疲力竭。并且他坚持认为澳大利亚和盟军必须认识到中国胜利摆脱日本侵略军的魔爪将是太平洋地区未来安全的关键所在。曹文彦在专门探讨"太平洋地区永久和平的目标"一章中，谈到"独立而强大的中国将成为澳大利亚的第一道防线"③。

此书还有一个更远大的目标：更广泛地弘扬孙中山先生宝贵的精神遗产，曹文彦认为国民党就是在这样的精神指引下，将秩序和宪政引入中国。曹文彦同中国的现代派们一样，对科学和理性的力量有着浓厚的兴

---

① *The Argus*, 27 March 1942, p. 6；see also T. Khoo and R. Noonan, "Wartime fundraising", p. 107.

② W. Y. Tsao, *Two Pacific Democracies：China and Australia*, Cheshire, Melbourne, 1941, p. 141.

③ W. Y. Tsao, *Two Pacific Democracies：China and Australia*, Cheshire, Melbourne, 1941, p. 80.

趣，同时也认可"律法和宗教"作为维持秩序的力量。对于孙中山的"三民主义理想"——"民族、民权和民生"——曹文彦告诉他的读者们这并非横空出世的新观点，而是"承续了儒家理论的衣钵"。对他而言，儒学的"谦、理、仁"正是引导未来的准则①。对于其政治实践以及中国所面临的分崩离析的困境，他却很少涉及。至少在这本书中，他的哲学观更倾向于笃信理想的力量，相信信仰能够引领人民和国家前进②。

曹文彦的作为深得他的上级总领事保博士的赏识，而保博士本人也大力主张澳大利亚和中国之间更紧密的外交联系③。他义无反顾地投身于这项任务：

> 多年以来，我和曹先生不惜余力地让我们的澳大利亚朋友们认识到四十年前美国政治家约翰·海先生的讲话中所蕴含的深刻真理："无论谁了解了中国的社会、文化、宗教、经济和政治，谁就掌握了未来五百年打开太平洋大门的钥匙"。

曹文彦更倾向于向澳大利亚受众强调中国文化的源远流长，而保博士则认为他们的使命还包括让中国进一步认识到澳大利亚同中国面临着一个共同的事实，即"两国都在走向现代化，而这一进程均开始于 20 世纪之初"④。在《太平洋两民主国家》的前言中，麦克斯·克劳福德对于曹文彦的贡献

---

① W. Y. Tsao, *Two Pacific Democracies: China and Australia*, Cheshire, Melbourne, 1941, p. 30.

② In a subsequent book, *The Constitutional Structure of Modern China* (which Tsao researched and wrote while in Australia, submitted unsuccessfully for a doctorate in law at the University of Melbourne, but published with Melbourne University Press in 1946), Tsao turned his mind to the more practical work of institution building. The book was welcomed by Peter Russo as a work of 'outstanding importance', *The Argus*, 11 October 1947, p. 41, and remains an important source of republican constitutional thinking (it was republished in the United States in 1973). For more on its writing and context see M. Finnance, 'Tsao Wen‑yen, a Chinese intellectual in Australia', pp. 13 – 21, paper presented at Conference of the International Chinese Australian Studies Association, Shanghai, October 2010, available at Chinese Australian History Collections Online, http://www. kuomingtang. org. au/en/en_ search_ detail. Aspx? id = 1400.

③ See Pao to McEwen (External Affairs) I June 1940 and Pao to Menzies (PM), 24 June 1940: R. G. Neale (ed.), *Documents on Australian Foreign Policy 1937 – 1949*, Australian Government Publishing Service, Canberra, 1975, pp. 372, 487; E. M. Andrews, *Australia and China*, ch. 3. Generally M. Andrews, *Australia and China*, ch. 4.

④ W. Y. Tsao, *Two Pacific Democracies*, p. viii.

表示欢迎，他写道，尽管他并不完全同意曹文彦所有的观点，但是"我坚信我们一定要研究我们的邻居们……要聆听他们对自己的阐释"①。就此而言，他发现本书最有意思的地方在于当代中国从"中国古老的传统中汲取智慧"。对《太平洋两民主国家》一书的书评同样赞誉有加。《悉尼先驱晨报》（称其"行云流水，引人入胜"）以及《霍巴特水星报》（称其为"所有澳大利亚人都应该读的书"）的匿名评论员们称赞曹文彦及时切合了抗日战争的契机，欣赏他加强澳中关系、创建和平太平洋的远见卓识②。其中最为深刻的思考当属墨尔本大学法语教授阿兰·奇泽姆在《阿格斯报》上发表的文章。他迅速肯定了曹文彦著作的独到价值。近年来关于中国的书层出不穷，但是读者群最广的通常是欧洲人和美国人所著的书：

> 他们作为外来者来描述中国人的内心世界，但是无论作者多么悲天悯人，你总会觉得他们都将中国作为"不一样的事物"来评判。长城的影子仍然横亘在你自己和被描述的人之间——而长城本身，就像我们的地理课使我们把北方不远处称作"远东"一样混淆视听。

奇泽姆为曹文彦的高度理想主义和人文主义所折服，并被他笔下澳中两国的强烈对比深深地打动。澳大利亚"经历了漫长的民主理论和实践的探索，所幸我们拥有迅速发展的民族本能……也许是（因为）我们地处偏远，一直享受着优越的安全条件"。而中国（他已经接受了曹文彦的解读），"在她的血液中……流动着最基本的民主诉求，生存的意志对抗着权力的意志"。在曹文彦看来，奇泽姆这位读者不仅对中国的传统美德、道德修养和社会准则能做到照单全收，而且还对"以更广阔的视野看待太平洋"的迫切性颇为赞赏③。至于此书在向澳大利亚读者介绍中国历史和文

---

① W. Y. Tsao, *Two Pacific Democracies*, p. viii, p. xvii. Crawford's much republished textbook, *Ourselves and the Pacific*, first published in 1941, was notable as an early Australian history text to include substantial chapters on China and Japan. R. M. Crawford (ed.), *Ourselves and the Pacific*, Melbourne University Press, Carlton, 1941.

② "China and us", *Sydney Morning Herald*, 1 November 1941, p. 10; "Pacific neighbours", *The Mercury*, 10 October 1941, p. 3.

③ A. R. Chisholm, "The good earth: our Chinese neighbours", *The Argus*, 14 October 1941, p. 4. Although the title of the review is also the title of Pearl Buck's famous 1931 novel of a Chinese village, there is no reference to the novel in the review. Rather, Chisholm interprets Tsao's account of Chinese morality as grounded in the "simple consciousness of being a citizen of the earth".

化方面是否留下了广泛的影响，这一问题还有待商榷。

"同床异梦"

1944 年，曹文彦在珀斯任职两年后，被召回中国就职于国家管理机构，准备投身战后重建的工作。在离任前的最后几周内，他在"扶轮基金会"的集会上就澳中关系发表了演说。他说，一名真正的朋友，"会开诚布公地告诉我们真相"，这一点他做到了。尽管他竭尽全力教育澳大利亚人民，但是他仍然觉得中国在太平洋地区乃至世界上至关重要的地位"没有得到足够的认识"。缺乏全面的了解意味着盟军的联合仅限于应付防御的需求。他坚持认为："必须承认，他们真像一句中国成语所说的那样，'同床异梦'。"① 战争时期团结作战的必要性消失之后，如果要避免盟军之间关系恶化，需要有头脑清醒的政治家，但仅仅如此还远远不够，还需要深化相互了解，要植根于对对方历史文化的更深层次了解。他的文章、演讲和其他外交策略都是围绕这一目标展开的。

曹文彦更希望澳中两国关系更多地展望未来，而不是纠结于过去。当他有一次偶然提及过去的时候，他将移民限制的做法称为"不愉快的事件"，因为华人们觉得这样"不公平"。他希望澳大利亚政府能够效仿美国的解放和平等，开始正面解决这一问题。无疑，他已经意识到澳大利亚对于治外法权的问题反应滞后，而别的同盟国已经开始着手处理这一问题了②。但是，即便如此，曹文彦的乐观精神还是令他着眼于将来。第一，他建议澳大利亚"将自身视作太平洋上的亚洲势力而非欧洲国家"。认识到这一现实将会意味着"从澳大利亚的国家安全和防御角度考虑……她的北部前线并非新几内亚而是中国的东海岸"。第二，曹文彦谈到了中国国

---

① Tsao's speech, "The prospect of Australia – China relations", delivered to the Rotary Club of Perth, 27 April 1944, in Tsao Wen – Yen student file, Melbourne University Archives; and see *West Australian*, 1 May 1944.

② E. M. Andrews, *Australia and China*, pp. 114 – 117, The Australian Labor government worried itself into inaction over the implications of a treaty abrogating extraterritoriality in view of the possible difficulties this posed for equal treatment of Chinese under the White Australia Policy; see also S. Brawley, *White Peril*, pp. 176 – 182.

内政治的前景。尽管国民政府是国民党创建的，但是"由国民党执政只是暂时的"；政府已经表示，国民议会将在战后采用永久性的宪法，"宪法一旦执行必将自动终止党派统治"。曹文彦提及自己在一份已经交印墨尔本大学出版社的手稿中写到了宪政的原则等问题[①]。第三，曹文彦强调了自己作品中反复出现的主题，也就是如果澳大利亚获得4.5亿消费者的大市场，将会取得巨大的经济收益。这样的前景需要"明智、公平的贸易政策"，甚至在战争结束前就可以先着手制定这样的政策。这样的未来远景实现的时间要比曹文彦所想象的时间长。正如潘成鑫在此书中提醒我们的那样，即便是今日，对于中国的野心和意图的揣测所引发的持续性焦虑，限制了多年前曹文彦想象中的可能性转化为现实的过程。他苦心经营文化外交工作，促使澳大利亚扩大和加深对中国历史和文化的理解，与澳大利亚官方在他离任后几十年进行这些活动时的勉为其难的态度形成了鲜明对比。只有在战后的几年中，文化外交才成为澳大利亚外交策略的一个组成因素，但依然进展缓慢，发展不平衡：战略和安全的利益仍然是澳大利亚对华政策的核心[②]。曹文彦在澳大利亚的经历以及他鞠躬尽瘁向东道主讲解自己引以为豪的中国核心价值和独特历程，都证明了当年即便是澳中关系如履薄冰、中国自身前途未卜的时候，他依然坚信澳中关系的远景充满无限可能。

（窦薇　译）

---

① W. Y. Tsao, *The Constitutional Structure of Modern China*, Melbourne University Press, Carlton, 1947.

② D. Goldworthy（ed.）, *Facing North*, p. 219.

为中国"狂"

潘成鑫[*]

澳大利亚对中国崛起的讨论

板球也许是澳大利亚的全国性运动，然而最近另外一种运动正在风靡全国，在媒体评论家和对外政策专家中尤其盛行。这项运动就是激辩中国的崛起及其对澳大利亚——这个在经济上与中国息息相关，但是在战略上与美国结盟的国家——会产生什么样的影响。也许有人会想，如果不是总要隐隐担心中美两国一旦交恶会将澳大利亚卷入两难的境地，那么澳大利亚的位置实在是令人羡慕至极。尽管专家学者们以及决策者们对这一困境已经思忖良久，但是休·怀特 2010 年发表的《季度文集》期刊上的文章"力量转移：华盛顿和北京之间的澳大利亚"将这一问题再次推向风口浪尖①。

---

* 潘成鑫（Chengxin Pan），迪肯大学国际关系高级讲师，墨尔本大学和香港科技大学访问学者，曾发表论文多篇，著有《全球政治中的知识、渴望和力量：西方对中国崛起的再现》(2012)。

① H. White, *Power shift*: *Australia's future between Washington and Beijing*, Quarterly Essay, 39, Black Inc. Collingwood, 2010, pp. 1 – 74. For earlier literature on this subject, see S. Harris, *Will China Divide Australia and the US?*, Australian Center for American Studies, Sydney, 1998; W. T. Tow and L. Hay, "Australia, the United States and a 'China growing strong': managing conflict avoidance", *Australian Journal of International Affairs*, vol. 55, no. 1, 2001, pp. 37 – 54; H. White, *The US, Taiwan, and the PRC*: *managing China's rise*: *policy options for Australia*, Melbourne Asia Policy Papers No. 5, University of Melbourne, Parkville, 2004; Senate Foreign Affairs, Defence and Trade References Committee, *China's Emergence*: *implications for Australia*, Parliament House, Canberra, 2006; and C. Pan, "Neoconservatism, U. S. – China conflict, and Australia's 'great and powerful friends' dilemma", *Pacific Review*, vol. 19, no. 4, 2006, pp. 429 – 448.

怀特提出中美之间的战略竞争必将愈演愈烈，最终一发不可收拾，从而威胁澳大利亚的安定和繁荣。为了避免这种危险，这位前国防副秘书长指出澳大利亚最有胜算的做法就是鼓励美国放弃在亚洲的霸权，通过地区分权的机制协调中国的上升地位，就像人们所熟知的19世纪欧洲的权利平衡机制"欧洲协调"那样。

　　本文将要讨论当今的澳大利亚如何激烈地辩论中国的问题。笔者并非从怀特的文章直接入手进入论战，也不是泛泛地为澳大利亚与中国或亚洲的关系寻求出路，而是要研究澳大利亚有史以来对亚洲的焦虑情绪从何种程度上推动了这场辩论。本文的主要论点是这场辩论向我们暴露出更多关于澳大利亚、而非中国的问题。澳大利亚并没有进入一个了解中国的新时代，而辩论本身显示出澳大利亚对亚洲的深刻的焦虑之情。

群情激昂

　　被怀特的文章所激发出的最强烈的情绪体现莫过于《澳大利亚人报》所刊登在"观点"栏目的几篇文章。在三天之内刊登的两篇评论中，本报的外交版外编格雷格·谢里丹运用了大量的贬义词，将怀特的文章描述为"歪曲""谬论""诡辩""怪癖""怪诞""令人困惑""极不现实""外交政策垃圾"以及"疯话"等等①。谢里丹谴责它为"澳大利亚有史以来在体制内当过差的人所搞出来的最愚蠢的战略文件，没有之一"②。这样的措辞按照谢里丹的标准来判断绝对是公平的。一位评论员指出他的专栏向来不看重文章的论点，而仅关注文章表达了什么样的感情③。这一切说明这场论战的本质来源于"创伤"的经历，也暴露出谢里丹多么执着地相信澳大利亚的战略安全是离不开美国的，而怀特却公然准备为了接纳中国而不

---

① G. Sheridan, "Cleave boldly to the centre", *The Australian*, 9 September 2010; G. Sheridan, "Distorted vision of future US – China relations", *The Australian*, 11 September 2010.

② G. Sheridan, "Distorted vision of future US – China Relations".

③ C. Rovere, "Hugh White's achievement", *The Interpreter*, 21 September 2011, http://www.lowyinterpreter. org/post/2010/09/21/Reader – riposter – Hugh – Whites – achievement. aspx.

惜将其牺牲。无疑谢里丹会受不了。

受不了的不止他一人。在一篇合编的文章中，迈克尔·丹比、卡尔·安格瑞和彼得·卡利尔将怀特文章的发表比作"堪培拉的慕尼黑时刻"，将他的提议与战前欧洲对德国纳粹的"绥靖"相提并论。他们指责怀特充当极权主义的卫道士，给他的作品贴上"取悦北京的绝妙言论"的标签①。这种情绪已超越了党派的界限。联合党的乔希·弗莱丹伯格同他共和党的同僚丹比感受如出一辙。弗莱丹伯格提出："现在不是解除我们传统的结盟关系而去向北京献媚的时候"。在他看来，怀特的政策建议背叛了澳大利亚历史和价值观，而且一旦实施，将会给国家和地区带来灾难②。

当然，政策之争势必造成某种程度上的情绪激动，但是怀特的文章所引发的群情激昂似乎创下了新的高度。这种不分个人背景、不受党派限制、群起而攻之的现象说明怀特的确触动了一根敏感的神经：在确保澳大利亚的安全和身份认同上，与美国结盟的作用是不容动摇的。对于这个原则性问题，怀特并非一无所知。他承认自己的文章"对于别人宁可绕道而行的敏感问题，他并不只是一带而过"③。他曾出任坚定的亲美派工党政治家鲍勃·霍克和金·比兹利的国防顾问，因此深刻地了解，对于很多人而言，"联盟的作用仅限于其自身，是忠诚的表示，是我们身份认同的一部分"，所以"抛弃了联盟的澳大利亚就不再是澳大利亚了"④。

但是同美国的联盟关系并非怀特所触动的唯一一根敏感神经。诚然，如果要理解怀特的文章为何会在大家的情绪上掀起轩然大波，就必须要理解过去的一个半世纪以来澳大利亚对中国所怀有的深刻焦虑和不安，这种焦虑即使在近年来经济融合的主旋律里还依然发出回响。

---

① M. Danby, C. Ungerer, and P. Khalil, "No winners by appeasing China", *The Australian*, 16 September 2010.

② J. Frydenberg, "Washington is integral to our region", *The Australian*, 21 September 2010.

③ H. White, "Power shift: response to correspondence", Quarterly Essay, 40, Black Inc. Collingwood, 2010, pp. 110 – 111.

④ H. White, "As China rises we must look beyond U. S. alliance", *The Australian*, 13 September 2010.

"中国和焦虑的国度：彼时此刻"

在怀特的文章发表前，潜在的焦虑因为一系列事件而变得异常突出。宣称发现中国间谍活动特别是网络间谍活动时会引发焦虑。普通话流利的陆克文所领导的工党政府从多大程度上会受到中国的影响，也是要考虑的问题。2009 年 3 月，陆克文"半秘密"地会见了主管宣传的中共中央政治局常委李长春，引得媒体一片哗然。反对派领袖马尔科姆·特恩布尔指责陆克文为"漫游状态下的驻华大使"，而其外交部发言朱莉·毕晓普则称："我不是第一个认为他被洗了脑的人"①。2009 年 6 月初，乔尔·菲茨吉本在与澳籍华裔女商人刘海燕有争议的关系被曝光后，不再担任国防部长一职。同时，驻澳英国矿业巨头力拓集团撤销了与中国国企中国铝业之间的一项协议，而中国在此项交易中竞价购买澳大利亚资产的幕后原因一直在引起猜疑。投标计划夭折后不久，生于中国的力拓首席代表（上海）胡士泰被中国政府逮捕，罪名是收受贿赂、窃取商业机密。媒体一时再起狂澜。

陆克文政府将反对派的批判称为"重新激起老掉牙的'黄祸'情绪"，然而刚刚将之化解后，就发现自己的政府也为同样的情绪所困②。为了有力地回应他与中国人走得太近的论调，陆克文要求在一次 BBC 电台的参访中不与中国前驻澳大使傅莹坐在一起③。但是并非所有的事件都这么微不足道。当政府准备发布 2009 年国防白皮书的时候，陆克文强调澳大利亚需要"拥有足够的混合实力以应对未来的突发情况，特别是在地区'牢固的武装力量建设'方面"④。尽管陆克文并没有指明建设武装力量是针对中国，但是分析家尼古拉斯·斯图尔特指出："在除此之外的语境下很难理

---

① "Rudd must not succumb to Turnbull's China taunt" (editorial), *The Age*, 1. April 2009; C. Johnson, P. Ahluwalia and G. McCarthy, "Australia's ambivalent re – imagining of Asia", *Australian Journal of Political Science*, vol. 45, no. 1, 2010, p. 70.

② C. Johnson, P. Ahluwalia and G. McCarthy, "Australia's ambivalent re – imagining of Asia", p. 70.

③ M. Grattan, "Picture opportunity PM didn't want", *The Age*, 31 March 2009.

④ K. Rudd, "Address to the RSL National Congress Townsville", 9 September 2008, http://parlinfo. Aph. gov. au/parlInfo/download/medi/pressrel/YUJR6/upload_ binary/yujr60. pdf; fileType% 3Dapplicaction%2Fpdf.

解他是什么意思"①。对中国的担忧致使白皮书拨款 1000 亿澳元，对澳大利亚海军和空战力量进行二战以来最大规模的扩充。同时，根据美国外交密电显示，遏制中国影响的渴望促使陆克文提出建立"亚太共同体"这一貌似无关痛痒的倡议②。

陆克文对中国的担忧不仅限于战略问题。在中国奥运火炬传递接力的团队抵达堪培拉前夜，陆克文郑重承诺不允许中国的安保官员们在澳大利亚境内陪同火炬传递，此举为他赢得了保守派评论员安德鲁·博尔特罕见的赞许："陆克文不会让中国人入侵"③。不久，陆克文明确表现出他对华的焦虑已经扩展到经济前沿。他担心在这个"前所未有的复杂世界中，澳大利亚会被抛在后面"，因为美国和英国的霸主地位已经被中国和印度所取代④。

毫无疑问，澳大利亚日益加深的不安，一部分原因是中国飞速崛起及其不确定的后果，在全世界很多地方形成"焦虑的大锅"⑤。然而，尽管由中国领跑的能源大发展从 20 世纪中期开始为澳大利亚带来了最好的贸易条件，但是这种焦虑依然在澳大利亚持续沸腾。诚然，西方国家中鲜有能像澳大利亚这样从中国的经济发展中获得如此巨大的收益，但是也鲜有国家像澳大利亚这样对中国的态度如此猜忌和矛盾⑥。这让我们想起冷战时期另一例让人不解的矛盾情形，一位澳大利亚的外交官评论道："很少有西方国家比澳大利亚承受来自中国的敌意更少，但是，很少有国家——无论是否是西方国家——比澳大利亚对中国的敌意更多"⑦。从这种意义上而言，澳大利亚近期的"中国综合征"可以被看作是大卫·沃

① N. Stuart, *Rudd's way*, Scribe Publications, Carlton, 2010, p. 138.

② P. Maley, "Kevin Rudd's plan to contain Beijing", *The Australian*, 5 December 2010.

③ A. Bolt, "Rudd won't let Chinese invade", *Herald Sun*, 8 April 2008.

④ K. Rudd, "Address at the launch of *Inside Kevin 07*, by Christine Jackman", Walsh Bay, Sydney, 22 July 2008, http://parlinfo. aph. gov. au/parlInfo/download/media/pressrel/JS3R6/upload_ binary/js3r60. pdf; fileType% 3Dapplication% 2Fpdf.

⑤ R. Zoellick, "Whither China? From membership to responsibility" (remarks to National Committee on U. S. – China Relations), *NBR Analysis*, vol. 16, no. 4, December 2005, p. 8.

⑥ The 2011 Lowy Institute opinion poll shows that while 75% of the respondents agree that "China's growth has been good for Australia", 65% also believe that Australia's interests would be at risk if China's power and influence continued to grow. See F. Hanson, *Australia and the World: public opinion and foreign policy* (The Lowy Institute Poll 2011), Lowy Institute for International Policy, Sydney, 2011, p. 10.

⑦ G. Clark, *In Fear of China*, Lansdowne Press, Melbourne, 1967, p. 161.

克笔下所谓"周期性重新发现自己与亚洲的近邻关系"的最新一轮表现，而亚洲对澳大利亚而言，既是令人着迷的乐土，也是无尽忧思的源头①。

这种忧虑在用文学手法来表达亚洲入侵的作品中体现得淋漓尽致。这样的题材总是描述某个亚洲社会终结了白人社会或者使白人社会逐渐消失。入侵题材的小说集体创造了"一整套非常具体的语境，着力表现澳大利亚的脆弱和不堪一击以及亚洲步步紧逼的威胁"②。对于亚洲入侵的焦虑情绪不仅源自同时也强化了澳大利亚的这种心态——"位于贪得无厌、掠夺成性的亚洲手指边的西方前哨"③，这一传统意识形态在本书中格雷格·洛克哈特所写的一文中将得到更深入的讨论。

这种"无力反击"的论调是整个 20 世纪澳大利亚外交政策的出发点。就凭这一点，澳大利亚需要甚至是必须有一位强大的朋友做后盾，帮它抵御亚洲"蛮夷"。20 世纪初，为了缓解举国上下对日本崛起的焦虑之情，总理阿尔弗莱德·迪肯邀请美国"大白舰队"访澳，希望"英国、美国和澳大利亚能够联合对抗黄种人入侵"④。从公众对舰队到访无比热情的反应来看，迪肯的此项提议成功地捕捉到国家的想象。当时，《悉尼先驱晨报》曾预测："此次到访说明美国很可能成为我们防御亚洲的第一道防线"⑤。二战初现端倪的时候，这种观点再次出现，罗伯特·孟席斯称"如果澳大利亚在世界上没有强大的朋友，就不可能继续存在"⑥。澳大利亚对于美国的热情总是基于这样的潜台词：澳大利亚在这片大陆上是不安全的，一旦真的有来自亚洲的严重威胁，那么用孟席斯的原话说，澳大利亚社会将会

① D. Walker, *Anxious Nation: Australian and the rise of Asia, 1850 - 1939*, University of Queensland Press, St Lucia, 1999, pp. 1, 11.

② C. Ross, "Prolonged symptoms of cultural anxiety: the persistence of narratives of Asian invasion within multicultural Australia", *Journal of the Association for the Study of Australian Literature*, no. 5, 2006, p. 86.

③ L. Strahan, "The dread frontier in Australia's defence thinking", in G. Cheeseman and R. Bruce (eds.), *Discourses of Danger and Dread Frontiers: Australian defence and security thinking after the Cold War*, Allen & Unwin, St Leonards, 1996, p. 153.

④ S. Macintyre, *A Concise History of Australia*, Cambridge University Press, Cambridge, 1999, p. 142.

⑤ C. Stewart, "Menace of the growing red fleet", *The Australian*, 23 August 2008.

⑥ G. Dobell, *Australia Finds Home: the choices and chances of an Asia Pacific journey*, ABC books, Sydney 2000, p. 11.

"被一把抹杀"①。

　　尽管日本（印度尼西亚也算得上）的确对澳大利亚造成过实质上的威胁，但是亚洲威胁的标志却时常是中国，这是无数入侵小说和剧目中最常见主题②。自从澳大利亚联邦成立以来，中国和中国人一直充当着"他者"的角色，只有以此作为反衬，澳大利亚才得以构建自身。正如海伦·欧文所说：

　　　　尽管澳大利亚联邦成立时，对于公民性的定义有众多存疑，但是在诸多疑惑中唯一坚定的一点就是澳大利亚公民一定不能是中国人。"移民限制法案"明确了这一点。从此中国人被用来说明澳大利亚公民性所不包括的内容……"中国佬"是什么样，澳大利亚人就是与之相反的样子，这是最明显的例子③。

澳大利亚首位驻中华人民共和国大使费思菜也认为中国是澳大利亚全民想象中的一个重要象征符号。以中国在"白澳政策"实施期间的地位为例，中国"是一把尺子，让你衡量你的立场、你的准则以及你希望澳大利亚成为什么样子"④。

　　当然，"黄祸"的气息在当今澳大利亚对中国的话语中已难辨踪迹。有人甚至提出澳大利亚对于"自身地理位置的本能恐惧"在日益加深的对外交往的大环境中已经烟消云散⑤。但是积习难改，正如克莉丝汀·西尔维斯特所言，1994年的国防白皮书"以满怀恋恋不舍的怀旧情绪认可了朋友关系带来的安全感，（并且）沉湎于对'某个地区'所怀有的淡淡的（后）殖民主义猜忌情绪中，而对于这个地区，澳大利亚努力地宽容对待，而且在机会主义路线的指导下尽量与其友好相处"⑥，然而这份白皮书恰恰

---

①　G. Dobell, *Australia Finds Home: the choices and chances of an Asia Pacific journey*, ABC books, Sydney 2000, p. 11.

②　See D. Walker, *Anxious Nation*, Chapter 8.

③　See D. E. Kirkby, "'Honorary Chinese'? Women citizens, whiteness and labour legislation in the early Australian Commonwealth", *Social Identities*, vol. 13, no. 6, 2007, p. 804.

④　S. FitzGerald, *Is Australia an Asian Country*? Allen & Unwin, St Leonards, 1997, p. 18.

⑤　G. Dobell, *Australia Finds Home*, p. 11.

⑥　C. Sylvester, "The white paper trailing", in G. Cheeseman and R. Bruce (eds), *Discourses of Danger*, p. 136.

出台于澳大利亚最为"亲亚洲"的年代。在这样一个背景中，发现澳大利亚与中国紧密的经济联系并没改变它一直以来的心态，也就不是什么奇怪的事了，相反，这种地理－经济的紧密性进一步加深了那种焦虑感。有一种论点认为澳大利亚已沦为中国经济的人质，因此如果中国经济增长有所下滑的时候，澳大利亚会更加脆弱①。

如此一来，澳大利亚的政治精英们似乎无论何时都无法舍弃同美国结盟所带来的安全感。没有持续存在的美国势力，他们担心一个"流动性更大的地区"必然会树立自己的权威，这样一来澳大利亚就会暴露无遗②。非常具有讽刺意味是，澳大利亚将澳美联盟对自己的安全感看得如此之重，以至于有时候这本身就成了一种焦虑。例如 2009 年的国防白皮书一方面提醒着澳大利亚受众，美国在可预见的未来将依然是最强大的国家，但是同时又担心"其他的国家正在崛起，美国的霸主地位持续受到检验，力量关系不可避免地会发生改变"③。这份看似实事求是的文件流露出一丝焦虑的意味，而中国再一次成为新一轮焦虑的中心。

毋庸置疑，中澳关系从"白澳政策"期间一路走来已有巨大改观。尤其是在过去的二十年中，双边关系在很多前沿方面得到扩展和加深，从地区安全、战略对话、贸易和投资到人权、环境变化、教育、文化和个人间的交往等等。但是尽管有这样的进步，目前的辩论仍然没有摆脱澳大利亚有史以来对自身区域特别是对中国所产生的焦虑困境。

"怀特的澳大利亚和白色的澳大利亚"

休·怀特也未能免受历史的影响：他也同样对亚洲以及澳大利亚在亚

① M. Sainsbury, "Forecasts put us at the mercy of China", *The Australian*, 12 May 2011.

② D. M. Jones and A. Benvenuti, "Tradition, myth and the dilemma of Australian foreign policy", *Australian Journal of International Affairs*, vol. 60, no. 1, 2006; and H. White, *Power shift*, p. 3. For a critical analysis of the frequent reference to Asia in terms of its fluidity, see D. Walker, "The 'Flow of Asia' —vocabularies of engagement: a cultural history", *Australian Journal of Political Science*, vol. 45, no. 1, 2010, pp. 45 – 58.

③ Department of Defence, *Defending Australia in the Asia Pacific Century: Force 2030*, Defence White Paper, Commonwealth of Australia, Canberra, 2009, pp. 32 – 33.

洲的地位感到某种惊悸，而且开诚布公地承认更愿意继续以美国作为主导；但是他认为美国这样的无人能望其项背的霸主地位现在已越来越难确保，因此他更现实地认识到在今天这种瞬息万变的战略背景下，英裔半球——以文化或者根本是种族为基础的联盟——的想法已经成为"历史遗迹"[1]。正是因为这一点，他才认为澳大利亚应该准备好根据区域力量转移而进行实用主义的调整。

其他人却并不这么确定。正如马尔科姆·库克所指出的那样："休·怀特的澳大利亚（及其在亚洲战略秩序中的位置）似乎并非我等所处之处"[2]。很多人私下里仍然固执地对亚洲怀着挥之不去的焦虑。对他们而言，怀特所提出的"欧洲协调"模式并不适用于中国，暗指奉行权力主义的亚洲国家不能被指望分享权力。还有一些人对于中国崛起的重要性根本不屑一顾。澳大利亚战略政策学院的国家安全项目主任卡尔·安格瑞，认为中国称不上超级大国，只有美国能够当之无愧地担得起这一称号[3]。他的观点与反对党领袖托尼·阿博特不谋而合，后者在其著作《战线》一书中称，到 2020 年"美国仍然拥有届时世界上最强的经济实力"，而中国的崛起"对澳大利亚国际关系或外交政策的优先考虑对象也许不会造成太大影响"[4]。

然而约翰·霍华德在任期间曾自称找准了平衡。霍华德从未质疑过澳美联盟的中心地位，但是又明确地认可中国日益重要的经济地位。他以一贯的狡黠作风，坚持声称"我们并未面临历史和地理之间的抉择"[5]。陆克文上任后，这样安抚人心的乐观精神逐渐消散。在陆克文看来，历史上鲜有权力和平转移、超级大国之间互相容忍的例子[6]。国际金融危机进一步

① H. White, "Who do we think we are?", *The Interpreter*, 14 September 2010, http://www. lowy-interpreter. org/post/2010/09/14/Who – do – we – think – we – are. aspx.

② M. Cook, "Who we are not", *The Interpreter*, 15 September 2010, http://lowyinterpreter. org/post/2010/09/15/Who – we – are – not. aspx.

③ C. Ungerer, "China is no great power", *The Australian*, 15 April 2009.

④ T. Abbott, *Battlelines*, Melbourne University Press, Calton, 2009, p. 160.

⑤ J. Howard, "Australia in the world", address to the Lowy Institute for International Policy, Sydney, 31 March 2005, http://www. lowyinstitute. org/Publication. asp? pid = 396. Howard's optimism in dealing with both the United States and China is examined in P. Kelly, *The March of Patriots: the struggle for modern Australia*, Melbourne University Press, Carlton, 2009, pp. 457 – 459.

⑥ K. Rudd, "Australia and China in the world", the 70th Morrison Lecture, Australian National University, Canberra 23 April 2010, http://pmrudd. archive. dpmc. gov. au/node/6700.

暴露了美国经济困难深重、澳大利亚经济高度依赖中国这两个问题，至此美国带来的安全感和对亚洲焦虑之间的和谐平衡似乎没那么稳固了。这个战略困境没有简单的解决方法，也难怪霍华德会回避中美关系，而陆克文"不情愿"向澳大利亚人解释这一切意味着什么[①]。

怀特对于霍华德和陆克文的方式都不满意，他坚信拒绝直面这个问题只会让它更加恶化。但是围绕他的文章的辩论如此激烈，说明他要说服大家还要做更多努力。这场辩论显示了澳大利亚与这个区域的忧患关系拖着长长的阴影。倘若没有"非白人移民会带来威胁"的成见，那么就不会有"白澳政策"，同样，对于澳美联盟持续的渴望从来没有远离过澳大利亚对于亚洲和中国关系的战略考虑。在这种意义上，澳美联盟这跟裸露的神经以及对中国的棘手问题正是一枚硬币的两面。

"批判性自我反省对华辩论的例证"

可以确定的是，澳大利亚并非唯——个对中国的崛起感到疑惧的国家。相反，它只是西方普遍焦虑情绪中的一个子集。2011 年，奥巴马访问澳大利亚，宣布扩大美国在澳的军事存在，恰恰体现了泛太平洋地区对中国疑惧之情的聚合。这一提议折射出澳美联盟中这种疑惧的向心力。

但是疑惧无法构成了解像中国这样一个复杂国家的坚实基础，更不用说在新世纪的环境中了解她。它只能让你更看不清中国，而不是揭示她真正的面貌，而且当疑惧转化到政策层面的时候，就会出现"自证预言"的危险。鉴于澳大利亚的地理位置和对华贸易互相依赖的程度，如果找到这场辩论的正确答案，那么澳大利亚可以获得的筹码是相当高的。休·怀特敦促他的同伴们接受这项挑战，这种做法是非常正确的，但是问题是应该如何操作。

首先，缓解对华焦虑的解药并非"中国机遇"的表象。即使所谓"中国机遇"的确能够减轻澳大利亚的焦虑，但是以这种方式为中国预设框架

---

① H. White, *Power Shift*, p. 9 – 10.

其指导思想实则是另一套殖民企图，即"幻想"。无论是从经济还是从政治方面来表达，"中国机遇"都只是幻想，最终都会导致幻灭，甚至是恐惧。因此这并不是另一条出路，而是另外一种潜在的危险①。另一条出路就是加强澳大利亚对亚洲的了解，发展"以更为复杂的方式了解今天的中国"②。澳大利亚是世界上第三大单一语种的发达国家，仅使用英语一种语言的人据称占 78.4% ③。不到 5% 的澳大利亚学生在 12 岁的时候学习亚洲语言，此外超过 95% 的中文学习者为华裔④。史蒂芬·史密斯说道："我们一定要让澳大利亚了解亚洲的文字和文化，这几乎是我们的第二本能"，对此，约翰逊、阿鲁瓦利亚和麦卡锡评论说，"这就说明我们在这方面做得有多么少，澳大利亚仍然是以美国和欧洲为中心的国家，因此能说普通话的陆克文才被看作是'惊为天人'"⑤。

但是，在过去至少三十年的时间里，澳大利亚对亚洲的了解迟迟没有进展，说明这远不仅仅是资助或资源不足的问题。我们应该做的是直击这个问题的核心，而不仅仅是缓解澳大利亚对亚洲缺乏了解而表现出的症状。而这个问题，就像我之前指出的那样，正是存在于澳大利亚持续的"亚洲焦虑"，及其体制上的具体表现形式——美澳联盟。澳大利亚一直高枕无忧地依赖着这项"保险"政策，直到最近，澳大利亚的普通民众，特别是外交政策圈子，都没有感受到抛开浮光掠影而真正了解亚洲的必要性，更不用说紧迫性了。亚洲，正如某些人（其中包括历史学家瑙兹）所猜测的那样，可以被作为一个"未来的问题"被无限期推后⑥。这种不断推迟了解亚洲的做法所带来的累积性的影响在（前）总理朱莉·吉拉德不断重复的提法中一览无余——"新"亚洲，以及"新"中国：简而言之，

① For a critical study of Western representation of China's rise in terms of "threat" and "opportunity", see C. Pan, *Knowledge, Desire and Power in Global Politics: western representations of China's rise*, Edward Elgar, Cheltenham, 2012, forthcoming.

② K. Rudd, "Australia and China in the world".

③ M. Dutton and D. Kessler, "Australia's Asia: an illiterate future?" *China Heritage Quarterly*, no. 19, September 2009, http://www.chinaheritagequarterly.org/articles.php? searchterm = 019_ australia_ asia. inc&issu = 019.

④ G. Sheridan, "A nation adrift in Asia literacy", *The Australian*, 27 May 2010.

⑤ C. Johnson, P. Ahluwalia and G. McCarthy, "Australia's ambivalent reimagining of Asia", p. 66.

⑥ See J. V. D' Cruz and W. Steele, *Australia's Ambivalence Towards Asia: politics, neo/post - colonialism, and fact/fiction*, Monash University Press, Clayton, 2003, p. 20.

"我们以前从没有到过那里"①。关于亚洲和中国之"新"也许能够有助于引起对这一地区产生的兴趣，从而可以转化为增进对亚洲的了解。但是，只要澳大利亚一直逃避对亚洲焦虑进行批判性的反思，那么这个构想狭隘的"通晓亚洲"项目能带我们走多远依然成谜。毕竟，尽管陆克文经常被西方世界看作是中文最好的政治家，但也正是在他短暂的任期内，澳中关系出现了更尖锐的摩擦，这充分地说明，仅仅了解中国的语言和文化并不能自然等同于更加了解中国②。

我们需要的是批判性地检验澳大利亚在历史上将亚洲和中国作为"他者"的构建，以及在这一过程所体现的自我认同和自我了解。迈克尔·达顿和德博拉·凯斯勒认为，任何新的"通晓亚洲"的项目都不能仅仅是在学校课程设置中加入教授语言和文化的内容，而是需要质疑"至今仍能将我们不知不觉引入'白澳政策'泥沼的传统的澳大利亚思维方式"③。针对中国的辩论恰恰说明这种传统的澳大利亚思维方式的牵制性，因此，重新思考澳大利亚不自觉地产生对亚洲的危机感，应该成为亚洲－中国通晓项目的一个有机组成部分。正因为这个原因，这场辩论中处于无声状态的亚洲焦虑情绪应该得到发现和讨论，而不是一拖再拖，用怀特自己的话说，就是"来日再议"④。

对于那些感到好奇并以其他的方式了解中国的人来说，采取批判性的自我反省的方式听上去非常空洞缥缈。但是据我看来这是唯一的出路。与其说我们关注他人，不如说我们更关注自身以及我们希望他们成为我们希

---

① J. Gillard, speech to the AsiaLink and Asia Society Lunch, University of Melbourne, Parkville, 28 September 2011, http://www.pm.gov.a/press–office/speech–asialink–and–asia–society–lunch–melbourne. For a critical engagement with this theme in Gillard's speech, see D. Walker, "Re–thinking the Asian dimension of Australian history", keynote address at the National History Teachers Conference, Adelaide, 3 October 2011, http://www.asiaeducation.edu.au/verve/_resources/ProfDW_RethinkAsianDimenAusHist_HTAAOct2011_Rec191011paper.pdf.

② John Garnaut argues that Rudd got China wrong partly because he had managed to forget his own advice on avoiding distorting paradigms through which Australia looked at Asia and particularly China. J. Garnaut, "How we got China so wrong", *The Age*, 13 July 2009; M. Griffiths and M. Wesley, "Taking Asia seriously", *Australian Journal of Political Science*, vol. 45, no. 1, 2010, pp. 18–19.

③ M. Dutton and D. Kessler, "Australia's Asia: an illiterate future?"

④ H. White, "China's challenge to Australian identity", *The Interpreter*, 20 September 2010, http://www.lowyinterpreter.org/post2010/09/20/Chinas–challenge–to–Australian–identity.aspx.

望的那样。澳大利亚人所谓的"亚洲"或者"中国",并不是"亚洲"或"中国"自身,而是澳大利亚人所希望的亚洲或是澳大利亚人所希望的中国。没有人在去中国访问或学习的时候"对中国一无所知:我们已经知道或者认为我们知道应该做何期待"[1]。换言之,我们在了解中国的过程中带入了一些先入为主的观念,而这些观念跟我们自己原有的知识紧密相连。西方认为中国是威胁这一感觉不能从西方自身的经验中剥离出来,诸如"力量转移"和"民主和平"这样的提法就是明证。与此类似,澳大利亚的对华焦虑在很大程度上是跟澳大利亚的自我想象联系在一起的——一个无辜、脆弱的中等国家,与其周边地区的文化和政治氛围格格不入。正是这种想当然的自我塑造令人们陷入了"赘述"的逻辑——事实上,我们对中国怀有戒心是因为中国让我们感到焦虑。除非我们质疑这种自我认识,否则无论多少关于"真正的"中国的新的实证研究事实问世,都不足以让我们放弃现有的承载着对华认知的感情基础。

为了更好地了解中国,同时进行自我反省,我们需要认真地聆听中国的声音,并且接受中国的主观思想。对中国的崛起感到焦虑未必就是错事,但是如果毫无思辨地将我们的焦虑凌驾于其他一切之上,而对中国的观点和关注点冷漠无知,则是非常成问题的。当然我们不能把中国的一切照单全收,但是我们的确应该把它们像镜子一样高高举起来照照我们自己。例如在最近得知美国重返亚洲并且重新将注意力转向与澳大利亚的联盟时,澳大利亚在欣喜若狂之余难免忘了或者根本不屑于估计中国和其他亚洲国家可能作何反应。但是,除非我们能够严肃地对待中国的反应,并且如果可能的话,根据所获得的信息调整政策,否则我们就会有疏离中国的危险,而且很有可能迫使它采取反击手段。忽视中国的观点,我们只能延长焦虑的周期,并且加大发生"自证预言"危险。

当然,在与中国的尴尬关系中,澳大利亚并非唯一应该承担咎责的一方。中国对澳大利亚和澳大利亚人同样持有站不住脚和简单化的刻板印象,认为他们身处遥远国度,是没文化、没心没肺的乐天派[2]。很少有中

---

[1] R. White,"Australian journalists, travel writing and China: James Hingston, the 'Vagabond' and G. E. Morrison", *Journal of Australian Studies*, vol. 32, no. 2, June 2008, p. 238.

[2] See A. Broinowski, *About Face: Asian accounts of Australia*, Scribe Publications, Melbourne, 2003.

国人对澳大利亚予以足够的关注，认为它不外乎是旅游、移民和求学的目的地，或者是原材料的来源地。几乎没有人注意到——更不用说了解——澳大利亚对中国崛起的担忧。诚然，没有任何中国的媒体或外交政策期刊对怀特的文章有直接的涉及。正是因为中国对澳大利亚缺乏兴趣，所以各种各样的希望被寄托到这个国家上，从希望两国可以发展出"模范关系"到关于陆克文的谬见，认为他是怀有"中国情结"的"中国通"，从而有助于加强澳中了解①。这些美好的愿望虽然听上去全然无害，但却无助于加深中国对澳大利亚的了解，或者缓解澳大利亚对中国的焦虑。

总而言之，关于中国的话题的中心思想是国际关系中持续存在的跨文化了解所提出的挑战。怀特的文章所点燃的论战为发展这种了解和对话提供了非常有价值的起点。但是与怀特的观点相反，仅凭"力量转移"并不能够转移深刻焦虑的力量。一场同时进行的、更触及根本的论战应该就历史上澳大利亚（和亚洲）对身份认同及差异的不合理设定而展开。澳大利亚国内外研究澳大利亚和亚洲外交关系的历史学家们都有责任更加积极地投入到当前的论战中，提醒澳大利亚人这只不过是许多次"亚洲被引入到对澳大利亚未来的猜测"中的一次②。同时，战略研究家和国际关系领域的学者们同样需要更仔细、更思辨地积极投入到历史研究中，特别是澳大利亚在亚洲的历史。仔细研究这样一个敏感的话题无疑是困难的，甚至有时会令人痛苦。但是如果没有这种姗姗来迟的反思，那么在看似远去了的时光里，一个世纪以前的澳大利亚人熙熙攘攘夹道欢迎"大白舰队"的场景就很有可能会重现。

（窦薇 译）

---

① R. Callick, "Too close to fall out with China, says Beijing's Ambassador to Canberra", *The Australian*, 5 September 2010.

② D. Walker, *Anxious Nation*, p. 12.

亚洲的缺失

| 澳大利亚的亚洲观 |

缺失的亚洲

格雷格·洛克哈特[*]

引　言

　　"设置屏障绝对反映出一种心态"。费尔南·布罗代尔所说的是 16 世纪下半叶沿地中海海岸修筑的漫长屏障防线。他最后说，当年基督教世界正忙于向大西洋彼岸扩张，修筑这种堡垒工事是一种"拒绝理睬东方"的表现。①

　　三个世纪后，当基督教世界在太平洋进行扩张时，"白澳政策"应运而生，成为东西方之间的堡垒。这个政策并不是防止某种文明扩张的军事防线，而是旨在保存（英国的）种族与文明的国家政策。它发端于各个殖民地从 1854 年开始颁布、1901 年起开始在整个澳大利亚联邦实施的移民限制法案。其他殖民领地社会也颁布过类似立法：南非、新西兰、美国和加拿大，其动机是歧视有色人种，但只有南非与澳大利亚热衷于这样的法

　　*　格雷格·洛克哈特（Greg Lockhart），曾在驻巴布亚新几内亚的太平洋岛团和驻越南的澳大利亚陆军训练队服役，研究领域是越南文学，与妻子莫妮克一起翻译过若干越南作家的著作，包括《首都之光：三部当代越南文学经典》（牛津大学出版社 1995 年出版）。他还著有两部在国际上得到赞誉的历史著作：《武器国家：越南人民军的起源》，以及《越南雷区：一个澳大利亚的悲剧》（2007 年）。

　　①　F. Braudel, *The Mediterranean and the Mediterranean World in the Age of Philippe II*, vol. 2, Collins, London, 1973, pp. 837, 864.

律：正如约翰·菲兹杰拉德在《白色大谎言》中所指出的，没有哪一个太平洋国家像澳大利亚这样，大张旗鼓地将种族纯洁性视为民族认同的一个标志。①

这些屏障防线表达了一种帝国心态，即认为大英帝国才是组织原则。从英国的角度看，澳大利亚似乎太靠近"亚洲"，甚至处于对峙状态。英国如此看待澳大利亚的位置决定了这个殖民领地的前哨地位，而殖民领地心甘情愿地被束缚在宗主国主体上，视其为中心，也决定了其前哨地位。事实上，这种束缚正是所有前哨地带存在的前提。

从19世纪50年代起，随着华人移民被看成一种威胁，皇家海军开始成为阻隔亚洲的海上屏障，这似乎成了一个不变的宗教般的信条，也为殖民地法律提供了有力支撑。为了维持这种屏障，1914年，派遣远征军的传统更是得到加强。英帝国的澳大利亚部队总会驰援英国在世界任何地方的军事行动，其用意是牵制住英国军队，令其保卫位于太平洋中的澳大利亚。不过，英国保护澳大利亚的实力一直值得怀疑。1902年，英国与日本建立了海上军事同盟，显示其世界大国地位已是江河日下。1942年新加坡陷落则彻底证明了"大英帝国"气数已尽。美国则不断取代英国成为世界的中心，相对而言，澳大利亚则处于边缘地带，于是前哨心态被继续保持下来。如今，印度和中国已经改变了澳大利亚的经济和战略大环境，但澳大利亚史学界仍固守前哨心态，特别重视澳大利亚与盎格鲁－撒克逊世界的联系，而不惜怠慢亚洲。帝国的沉默、殖民者神话，以及各种心怀叵测的否认造成对亚洲的忽视，而这种忽视则构成前哨叙事中的各种屏障。坚信澳大利亚孤悬一隅，实际上等于逃避了整个民族与北方相邻民族、文化及市场近在咫尺这一现实。前哨心态也忽视了一个历史现实，那就是，澳大利亚与亚洲邻国自古至今存在着政治、文化、经济上的相互作用，这也是澳大利亚之所以成为澳大利亚的根本所在。

事实上，"大英帝国"不仅建立起宗主国与前哨国家之间的联系，而且还与其他西方帝国一道，促使整个世界的联系更加密切。② 澳大利亚是更加宽泛的世界体系中的一部分，它使得英国白人前所未有地近距离接触

① J. Fitzgerald, *Big White Lie: Chinese Australians in white Australia*, UNSW Press, Sydney, 2007, p. 2.

② E. Said, *Culture and Imperialism*, Chatto & Windus, London, 1993, p. xxiv.

到其他民族、文化和文明。然而，许多澳大利亚历史学家对澳大利亚殖民历史中这一部分感到不舒服，不自在。他们总是回避一个历史现实，即英国文化之外的其他文化可以并且应该是影响启迪了澳大利亚文化的。而且正如爱德华·萨义德强调的，"在一定程度上，帝国使所有文化都多多少少彼此关联，没有一种文化可以保持单一性或纯粹性"。① 承认这种反向性作用形成并丰富了澳大利亚文化，而且并没有影响民族认同感，没有造成民族认同不协调，这是因为其分化作用微乎其微，甚至比不上巴厘岛印度教对印度尼西亚伊斯兰文化、万物有灵信仰的影响大，也不如澳大利亚旅游业对巴厘岛的影响大。但是，对这种影响的担忧正是澳大利亚历史学中屏障作用的核心所在，并且依然在阻碍独立的澳大利亚史叙事方式的形成。

　　有独立见解的澳大利亚史学家的任务就是要摆脱帝国征服的痛苦，创造出一套真实反映澳大利亚复杂历史的叙事语言。一些澳大利亚历史学家已经在开始完成这个任务。50 年前，曼宁·克拉克便不再拘泥于英国和澳大利亚史料编写历史，而是开始使用从雅加达、新加坡和印度收集来的史料。他的《澳大利亚历史》第一卷除了提供澳大利亚历史的英国背景，也提供了一个亚洲背景。克拉克提到过（尽管是一笔带过）早期印度尼西亚望加锡与澳大利亚北部之间的海参贸易。其后几卷著作虽然没有实现第一卷的许诺，但也提出，整个澳大利亚大陆有可能成为"南洋"中一个全新的、独立的文明中心。② 坎贝尔·麦克奈特更是向前迈了一大步。他 1976年的著作《驶往马瑞格》整合涵盖了最早的关于澳大利亚 - 亚洲历史的文字记载。它揭示了澳大利亚土著曾于 18 世纪 80 年代与来自望加锡的水手进行过海参贸易。而"马瑞格"正是那些水手对阿纳姆地的称呼。③

　　然而，即便了解了这种联系，也没有真正影响到处于主导地位的前哨史叙事方式。大多数情况下，"亚洲"一直处于"澳大利亚"历史范畴之

---

① E. Said, *Culture and Imperialism*, Chatto & Windus, London, 1993, p. xxix.

② C. M. H. Clark, *A History of Australia*, vol. III, 1973, p. 135. On Clark's Asian context see M. McKenna, *An Eye for Eternity: the life of Manning Clark*, Miegunyah Press, Carlton, 2011, chapter 14.

③ C. Macknight, *The Voyage to Marege': Macassan trepangers in northern Australia*, Melbourne University Press, Carlton, 1976. See C. Macknight, "The view from Marge: Australian knowledge of Macassar and the trepang industry across two centuries", *Aboriginal History*, vol. 35, 2011, pp, 133 – 134.

图 1　坎贝尔·麦克奈特为 1976 年出版的书《驶往马瑞格》正在进行实地考察。图中是他于 1966 年与史蒂芬·纳扬迪里一起，在阿纳姆地的阿努鲁湾挖掘一个主要的海参加工场。通过这些类似的挖掘工作，他们发现了苏拉威西岛陶器、中国碗和勺子、金属鱼钩、荷兰酒瓶和钱币，还找到石头壁炉、壕沟和烟熏场。这些都与大规模制备干海参有关。这些被发掘的物件如今都存放在北领地博物馆及美术馆中。

外：亚洲的缺失极为明显。这种缺失意味着殖民文化论一方面心安理得地接受澳大利亚历史的帝国构建，同时否定自己民族认同中的重要组成部分，即亚洲地缘政治、经济、文化的重要影响。这样一来，澳大利亚历史就停留在一成不变的帝国世界观上，而这又破坏了建立独立民族认同叙事方式的可能性。同时，他们对亚洲只字不提，也让全世界如以往惯例般的忽略澳大利亚在全球的地位。

　　当澳大利亚史学家真的提到"亚洲"时，他们通常指一个非特指的、令人费解的外域地带。我怀疑，即使是在今天，许多著名澳大利亚史学家对亚洲历史的了解都是模糊不清的。由此说来，他们使用"亚洲"这个词本身就有问题：如果历史学家开始将各个国家区别看待，而不是将他们视为一片大陆，那么，他们就不会继续故意贬低"亚洲"与"澳大利亚"之间相互依存的关系了。如果没有这样的思想转变，那么，按照艾伦·阿特金森恰如其分的说法，这些国家会依然无足轻重。① 这些被贬低的、未指

---

① A. Atkinson, *The Muddle - Headed Republic*, Oxford University Press, Melbourne, 1993, p. 101.

明的亚洲国家往往被归类于没有定论的类别："亚洲"、"东方"（East）和
"东方"（Orient）。纵使这些地方充满异国情调，令人向往，潜藏在人们心
底的威胁感也永远无法彻底消除。

位于亚洲的前哨

不管如何定义殖民者叙事方式，这种方式都是一种因前哨心态而竖立
起来的保护性屏障。这种民族性的历史叙事让人读起来像是在读一个与世
隔绝的家庭故事，里面几乎没有整体地区的存在，甚至没有土著人的背
景。在殖民者史学家心目中，澳大利亚是一个孤立的随意漂浮的太平洋国
家，只是其宪法称其为"受制于王权"。显然，在耀眼的白色光芒中，英
国种族压倒了周边国家，于是在白澳心理地图上，就出现了四周一片空旷
的情景。

这种空旷可以引发独处一隅的快乐感，但同样也会引发恐惧感。在充
满焦虑的时代，殖民者怀疑前哨屏障是否能起保护作用，于是，忽视亚洲
给他们带来了噩梦般的幻觉。在这些噩梦中，北方被想象成一个人口众多
的地带，具有异族移民和军队"向下俯冲"的危险性。来自那个可怕地区
的"低级"亚裔种族将大举入侵，并征服白澳。可以想象，一旦淹没在亚
洲人泥潭中，白澳本身就会变成一片空白。

带来这种恐惧感的并不是亚洲人，而是白人殖民者自己。澳大利亚历
史上的种族灭绝曾经是他们的核心任务。1826 年已经有一位观察家在描述
"英国屠夫"对土著人进行"灭绝战争"。[1] 1883 年，乔治·威廉·罗斯顿
写到，这种"残暴行径"以及"灭绝战争"已经使澳大利亚人习惯性地认
为土著人是"该死的种族"。[2] 到了 20 世纪 20 年代，随着边疆战争和屠杀
土著人活动逐渐减少，人们觉得已经见不到土著人了，于是，视澳大利亚
大陆为死亡中心的意识越发强烈。

---

[1] *The Monitor*, 2 June 1826, quoted in A. Atkinson, 'Conquest', in D. M. Schreuder and S. Ward
（eds），*Australia's Empire*, Oxford University Press, Melbourne, 2008, p. 41.

[2] G. W. Rusden, *A History of Australia*, G. Roberson, Melbourne, 1883, vol. 1, pp. 107, 118,
445.

在 1913 年堪培拉国会大厦奠基仪式上，时任总检察长的比利·休斯曾发表过一个重要演讲，其内容当然也是建立在这种认识之上。他语出惊人，将保卫白澳与消灭土著人联系在一起。休斯在比较澳大利亚与美国民族时宣称，"上帝创造了我们……让我们按照意愿实现目标"。"的确，澳大利亚和美国是两个永远能实现自己目标的民族，因为他们不惜消灭任何人。我向你们宣布，我们没有什么其他方式来实现我们的目标，我们只有做好准备，坚守我们现有的一切。（欢呼声）我们站在这里，代表一个大陆，我们有光明的前途……我们今天亲历的是英联邦历史上的重大事件，你已经完全看不到我们从地球上抹去的那个种族了。但我们不能骄傲自大，以免我们也会随着时间推移而消亡。我们必须行动起来，保卫我们今天所取得的成果（欢呼声）。"①

这个讲话受到热烈欢迎。澳大利亚大清除的后果让殖民者产生恐惧。按照历史学家大卫·戴和大卫·沃克最为著名的说法，这些殖民者害怕有朝一日，亚洲人会对白澳人做出白澳人早先对土著人所做的一切。②

查尔斯·皮尔逊的世界史著作《民族生活与特性》就是在这种非理性预测中出炉的。这是防御理论著作中最重要的一道故垒。皮尔逊著作出炉的前提是 19 世纪帝国理念和社会达尔文主义，即地球是人类种族弱肉强食的杀戮战场。此书在英语国家中读者众多。但是，就所谓的"高级"种族，皮尔逊还提出了一个凄凉的、与他那个时代盛行的帝国必胜信念背道而驰的非典型观点：这些"高级"种族在排挤掉微不足道的、日渐凋零的澳洲土著和美国印第安人之后，又陷入了一种全球性的争夺生存空间的战斗中，对手是"卑劣""低等"，但却朝气蓬勃、茁壮成长的种族。

如果说亚洲种族不够强健，那么他们早已在数量上（以及人们想象的精明狡黠方面）弥补了不足："中国佬、印度人以及黑人是杀不绝的"。同时，澳大利亚在地理上靠近亚洲，这一事实加剧了人们的威胁感。他们严

---

①　*Sydney Morning Herald*, 13 March 1913, p. 10. See also N. Meaney, *Australia and the World：a documentary history from the 1870s to the 1970s*, Longman Cheshire, Melbourne, 1985, p. 203.

②　D. Day, *Claiming a Continent：a new history of Australia*, Perennial, Pymble, 2005; D. Walker, *Anxious Nation：Australia and the rise of Asia 1850 - 1939*, University of Queensland Press, St Lucia, 1999.

重怀疑自己在北方热带地区殖民定居的能力。这种怀疑使他们更加认定"中国每一年多出的人口就足以把我们淹没"。① 当殖民者痛苦地自我意识到亚洲存在时，皮尔逊的言论不啻在他们的伤口上又狠狠扎了一刀。他强调说中国正在"扩展"，"华人人口已经占到新加坡和马来西亚霹雳州人口的一半，处于优势地位……马来人自己都无法抵挡他们汹涌的来势"。只有澳大利亚顶住了："这是因为澳大利亚民主制度对华人保持戒备和敌对，他们才没能成为那块遥远大陆的重要力量"。②

视澳大利亚为屏障的理念使这个新生的国家具有了更广泛的重要性：澳大利亚不仅是英国的最后一块前哨地带，也是整个"雅利安种族"的前哨地带。皮尔逊声称，"我们在保卫世界上最后一块高级种族得以自由生存繁衍的土地，在保卫高级文明"。但是，土著人"微不足道、日渐凋零"这一想法让他感到心虚胆怯，其实也暗指白澳恐怕同样无法抵御新的入侵者。皮尔逊轻描淡写地说，"我们到达时土著居民就死去了"，③ 这显然是对欧洲疾病给土著人社群带来灭顶之灾的闪烁其词，而且，他对灭绝战争也避而不谈。皮尔逊的著作脱胎于殖民文化的死亡中心，他的英国人/雅利安人在前哨地带抵御亚洲人入侵的观点帮助他完成了自圆其说，证明了土著人社会面对白人殖民者是多么命运短暂，不堪一击。

查尔斯·毕恩是一位记者兼历史学家。他的著名论述为前哨焦虑症提供了文字链条上的另一个重要环节。在他那个时代，日本军力不断加强，已经取代华人移民，成为人们心中的亚洲威胁。但是，人们依然感觉澳大利亚在保卫种族优势的全球战斗中扮演着重要角色。1907 年 7 月，毕恩大胆宣称"澳大利亚正在同当今的东方有色种族进行伟大战斗，堪比当年迪米斯托克利与波斯王薛西斯，庞培与小亚细亚的米特拉达梯六世，狮心王理查与撒拉逊人，或者是查理·马特与摩尔人的战斗"。④ 他还写道，必须进行一场"圣战"来保卫澳大利亚"这块白人的土地"，而这正是他那部讲述澳新军团不朽史诗的最高理念，是帝国民族最根本的叙事方式，也就

---

① C. Pearson, *National Life and Character*, Macmillan and Co., London, 1893, p. 69.

② C. Pearson, *National Life and Character*, Macmillan and Co., London, 1893, pp. 46 – 47, 50.

③ C. Pearson, *National Life and Character*, Macmillan and Co., London, 1893, pp. 16, 46 – 47, 50.

④ C. E. W. Bean, *Sydney Morning Herald*, 13 July 1907.

是澳大利亚一战史的官方叙事方式。① 然而，毕恩却从未解释清楚与德国交战又如何能保卫白人家园。毕恩与皮尔逊及其他人不同，包括那位 1913 年在堪培拉发表惊人演讲、将保卫澳大利亚与土著人命运联系起来的休斯。毕恩无法阐明支撑他那澳大利亚圣战信念的种族思维。② 他在 1921 年著书时，不得不对澳大利亚 1914 年制定战略计划的真正原因三缄其口，这真正原因就是日本军事力量的增强。

这种迫不得已的沉默原因很清楚。大卫·沃克在本文集中引用约翰·莫戴克的《一国之军》中的史实，证明英帝国澳大利亚部队就是在一场政治骗局中建立的。③ 出于对日本崛起的恐惧，澳大利亚部长们于 1911 年与英国战争部达成一项秘密协议。他们将筹建一支远征军部队，参加有可能进行的军事行动，比如已在预料之中的对德作战。而他们真正准备应付的是极有可能发生的对日作战。一旦日本在太平洋开战，他们希望英国能出手援救，给予回报。这个秘密协议，以及 1911～1914 年澳大利亚组建远征军之事都是秘密进行的，因为此项做法违反了《防务法》（1903）的本意，即不允许政府派遣部队出国作战。另外还有不确定的成本问题：虽然当时人们都认为需要军队保卫国家，抵御日本，但这一时期，反对"大把花钱"参与英联邦防卫的呼声也很普遍。如果选民得知政府正在组建一支远征军，那么反对呼声会更加强烈。毕恩可能很清楚这是一场政治骗局，但我们无从查证。④ 不管他是否心中有数，他保持沉默还有另一个原因：1921 年的时候，澳大利亚惧怕日本显然是没有根据的。因为，1914～1918 年，日本不但没有进攻过澳大利亚，反而是澳大利亚的可靠盟友。对日本的惧怕决定了澳大利亚参加第一次世界大战的性质。但是，既然 6 万名澳大利亚士兵死于那场战争，如果还坚持认为派遣英帝国澳大利亚部队去打击德国人和土耳其人，是换取英国人保护澳大利亚人，免遭日本入侵，这就是极不明智的了。

① C. E. W. Bean, *Official History of Australia's Involvement in the War of 1914–1918*, 12 vols, Australian War Memorial, Canberra, 1921–1942.

② G. Lockhart, "Race fear, dangerous denial: Japan and the great deception in Australian history", *Griffith Review*, no. 32, May 2011, pp. 128–133.

③ J. Mordike, *Army for a Nation: a history of military developments 1880–1914*, Allen & Unwin, Sydney, 1992.

④ G. Lockhart, "Race fear, dangerous denial", pp. 132, 150.

　　由于无法解释澳大利亚卷入一战的真实原因，于是毕恩展现出一种不列颠种族爱国主义的情感化叙事方法，强调民族利益与帝国利益融为一体：澳大利亚将为英国战斗到"最后一个人，最后一个先令"。具有讽刺意味的是，毕恩闭口不谈 1911～1914 年帝国骗局造成的副作用，即它抑制了澳大利亚历史中民族主义的构建。类似《防务法》（1913）这种具有独立意识的法案，以及迪肯在 1905 年后的一段时期里倡导建立独立海军和国民警卫队的举动，在毕恩的叙述中完全不见踪影。他那自证的、单维度的叙述充满了对帝国的热情。[①] 编纂澳新军团史设定了殖民者叙事的核心脉络，直到今天，他的叙事方式还一直束缚着人们。

　　即便是内维尔·米尼，也一直受制于毕恩的叙事方式。他的《澳大利亚及世界危机》一书论证了对日恐惧才是促使澳大利亚制定军事计划的真正原因。但是，由于米尼避而不谈莫戴克 1992 年有关帝国骗局的研究成果，而且对 1911-1914 年组建远征军一事熟视无睹，他无法解释为什么要组建军队去执行军事计划这件事。米尼其实不明白，1911 年开始组建的远征军不仅在 1914 年的重要关头被派遣上阵，起了重要作用，而且更重要的是，它证明指挥整个行动的真正官方动机是应对日本。所以，米尼只能得出虚弱无力的结论，即 1914 年官方对日本威胁的担忧"看来合理"，而且，把英帝国澳大利亚部队部署到那么遥远的地方是一个合理的对策。[②]"殖民地民族主义"代表人物约翰·艾迪曾于 1988 年宣称，澳大利亚人的"英国性"在格里波利登陆时得到了"证明"。[③] 而米尼与他多少有些相似之处，他也陷入了一种毕恩式的、具有英国人特性的情感化叙事方式。

后殖民时代亚洲的前哨

　　到 1942 年，当毕恩完成了他的《官史》时，澳大利亚北方的国家开始

---

①　G. Lockhart, "Race fear, dangerous denial", pp. 124, 132 – 133, 135 – 138, 150.

②　N. Meaney, *Australia and World Crisis*, 1914 –1923, Sydney University Press, Sydney 2009, pp. 31, 503；G. Lockhart, "Race fear, dangerous denial", pp. 125 – 126, 144 – 147, 156 – 159.

③　D. M. Schreuder and J. Eddy, *The Rise of Colonial Nationalism：Australia, New Zealand, Canada and South Africa first assert their nationalities, 1880 – 1914*, Allen & Unwin, Sydney, 1988, p. 156.

了非殖民化进程。20 年后，白澳政策也开始土崩瓦解。在殖民者历史中，种族主义语言第一次被清除出澳大利亚历史书。然而，这种表面上的改弦更张并未扭转殖民者叙事方式的帝国中心取向，也没有减少叙事中对亚洲的沉默不语，装聋作哑。事实上，1945 年以后的殖民者叙事中最大的沉默来源于逃避的欲望，即逃避非殖民化以及民族独立所代表的后殖民时代含义。

后殖民主义关注的是殖民主义对文化及社会的影响，向人们展示前殖民地本土力量的显著现实，同时使其具有全球意义。① 民族主义正是在这种显著现实中，在战后几十年时间里，成为遍及亚洲的有生力量。但即使是在那个时期，最激进的著名澳大利亚历史学家也没有意识到这一点。他们仍安居于汉弗莱·麦昆所说的"前哨"的"安全牧场"。② 汉弗莱·麦昆从这些领域的著作中找出拉塞尔·沃德的《澳大利亚传奇》和罗宾·戈兰的《激进的工人阶级的政治》，并以他著名的批评言论继续坚持种族主义是澳大利亚民族主义的核心。与其说这是一种激进的民族主义，不如说它是"英国沙文主义"，且由于地理上靠近亚洲而变得更加强烈。③

杰弗里·布莱恩的《距离的暴政》一书对亚洲的看法基本一样，但他同样也不完全认同澳大利亚在这一地区的地位。他在书的最后一章中坚称，澳大利亚虽然远离英国，但社会生活仍然是英国式的。"靠近亚洲"只是指地理层面，对澳大利亚的重要意义在于商业利益。这样，布莱恩就无法讲清楚 1945 年以后澳大利亚在世界的地位。他意识到，在"新兴亚洲国家民族主义蓬勃发展"的形势下，澳大利亚再也不能做"英国的回声和镜像，以及欧洲的前哨地带了"。"依赖已经减少，距离也已经缩小"。对他来说，澳大利亚步履艰难地"进入了一条危险与机遇并存的新星际轨道"。"澳新在不断漂移"，"只是没有人知道去向何方"。④ 布莱

① B. Ashcroft, G. Griffiths and H. Tiffin, *Post - Colonial Studies: the key concepts*, Routledge, London, 2007, pp. vii, 168.

② F. Farrell, *Themes in Australian History: questions, issues and interpretation in an evolving historiography*, UNSW Press, Kensington, 1990, pp. 136 – 137.

③ H. McQueen, *A New Britannia*, Penguin, Ringwood, 1980, p. 42; R. Ward, *The Australian Legend*, Oxford University Press, Melbourne, 1958; R. Gollan, *Radical and Working Class Politics: a study of eastern Australia 1850 – 1910*, Melbourne, University Press, Carlton, 1967.

④ G. Blainey, *The Tyranny of Distance: how distance shaped Australian history*, Sun Books, Melbourne 1966, pp. 317 – 339.

恩建构澳大利亚历史是基于对其过去安全孤立境地的恋恋不舍与念念不忘的心态。这种安全孤立在他那个时代已经减弱，于是产生了距离的暴力。他对亚洲的阐述不是后殖民时代的，而是继续将澳大利亚与亚洲的关系置于殖民主义旧语境中。在提到 19 世纪的贸易往来时，他称其"有用，但规模不大"，这印证了他的英国中心性：这是他希望看到的暴力。

冷战则加剧并巩固了殖民者叙述方式——当时，澳大利亚冷战政策设计师、总理罗伯特·孟席斯爵士就曾经有过畏缩情绪，认为"澳大利亚变成了一片陌生海洋中的一个小国"。[①]这一点在 R. M. 克劳福德的《澳大利亚》一书中显而易见。此书 1952 年首次出版，此后二十多年间多次修订。即使是在 1974 年的版本中，也只有一处微小改动，即调整了皮尔逊 1893 年的人种地理学著作中，共产主义"红色"恐怖加剧了"黄祸"的说法。在 1974 年的版本中，克劳福德称澳大利亚受到了来自外部的威胁，因为澳大利亚国内对其北方新兴国家把握不定。从印度尼西亚，经马来半岛，到缅甸，印度支那……尤其是一个仍致力于世界革命的共产主义党派在中国取得胜利之后。澳大利亚有可能受到巨大反差带来的威胁，即一个生活水平高、矿产资源丰富的人口小国与生活水平低下、人口众多的亚洲国家的巨大反差。

克劳福德的言论反映了殖民者历史与政治之间的紧密联系，符合孟席斯的外交政策，再次肯定了具有殖民地依赖性的前哨战略。克劳福德赞同既然澳大利亚不够强大，不足以充当"这一地区的警察"，它应该"通过与更强大国家交往，来扮演同样重要的角色"。[②]

几十年后，杰弗里·伯顿在写历史时，似乎不再那么担忧北方发生的变化。他对《牛津澳大利亚史》的贡献就是使用了中庸之道来分析澳大利亚与这一地区的关系；但是伯顿没有认真分析每个国家的具体情况以及他们的政治体制。谈到印度尼西亚总统苏加诺时，他的主要见解是关于其品味，称其是"感官的，而非智力的"。也就是说，伯顿竟然没有叙述苏加诺是如何管理 2.1 亿人口的。他还说出"苏加诺对澳大利亚兴趣不大"这

---

①　Quote is from 1964, in N. Meaney（ed.）, *Under New Heavens: cultural transmission and the making of Australia*, Heinemann Educational Australia, Melbourne, 1989, p. 382.

②　R. M. Crawford, *Australia*, Hutchison, Melbourne, 1974, pp. 160 – 161.

种话。就澳大利亚而言，与印度尼西亚的关系是"正确的，但是缺乏共鸣"。与此同时，他们又因为苏加诺组织动员国民阵线以及与苏联签订武器协议而担忧。好在越南南方政权"至少口头上承诺保持议会制传统"，韩国的情况也是如此。日本南下进攻澳大利亚才刚刚过去二十年，澳大利亚议员们自然会认同，多米诺骨牌效应的说法似乎有点道理。按照多米诺骨牌效应，共产主义如果在越南夺取政权，就会形成中国对东南亚及澳大利亚的直接军事威胁。总而言之，一个身处亚洲邻国之中的欧洲血统国家最好还是寻求一条中间道路，否则情况可能更糟糕，而这条中庸之路正是古代中国文明及古希腊文明倡导的重要思想。① 伯顿的历史叙述过于中庸，以至于他轻视贬低了非殖民化进程。他极少使用非殖民化这个词汇。对那个重大过程，他永远只是轻描淡写，一笔带过，也就使我们无法更多地了解澳大利亚历史后殖民时期的地区背景。在这一点上，他并不比早期作家进步多少。

等到历史学家们真的提及亚洲的非殖民化力量时，他们往往使用"新的"以及"正在兴起的民族"这种语言。使用这种语言其实并不是因为天真简单，而是暗指"他们"在玩追赶老牌国家的游戏：也就是在追赶"我们"。这种语言忽略一个可能性，那就是，我们或许也需要进行一些非殖民化，或者，我们也许才是真正落后了的民族。如果一个人不去表达当代亚洲历史上众多基本价值观：自由、民族主义、平等主义，以及更美好的生活，他又如何能够真正严肃地叙述地区关系呢？当那种殖民者叙事方式刻意忽略基于这些价值观而兴起的大多数反帝运动时，他又怎么能进行这种严肃叙述呢？澳大利亚历史编纂者偶尔也会提到印度大起义（1857）和义和团运动（1899－1902），但有谁在那种叙事中读到过爪哇帕德里教派反荷战争（1821－1838）、越南勤王运动（1885），或是缅甸反抗英国侵占的战争（1886－1891）？又有谁会看到菲律宾反对西班牙统治的卡迪普南革命，以及1898年菲律宾宣布成立亚洲第一个共和国？中华民国于1911年建立，印度尼西亚共和国及越南共和国于1945年建立，这些都没被当作

---

① G. Bolton, *The Oxford History of Australia*, vol. 5, 1942－1988: the middle way, Oxford University Press, Melbourne, 1990, pp. 155－156, 159, 290. The quote "Sensual rather than intellectual" appears on p. 155, as a reference to Bruce Grant, *Indonesia*, Penguin, Ringwood, 1967, p. 199.

澳大利亚共和运动历史的参照点。[①]

　　需要提醒一下的是，并不是所有澳大利亚人都忽略了遍及亚洲的非殖民化进程。早在 20 世纪 20 年代，工人运动中一部分力量就秉持了刚刚成形的后殖民主义立场。到了 20 世纪 30 年代，一部分积极分子与亚洲工人站在一起，反对白澳政策，并由此与一届又一届的保守工会及政府唱起对台戏。[②] 1945 年，澳大利亚共产党支持印度尼西亚、越南和中国的民族独立运动。20 世纪 60 年代，一个关于后殖民时代亚洲的澳大利亚观点终于出现在吉姆·凯恩斯的重要著作中。这值得鼓励，不必惧怕。这些著作包括《鹰与莲花》，详细描述了西方在越南进行干涉的历史。此外，鲁伯特·洛克伍兹的《黑色无敌舰队》讲述了 1942~1949 年澳大利亚海员工会为反抗荷兰人而进行的惊心动魄的武装抵抗、哗变，以及抗议行动。这些行动极大地帮助了 1945 年新成立的印度尼西亚共和国站稳脚跟。[③]

　　然而，澳大利亚曾经试图镇压这一地区民族独立运动，对此事却很少有人进行分析。彼得·克雷奇恩和斯图亚特·麦金泰尔在讲述 19 世纪的冲突时，略微谈到此话题。约翰·多克尔最近也探究了澳大利亚参与 20 世纪初几次屠杀行动的历史。[④] 然而，1942~1988 年这一时期的通史，例如伯顿的著作，并未对"反革命的战争"做出任何评价，而参加这些战争正是非殖民化时期澳大利亚的主要国家任务。澳大利亚陆军在马来西亚危机、印度尼西亚对抗（1950-1966），以及在越南战争中（1962-1972）都参与了作战行动。[⑤] 对支撑这些政策的政治文化背景，这些通史同样未

① For example, Mark McKenna, *The Captive Republic：a history of republicanism in Australia, 1788-1996*, Cambridge University Press, Melbourne, 1996.

② F. Farrell "The Pan-Pacific trade union movement and Australian labor, 1921-1932", *Historical Studies*, vol. 77, no. 69, October 1977, pp. 441-457.

③ J. Cairns, *The Eagle and the Lotus：Western intervention in Vietnam 1947-1968*, Landsdowne Press, Melbourne, 1969; R. Lockwood, *Black Armada*, Australasian Book Society, Sydney, 1975.

④ P. Cochrane, *Colonial Ambition：foundations of Australian democracy*, Melbourne University Press, Carlton, 2006, pp. 472-479; S. Macintyre, *A Concise History of Australia*, Cambridge University Press, Melbourne, 2009, p. 141; J. Docker, "*Storm Troopers of Empire？：historical representation in Breaker Morant*, Naguib Mahfouz's *Palace Walk* and other war histories", *History Australia*, vol. 8, no. 1, 2011, pp. 67-88.

⑤ G. Lockhart, *The Minefield：an Australian tragedy in Vietnam*, Allen & Unwin, Sydney, 2007, p. 21.

给予关注。

近年来，历史学家们开始再次在澳大利亚历史中寻找后殖民主义脉搏。大卫·沃克的《焦虑的国度》阐释了澳大利亚文化并非是在与亚洲隔绝的状态中发展的，澳大利亚人实际上一直在以一种辩证的接触方式写到或读到亚洲。我们不妨以建立联邦时期的入侵小说为例。沃克指出，"亚洲"的历程如同"一场反复无常的噩梦"，促使"一个昏睡民族苏醒并长成一个国家"。① 其他学者也做出宝贵贡献：茱莉亚·马丁内兹和希瑟·古多尔关于澳大利亚 - 亚洲之间沿海地区国际化的历史，约翰·菲兹杰拉德、亨利·陈、安·克托伊斯和姜兰虹等人关于澳大利亚华人的历史，亨利·雷诺兹关于澳大利亚北部与亚洲的联系，以及丽吉娜·甘特关于澳大利亚土著与亚洲接触的历史。②

然而，殖民者叙事方式依然占据主导地位。如今的英国通史已经不太可能跳过有关法国大革命影响的探讨。而最近由德里克·施罗德和斯图亚特·沃德编辑的《澳大利亚的帝国》却省略了印度尼西亚革命的具体内容——说得再宽泛一些，它忽略了非殖民化过程。这只是一个最新的例子而已。再例如，沃德有关"安全"问题的章节就回避了"澳大利亚在后殖民时代仍在寻求着安全"。③ 他没能阐明早先对澳大利亚安全的威胁感是怎么产生的。其实，根本就没有人进攻澳大利亚，那只是亚洲的非殖民化过程而已，其核心目的是实现民族独立。④ 这种典型的殖民者叙

① D. Walker, Anxious Nation, p. 229.

② J. Martinez, "Coolies to Comrades: internationalism between Australian and Asian Seamen", in R. Markey (ed.), *Labor and Community: historical essays*, University of Wollongong Press, Wollongong, 2001, pp. 263 – 312; H. Goodall, "Port politics: Indian seamen, Australian u-nions and Indonesian independence, 1945 – 1947", *Labor History*, no. 94, May 2008, pp. 43 – 68; J. Fitzgerald, *Big White Lie*; H. Chan, A. Curthoys and N. Chiang (eds), *The Overseas Chinese In Australia*, Interdisciplinary Group for Australian Studies, Taipei, 2001; H. Reynolds, *North of Capricorn: the untold story of Australian's north*, Allen & Unwin, Crows Nest, 2003; R. Ganter, *Mixed Relations: Asian – Aboriginal contact in north Australia*, UWA Press, Crawley, 2006.

③ D. M. Schreuder and S. Ward, (eds), *Australia's Empire*, p. 253.

④ D. M. Schreuder and S. Ward, (eds), *Australia's Empire*, p. 389 says that by the early 1960's 'the process had been dubbed "decolonization" had acquired a sense of inevitability'. But this dubbing overlooks the counter – revolutionary plans of the Australian government in South – East A-sia from at least 1962 – and, until the late 1960s, the widespread acceptance of them.

事方式保留了澳大利亚历史的帝国语境，比寿终正寝的大英帝国还要长命。

　　约翰·赫斯特的著作同样保留了原有的套路。他的历史书《伤感的国度》将 1883 年前后法国和德国在太平洋地区的扩张解释为激发联邦运动的动因——于是将原本在那里的亚洲彻底遗忘。与此相似，赫斯特还参考了一些毫无名气的联邦时期诗歌，反而忽略了更广为人知的所谓入侵文学。大卫·沃克已经证实，19 世纪 80 年代以来的文学作品充斥着对亚洲的焦虑。不过，赫斯特倒是提到"白澳"是"种族主义的"。但奇怪的是在他建立联邦的故事里，批评白澳的声音并不响亮。因为联邦建立之后，通过的第一部法案就是《移民限制法》。《伤感的国度》更多讲述的是加里波第及建立澳大利亚联邦的意大利背景，而不是早期华人移民的影响，以及澳大利亚历史的地理因素。①

　　这种对亚洲影响的阻隔在赫斯特的其他著作里继续出现。在他 2005 年的论文《澳大利亚历史与欧洲文明》中，他声称，在过去五百年人类历史中"欧洲的扩张是一种转化力量"。这条殖民者历史研究思路并不是什么新花样，但他则继续沿着这条思路写下去：

　　　　尽管有很多关于原住民文化延续性的研究，但没有人能宣称欧洲文化的影响是短暂的。只要那些新兴国家自身是按照欧洲原有模式建立的，只要他们还继续拼命推广西方技术、产业，提供西方医药，他们就无法这样宣称。即使是批评西方文明最为激烈的伊斯兰毛拉，也得通过电视宣读死刑判决，也得在生病时乘坐大型喷气飞机飞往波士顿医院就医。②

这就是殖民主义关于"文明"与"落后"的二元论述——以一种稍许"野蛮"的方式阐述出来。它机械地将欧洲和美国置于世界的中心，将澳大利亚作为后帝国时代的边疆前哨。这是一种公式化的世界观，在它的世界里，非欧洲世界至多也只能憋出幼稚的模仿、野蛮和虚伪。

①　J. Hirst, *The sentimental Nation: the making of the Australian Commonwealth*, Oxford University Press, Melbourne, 2000, pp. 7 - 9, 10, 22, 84.

②　J. Hirst, *Sense and Nonsense in Australian History*, Black Inc., Melbourne, 2005, pp. 56 - 79.

暗示落后固化了对亚洲的忽视，并由此阻塞了澳大利亚民族认同的重要部分。举例来说，赫斯特宣称，"文学史和艺术史学者都知道无法从澳大利亚内部来解释他们学科的发展。因为，不可能存在澳大利亚的澳大利亚艺术史"。① 除了提出"澳大利亚的澳大利亚艺术史"这个存疑的说法外，赫斯特完全无视土著艺术的巨大宝库，并只字不提对广泛存在的、源于亚洲的（以及英国和其他地方）内化影响。这些影响丝毫未减少澳大利亚历史、艺术与文学的澳大利亚特色。人们普遍认为来自中国和日本的影响使澳大利亚艺术更加形态多样、丰富多彩，如陶瓷业、时装设计和战争雕塑。艺术史学家詹妮弗·费普思提醒我们，约瑟夫·伯姆爵士于 1885 年设计的圣乔治与龙纪念碑塑造的就是一条东方龙。② 这是一座典型的轻骑兵纪念碑，目前守卫在维多利亚国立图书馆前院。毫无疑问，中国艺术以及（或者）日本艺术深深影响了澳大利亚画家，包括汤姆·罗伯茨（1856～1931）、伊恩·费尔韦瑟（1891～1974）和关伟（1957～）。然而赫斯特的文明与落后二元论却摆出好战的架势，力图区分开"我们"和"他们"。这种二元论让我们想起皮尔逊的雅利安前哨言论。它否定了培育出相互作用与杂交文化的历史现实，阻碍了独立的澳大利亚－土著－亚洲历史的形成。这样做的目的就是要保卫"高级文明"在世界上的最后一块阵地。

害怕被剥夺的情结也继续出现在最新的澳大利亚著作中。这种恐惧心理充斥于艾伦·阿特金森发表的君主主义著作《糊涂的共和制》。"人烟稀少的澳大利亚北部沿海与巨大的亚洲群岛距离并不遥远"。他不无惊恐地给予警告，并继续提出问题，"为什么要允许我们的大陆被并入到另一个不仅与我们隔着巨大的海域，而且文化截然不同的大陆里呢？"在这部1993 年的著作中，阿特金森反对"接触"政策可能带来的新文化与经济"侵略"。他认为，"称澳大利亚是亚洲的一部分似乎在暗示澳大利亚没有

---

① J. Hirst, *Sense and Nonsense in Australian History*, Black Inc., Melbourne, 2005, pp. 56–79.

② Private correspondence. Medieval European dragons had relatively short necks and bat wings. Some had eagle wings. From the eighteenth century, after Chinese and Japanese aesthetics and a significant influence in England and Europe, dragons with long looping and coiling serpent–like necks became popular there. This is the type of "Anglo–oriental", probably Japanese but possibly Chinese, dragon St George is slaying in Boehm's Melbourne monument.

图 2　约瑟夫·伯姆爵士于 1885 年设计的圣乔治与龙纪念碑目前位于墨尔本维多利亚州立图书馆前院。这是一条东方龙，圣乔治与这条龙搏斗，以保卫澳大利亚人。

阿格涅什卡·索伯辛斯卡拍摄

根深蒂固的传统"。① 但是，"我们的大陆"怎么可能被并入到另一个大陆呢？阿特金森大概是担心澳大利亚"根深蒂固的传统"受到移民群体"截然不同文化"的威胁。这也说明他对自己宣称的民族传统以及人民掌控自己命运的能力缺乏信心，底气不足。

事实上，焦虑情绪也体现着他尚未完成的三卷本巨著《澳大利亚的欧洲人》中。在前言里，阿特金森称，他希望捕捉到某些"深层文化基础"，正是在此基础上，白人才得以在"完全只有土著人的历史时期"与"对亚洲、亚裔澳大利亚人及外部世界做出重大调整时期"的间隔期完成殖民定居。② 这个"间隔期"对阿特金森意义重大，因为，在这一时期，"欧洲人多多少少独享这块土地"。显而易见，至少在文字层面，帝国仍继续占有

---

① 　A. Atkinson, *The Muddle - Headed Republic*, pp. 109 - 110.

② 　A. Atkinson, *The Europeans in Australia*, vol. I, Oxford University Press, Melbourne, 1997.

这块"多多少少"空旷的原住民空间——那正是部分种族灭绝的标记。那么是什么将这种继续占有感与将要被剥夺的恐惧感联系起来的呢？很清楚，造成阿特金森心中亚洲威胁感的是一种对殖民者毁灭土著人澳大利亚后果的非理性预测，或者说是土著人化身再现的恐怖预兆。他在最近一篇文章中极具权威性地重申，"征服感存在于澳大利亚人的想象深处。"[①] 由于这种理念深深植根于说英语的人所编纂的防守性历史中，帝国心态和前哨思维才得以继续建立抵御亚洲的坚固堡垒。

陷入前哨心态的困境

前哨心态随着学术发展而不断变化，伴随历史学家们最近转向跨民族史研究领域。粗略看一下玛丽琳·雷克和亨利·雷诺兹的著作《划一条全球肤色线》，我们看到它讲述了一个后殖民时代历史。他们对白澳及白人殖民者社会的种族论述持更广泛的批评态度，寻求打破殖民者历史叙事的帝国框架，并在新视野中重新塑造这个框架，以激发人们探讨澳大利亚与亚洲关系等问题。他们认为，在1900年前后的几十年里，来自白人国家的活力、傲慢，以及跨国交流促使人们更注意泛非洲民族主义，以及"亚洲人的亚洲"这种语汇。他们跟随美国黑人历史学家杜波依斯的言论，称这种疏离产生出一条全球肤色线，并且将不安全感传递回白人一边。白人意识的产生就是来自这种灾难临头的忧虑。

这的确是个有趣的新生事物。但是，作者把查尔斯·皮尔逊的《民族生活与特性》作为澳大利亚后殖民时代思想的最早范例，未免有些问题。前面已经提到过，皮尔逊坚信，高级的白种人受到所谓的"黑种人和黄种人"崛起的威胁，而他认为这些都是"低级种族"。雷克和雷诺兹主要以两种方式接受这个词汇。他们解释说，皮尔逊使用"高级"和"低级"这两个"相对而言的词汇时，所表述的并不是内在固有的区别，而是相对于历史发展水平而言"。[②] 这种解释是十分谨慎的。他们还说，在那个时代，

---

① A. Atkinson, "Conquest", in D. M. Schreuder and S. Ward（eds）, *Australia's Empire*, p. 52.

② M. Lake and H. Reynolds, *Drawing the Global Color Line: white men's countries and the question of racial equality*, Cambridge University Press, Cambridge, 2008, pp. 44, 93.

皮尔逊的预测大胆挑战了传统种族主义思维，挑战了社会达尔文主义者，即那些想象"低级"种族将永远处于欧洲保护之下的人。这种诠释令他们颇感鼓舞，并赞同皮尔逊对他们称之为"后殖民时代世界"的所谓"预言"。他们反复强调，皮尔逊"预测一个后殖民时代世界即将兴起，与此同时，白人世界即将衰落……（在这个世界）殖民地民族和有色民族……将取代他们，成为具有活力的历史推动者"。① 然而，皮尔逊支持在澳大利亚建立英国人/雅利安人的前哨，这完全不是什么"后殖民时代的"呼声。这是基于种族的，为保护在澳大利亚的英国殖民地以及白人种族而建立的防线。不管皮尔逊如何理解"高级"种族和"低级"种族的等级划分，他一贯秉持二元分立的原则，认为世界是建立在种族以及不同种族在全球争夺种族优势的基础上。而且，他相信"低级"种族将取得胜利。这完全是出于他的恐惧与无望。雷克和雷诺兹的确承认皮尔逊的"观点鼓励了种族主义思维，以至于他对自己的预测都产生了怀疑"。② 这样谨慎说话也是一种预防措施，使皮尔逊免受种族主义指责。但事实是不会改变的，人们所知的皮尔逊"后殖民时代"预言激励了他自己和其他许多人，以种族主义思想来构建澳大利亚前哨。

雷克和雷诺兹的研究虽然不再延续帝国叙事方式，但依然局限在那个范畴之内。在那条所谓肤色线的一边，"有色"世界缺失了太多历史。所以说，他们的著作实际上是前哨叙事的翻版，其表述方式又还原到不可知的"亚洲"。他们对日本在太平洋崛起的解释就是一个明证。他们并未探讨关键的经济和战略因素，而是强调日本崛起的动力是反对白人种族主义。但是，一边大谈日本的种族主义，却又忽略了1894年以后日本对中国和朝鲜的侵略，这根本无法为肤色线理论自圆其说。他们不断扩展自己这个毫无说服力、更多是自我证实的论点，以致又提出日本二战期间的侵略行径也要归因于白人种族主义。这样的诠释充其量只能说是狭隘的、选择性的。③

---

① M. Lake and H. Reynolds, *Drawing the Global Color Line*：*white men's countries and the question of racial equality*, Cambridge University Press, Cambridge, 2008, pp. 3, 75 - 76, 88.

② M. Lake and H. Reynolds, *Drawing the Global Color Line*：*white men's countries and the question of racial equality*, Cambridge University Press, Cambridge, 2008, p. 93.

③ M. Lake and H. Reynolds, *Drawing the Global Color Line*：*white men's countries and the question of racial equality*, Cambridge University Press, Cambridge, 2008, p. 325.

雷克和雷诺兹对肤色线白人一侧的解说也过于简单化。他们只是略微谈及 1899～1902 年英荷布尔战争中英国与荷兰的分裂，而对具有战略意义的英日海军同盟却几乎只字未提，而那正好跨越了所谓肤色线，让白澳大为忧虑。雷克和雷诺兹倒是充分强调了日本战胜俄国一方面震动了白人帝国，另一方面给有色人种的非殖民化力量带来希望，具有说服力。但他们却没有提到，为了保持海军同盟，正是英国为日本装备起一支强大的海军，而这支海军于 1905 年击败了俄国人。作者的初衷固然很好，但对白澳的简单化论述仍然决定了他们没有把握，不知如何回应亚洲的挑战。

结论：保持殖民沉默

近来，人们试图重新评价澳大利亚－亚洲关系的漫长历史，这说明前哨－殖民者叙事方式终于难以为继了。澳大利亚历史的亚洲及土著人语境不断扩大，提出这些观点的有克拉克、麦克奈特、凯恩斯、沃克等人。虽然尚不足以彻底改变叙事方式，但他们的著作不断积累，为揭示澳大利亚历史的亚洲语境打下基础，而这种亚洲语境已经越来越难以被人忽略。同样，研究澳大利亚历史的其他专业领域的史学家们也为建立一套更为复杂的澳大利亚历史研究手段做出了贡献。这些人包括沃里克·安德森、克兰狄能、约翰·菲兹杰拉德、简·林佳德等人①。

当然，语言上的问题也是人们不太愿意认真研究亚洲的原因。史学家们几乎无一例外地使用英语语言资料，这说明人们认为只有这些资料才有可靠价值。学习语言并非解决澳大利亚历史问题的灵丹妙药，但了解其他语言对深刻解析其他历史至关重要。学习语言可以潜移默化，培养谦逊包容的敏感文化态度，有助于减少过分张扬的英国特性。这种英国特性常常扭曲殖民者叙事方式中澳大利亚世界地位的概念。学习任何一种亚洲语言都会有助于殖民者历史学家打破禁锢他们叙事方式的封闭怪圈。

---

① W. Anderson, *The Cultivation of Whiteness*: *science, health and racial destiny in Australia*, Melbourne University Press, Carlton, 2002; I. Clendinnen, *Dancing with Strangers*, Text Publishing, Melbourne, 2003; J. Fitzgerald, *Big White Lie*; J. Lingard, *Refugees and Rebels*: *Indonesian exiles in wartime Australia*, Australian Scholarly Publishing, Melbourne, 2008.

　　但实际情况远比这更复杂，而且涉及更多政治问题。帝国沉默继续为忽略亚洲提供依据，而忽略亚洲恰恰构成前哨叙事的屏障。屏障心态依然作祟。自我证实的前哨孤立论点起到了逃避事实的作用。这个事实就是，澳大利亚认同感反映在它与地理距离更近的北方民族与文化的联系上，同时又牢固植根于澳大利亚历史的英帝国传统之中。澳大利亚历史继续在这种殖民心态中书写下去。

（戴宁　译）

唐纳德·霍恩发现亚洲

麦兹·克劳森 *

1964 年 12 月，澳大利亚发表了一篇大概是最缺乏先见之明的书评。该书评结论如下："我毫不怀疑，霍恩此次的小小轰动不到夏末就会被人们忘得一干二净"。① 此次轰动指的是唐纳德·霍恩的《幸运的国家》一书。此书引起公众注意，不仅仅因为有人滥用此书书名而惹恼了作者，还因为这位莫里斯·敦莱威的预言大错特错，成为围绕此书产生的众多谜团之一。② 那些试图研究这一时期历史的人，总会用到"一个由二流的幸运民族掌管的幸运国家"③ 这种刻薄描述，甚至到了随意引用的程度。除此以外，政界也经常会拿《幸运的国家》说事儿。在保守主义者眼里，此书象征着进步派用来批评自由主义政治传统以及主流文化的利器。最说明问题的例子是，在 2007 年联邦大选前的电视辩论直播中，总理霍华德确实借用此言论强烈抨击竞选对手陆克文，说他的观点正是一种"唐纳德·霍恩

---

* 麦兹·克劳森（Mads Clausen），丹麦奥胡斯大学文化研究和英美研究助理教授，研究领域包括澳大利亚研究、民族主义、全球化和帝国等。

① M. Dunlevy, "Well said – but it's been said before", *Canberra Times*, 12 December 1964.

② N. Abjorensen, "A watershed in our search for a national soul", *Canberra Times*, 2 July 2007, the second edition cited this review; D. Horne, *The Lucky Country*, Penguin, Ringwood, 1984, p. 7.

③ Horne, *The Lucky Country*, pp. 191, 220.

式的澳大利亚幸运国家观"。①

然而，这本书还是受到广泛好评，因为它构建了一个批判性接触研究模式，也为以往和当前的挑战性研究提供了一个框架。彼得·哈彻于2007年在《论文季刊》中强调，霍恩关于经济改革、共和主义以及地区关系的论点为研究澳大利亚60年代历史指出了"三向认同分路线"，因而在澳大利亚历史进程中改变了20世纪后期的政治文化与公民文化。② 更为人们熟知的霍恩是这样的：《新闻周刊》、《公报》及《象限》期刊的主编，以言辞犀利著称的一位公知的、万众期盼的神医高手——他为孟席斯领导的澳大利亚疏通了脉络；他让这个国家戒断了对君主制度丰沛滋养的心理依赖，让它在蜷曲几十年后伸直了双腿，并给出医嘱，令其最终举起了政治和文化重担。诸如此类的观点比比皆是，不胜枚举。马克·戴维斯称20世纪60年代的澳大利亚是"一个新生的工程，在等待一个作家来启迪智慧"。他提到《公报》删除了"白人的澳大利亚"这种有害口号，还提到《幸运的国家》一鸣惊人本身就证明了霍恩是促进变革的重要催化剂。③ 文学界对霍恩的评价与此大同小异。布鲁斯·本内特说，霍恩的思想"读起来让人感觉是这一时期很多文学活动的议事日程，它表达了一种独立感和差异性，与占主流地位的源自英国传统的澳大利亚生活迥然不同"。④

尤为有意义的是，本内特进一步阐述了霍恩的观点，提出"国际关系上发生的变化已经使人们在创作文学作品及其他文化产品时产生了非殖民化意识，开始吸纳美洲和亚洲的内容"。⑤ 随着与不列颠世界在政治上和情感上的松脱，人们开始习以为常地谈论地区关系。在此过程中，霍恩扮演

---

① Federal Election Leaders' Debate, 21 October 2007, http://www. alga. asn. au/Election2007/pdf/p071023265. pdf, accessed 2007.

② P. Hartcher, *Bipolar Nation: how to win the 2007 election*, Quarterly Essay 25, 2007, p. 21.

③ M. Davis, "Towards cultural renewal: second Overland lecture", *Overland*, no. 163, 2001, p. 9. Horne claimed to have "de - racialised and de - bushed" the flagship of radical nationalism and likened his editorial decision to "Whitlam crashing through", D. Horne, *Ideas for a Nation*, Pan Books, Sydney, 1989, p. 251; *Donald Horne: Australian Biography*, Film Australia, 1992.

④ B. Bennett, "Perceptions, 1965 - 1988", in L. Hergenhan (ed.) *The Penguin New Literary History of Australia*, Penguin. Ringwood, 1988, p. 436.

⑤ B. Bennett, "Perceptions, 1965 - 1988", in L. Hergenhan (ed.) *The Penguin New Literary History of Australia*, Penguin. Ringwood, 1988, p. 452.

了诊断医生和先行者的角色。他的著作为人们提供了一个有用的棱镜，让人们借此透视地区接触与后帝国时代澳大利亚文化的关系。

亚洲与后帝国时代的澳大利亚

最近学术界很少有人涉足如内维尔·米尼和大卫·沃克这样的先行者所探索的领域。[①] 这种情况早就该纠正了。纠正的动力不完全由于目前地缘政治已经向亚太地区倾斜。人文科学和社会科学领域跨国界研究的转变也促使人们在全球背景下思考各种事件与过程。这种趋势对澳大利亚-亚洲的关系意义重大，也证明研究接触论与假象不必局限于现实，也不排斥任何群体和派系。重要的是扩展历史研究的范畴与追求，尤其重要的任务是重新恢复亚裔澳大利亚人的声音，关注地区观点，进一步探究长期存在的空间及文化焦虑。我们也不应该让政界独享特权，因为，政府范围之外的关系也一直十分重要，学术研究应该充分反映这一现实。

令人吃惊的是，很少有批评者专门研究这一地区是如何成为一个至关重要的场景。用大卫·沃克的话来说，这个场景"催生出一个新的、经过文化翻修的澳大利亚"。[②] 在20世纪五六十年代，有关亚洲大论战的内涵及意义已发生了翻天覆地的转变，这已成为不争的事实。越来越多的决策者、知识分子以及艺术家都认为，在这个场景里，澳大利亚可以成长为一个政治和文化都生机勃勃的国家；而过去，好几代人都曾经避开这个场景，在帝国框架中寻求保护。现存各种关系的打破一直被归因于这种"发现"，因为后来出现的各种论述皆广泛采用地区主题来解释战后几十年的历史。是谁最早提出或预见了这个"转向亚洲"的特色，成为学术辩论或党派辩论的中心内容。这些争论引发的观点更凸显自信、与众不同和自我

---

① N. Meaney, *A History of Australian Defence and Foreign Policy 1901 - 1914*, vol. 1: the search for security in the Pacific, Sydney University Press, Sydney, 1976; D. Walker, *Anxious Nation: Australia and the rise of Asia, 1850 - 1939*, University of Queensland Press, St Lucia, 1999.

② D. Walker, "Cultural change and the response to Asia: 1945 to the present", in M. McGrillivray and G. Smith (eds), *Australia and Asia*, Oxford University Press, Melbourne, 1997, p. 11.

认识。政治家的决策及言语是否有效，知识分子的言论是否强大有力，艺术作品是否称得上尖锐犀利，都与这个问题息息相关。这样的观点固然充满魅力，具有一定影响，但是，将这些转变归因于国家意识的觉醒、文化自信或反殖民主义萌芽却很难站住脚。跨国界的视角对这些解读提出质疑。它强调的是国家空间以外的思想和力量。它不仅提醒我们被边缘化的经历，也让我们重新关注不断缩小的英国特性。①

鉴于霍恩在这些辩论中处于核心地位，他的著作在意识形态和学术思想系谱上则很难找到一个特别相应的位置。事实上，霍恩的著作并不支撑那些主导性观点，如国家的"到来""发现""兴起"等，而是为这些让人先兴奋后抑郁的目的论开出强力解药。于是，这位被人引用最多的战后知识分子为人们提供了一个有力案例，可以更加细致地讨论澳大利亚与地区接触的起源与决定因素。

一种逻辑净化

一些现代学者预测到了后来出现的种种反响。《国家》编辑汤姆·菲兹杰拉德在评价《幸运的国家》时说："要是唐纳德·霍恩加入了那些激进派大军，那真是个天大新闻"。但他后来发现，其实霍恩做的远不止于此：他不是加入激进分子的行列，而是成为新的领军人物，让那些疲惫不堪的游行者精神振奋。"他的角色是组织动员更多人加入进来"。② 这个评论认为霍恩带来了一种逻辑净化，提出了未来的"规划"。③ 随后一篇《国家》社论推断，此书大获成功，说明在澳大利亚支持自由主义激进政策的无党派选民似乎占决定性比例，其愿景与工党形成鲜明对照。反观工党选民，他们正为工党"放弃了当代角色"而沮丧。④ 这种退缩现象在地区事

---

① See J. Darwin, *The Empire Project: the rise and fall of the British world system, 1830 - 1970*, Cambridge University Press, Cambridge, 2009; S. Ward, *Australia and the British Embrace: the demise of the imperial ideal*, Melbourne University Press, Carlton, 2001; J. Curran and S, Ward, *The unknown Nation: Australia after Empire*, Melbourne University Press, Carlton, 2010.

② T. M. Fitzgerald, "Breakthrough", *Nation*, no. 163, 20 February 1965, p. 22.

③ T. M. Fitzgerald, "Breakthrough", *Nation*, no. 163, 20 February 1965, p. 23.

④ "Fresh air", *Nation*, no. 171, 12 June 1965, p. 3.

务上尤为突出。

这些反应表明，以上观点并非只局限于知识分子圈子。霍恩以一种不寻常的谦逊口吻称，这些理念并不是他的发明创造，自己只是将过去认为不相干的问题联系起来，比如澳大利亚地区观以及澳大利亚宪法框架。[①]最后，他又十分恰当地总结到，这本书"帮助许多澳大利亚人厘清了本来就已经存在于他们脑子里的思维"。[②] 如此说来，读一下那些权贵精英们的评论就颇为有趣了。艾伦·布朗爵士曾是总理部部长，他在给他即将卸任的上司罗伯特·孟席斯的信中有个恶毒的评价：

> 我一直在读一本企鹅出版社出的书，叫《幸运的国家》，讲的是20世纪60年代澳大利亚历史，是一个叫唐纳德·霍恩的家伙写的……作者说我们将很快成为一个共和国，还说我们要学会把自己当亚洲人来看待。他不认可您。事实上，有些事我略知一二，他说的都不对，他孤陋寡闻。我怀疑他是来自哪所大学的什么教授。[③]

与这种批评相比，理查德·凯西对霍恩的评价有所不同。这位前对外事务大臣在成为总督前不久，在去旧金山的路上阅读了此书。他在日记中称《幸运的国家》"是本着严肃态度，尝试分析并诠释澳大利亚的著作"，并且是"一本悲观的、批判性很强的著作，我认为论证有余，但并不过分"。[④]

给出"并不过分"这样的定性，实际上强调了这些论点并非属于某个党派立场，而是整个政治界的评估，只是这些评价视角不同，热情程度不同。可以看出，随着变革深入人心，就连最僵化保守的政客和机构都开始出现话语上的转变，尽管这种转变缓慢迟疑，心有不甘。事实上，凯西对此书的评价促使人们思考，霍恩对整个这一时期公众辩论的贡献是否与后来的诠释有密切联系。这些诠释都紧紧抓住霍恩用地区接触观点来描绘后帝国时刻，称其为新国家自信精神的结果，而这新精神主要得力于激进力

---

① D. Horne, *Looking for leadership*: *Australia in the Howard years*, Penguin Ringwood, 2001, p. 16.

② D. Horne, *Into the open*: *memoirs 1958 – 1999*, HarperCollins, Sydney, 2000, pp. 40, 130.

③ Brown to Menzies, 1 June 1965, quoted in A. W. Martin, *Robert Menzies*: *a life*, vol. 2, 1944 – 1978, Melbourne University Press, Carlton, 1999, p. 505.

④ R. G. Casey, "12 April 1965, Diary 1965 – 1966", series 4, vol. 27, Casey Papers, national Library of Australasia, MS6150, box 30.

量的大力推动。

不过，有一些问题仍然难以解释。首先就是霍恩的政治立场问题远比上述分析复杂得多。1975 年的解散议会事件促使霍恩成为一名激进主义者，而他也是绕了一个大圈子才找到自己的立场，也就是说，他从一个倾向于无政府主义而不是安德森怀疑主义的大学生，转变为战后试图接受英国政治的保守主义者。① 他在《新闻周刊》做编辑时，自诩是一名反共分子，将自己的立场描述为激进的，或"无政府主义的"保守立场。② 汉佛莱·麦昆就曾暗指他与澳大利亚文化自由联合会创始人理查德·克里吉尔"关系密切"。③ 20 世纪 60 年代中期，霍恩在写《幸运的国家》，并合编《象限》期间，一直是这个联合会的会员，直到1966 年才退出。④ 创建《新闻周刊》的目的就是专门批评某些知识分子"不承认这个世界困难重重，难以驾驭"。他称这些人反映了"现代进步思想枯竭，因此紧张不安"。而他推崇的则是"实用的"进步主义思想。⑤

1962 年，在一次文化自由联合会研讨会上，霍恩说这份期刊代表了他那个"激进保守主义"时代中一种智慧的、现实的、人性的态度。他还指出，头脑发热者、感情用事者或是骗子们可以抛出一些诱人的政策。但是好听的政策并不意味着能够付诸实践。⑥ 那些更激进的现实主义诉求常常源于亚洲挑战及威胁的思维框架。他对工党持保留态度也是源于同样的担忧。有人怀疑《新闻周刊》具有反共性质，尤其是左翼人士，他们怀疑美国是否真的制定了政策，以保卫这块"自由世界"，而蒂姆·罗斯则将怀

---

① See D. Horne, *The Education of Young Donald*, Penguin, Ringwood, 1967; D. Horne, *Confessions of a New Boy*, Penguin, Ringwood, 1985; D. Horne, *Death of the Lucky Country*, Penguin Books Australia, Ringwood, 1976.

② D. Horne, *How I came to write the Lucky Country*, Melbourne University Press, Carlton, 2006, p. 7; see also D. Horne, "Metaphors of Leftness", *Quadrant*, vol. 6, no. 3, 1962, p. 66.

③ H. McQueen, *Gallipoli to Petrov: arguing with Australian history*, Allen & Unwin, Sydney, 1984, p. 187.

④ Horne insisted on having been, "an anti - communist until the communists stopped being communists", in D. Horne, Anticommunist', *Quadrant*, July - August 2002, p. 7.

⑤ D. Horne, *How I came to write the Lucky Country*, p. 45.

⑥ D. Horne, "Policy and practice in *The Observer*", Seminar on Literary Journals and Journals of Opinion, Australian Association for Cultural Freedom, Sydney, 24 - 27 August 1962.

疑证据追溯到 20 世纪 60 年代。①

　　不过，显然霍恩最终也开始考虑地区问题了。在推出《新闻周刊》之前，他就"专注于外交政策"，尤其专注于围绕亚太关系的政策制定，并留意政府制定政策"需要从澳大利亚角度而非美国角度来评判其外交事务的重要性"。② 在一段 1957 年的私人回忆中，他写道："整个海外版面应该从澳大利亚外交政策的角度来写，这一点至关重要"。③ 这种特别重视亚洲的主编方针后来被霍恩描述为"体现了《新闻周刊》基本常识的简明示例"。④ 他在回忆录中的自我标榜更是凸显了他在这个转型期对亚洲的重点关注："那些 20 世纪 80 年代和 90 年代自以为是的专家们，还以为是他们发现了'亚洲'。殊不知早在 1958 年，'亚洲'观念早已迅速成为《新闻周刊》的专用台词了"。⑤

　　这种说法是有道理的。当时霍恩以及像丹尼斯·华纳一样的记者们曾大量撰写有关地区事务的文章。这种侧重一直持续到 1961 年《新闻周刊》与《公报》合并。《幸运的国家》尤其以大张旗鼓发表他的批评意见而名声大噪，他的意见都是在亚洲听到的，都是关于澳大利亚移民政策及外交政策的。类似的担忧促使他在《幸运的国家》中抨击联合政府的依赖性外交政策，以及工党始终不肯放弃的种族歧视政策。一些国际评论家甚至将地区接触观点视为贯穿此书的中心主题。《相遇》前主编、反共大佬欧文·克里斯托尔在《象限》中评论《幸运的国家》，对"霍恩先生设想澳大利亚将成为一个真正的亚洲国家这一前景的可能性"表示了怀疑。⑥ 克里斯托尔认为地理因素是"人们无法视而不见的事实之一——但与诸如文明与文化这些事实相比较，它只是一个微不足道的事实"。⑦

---

① T. Rowse, *Australian Liberalism and National Character*, Kibble Books, Malmsbury, UK, 1978, p. 221.

② D. Horne, *How I came to write the Lucky Country*, p. 37.

③ D. Horne, "Policy and practice in *The Observer*".

④ D. Horne, *How I came to write the Lucky Country*, p. 40.

⑤ D. Horne, *Into the open*, p. 25.

⑥ I. Kristol, "A dull sort of place", *Quadrant*, vol. 9, no. 34, March – April 1965, p. 59.

⑦ I. Kristol, "A dull sort of place", *Quadrant*, vol. 9, no. 34, March – April 1965, p. 59. There are obvious parallels with Samuel Huntington's mid – 1990s criticism of Paul Keating in S. Huntington, *The Clash of Civilizations and the Remaking of World Order*, Simon & Schuster, New York, 1996, pp. 151 – 154.

澳大利亚即将拥有自己的历史

不管怎么说，突出地区主题还是非常值得关注的。《新闻周刊》大量发表安全与防卫问题文章。文章经常使用地图隐喻。这些隐喻在后殖民时期历史中反复出现，此起彼伏。霍恩说道："看一眼地图似乎就能看出澳大利亚总有一天会处于巨大危险中，这曾经是我们《新闻周刊》早期的关注重点（而且现在仍是）"。① 显然，从一开始《新闻周刊》就有这种启示录式的论调。早期的系列文章不断提出一个问题："澳大利亚还有希望吗？"这问题令人感到焦虑，甚至在联邦成立之前就引发过这样的焦虑。霍恩察觉到这个地区"最好的情况将是反西方主义，而最坏的情况则是变成共产主义"。所以，在他的开篇文章里，他并没有对号入座地给予肯定回答，而是将澳大利亚比作"一只可爱的小狗，快乐和勇敢，能够与主人出门打猎。但可悲的是，它还没有做好准备去单独面对野兽出没的丛林，野兽们诡计多端，饥饿难耐。"他认为非殖民化、帝国撤退以及冷战释放出各种复杂势力，这些势力倒不见得多么有利，但却至关重要。他的结论进一步强调了这种观点。他严词告诫："澳大利亚即将拥有自己的历史"。这些挑战论是如此之尖锐，它们已经成为西方论者与亚洲论者日益激烈的大论战中最重要的问题。霍恩得出结论说："在澳大利亚已经出现了一些人士，他们视亚洲为我们将来要应对的唯一力量，不管它是否有共产主义存在，也这些人士中不乏将此应对职责视为己任者。"②

霍恩写于 1959 年 3 月的文章《与亚洲共处》为他《幸运的国家》中的同名章节提供了灵感，往往被认为体现了"具有亚洲意识的知识文化由此诞生"。但事实上，人们对这一评估是很冷淡的。这说明此时人们的心态仍然是"我们应该首先明白，我们不太可能跟北方所有那些国家保持良好关系"。③ 正如尼

---

① D. Horne, "Policy and practice in *The Observer*".

② D. Horne, "Has Australia got a chance?" *The Observer*, 31 May 1958, p. 228.

③ D. Horne, "Living with Asia", *The Observer*, 7 March 1959, p. 143. Horne described the essay as "overdone – but a bold attempt to make 'Asia' seem normal for Australians as something they had to think abut for themselves". Horne, *Into the Open*, p. 26.

古拉斯·布朗所言，"倡导地区接触，甚至提议让澳大利亚支持那些'强大的'独裁者"，是虚情假意的表面文章。[①] 在随后几十年中，霍恩一直支持现实主义政策。1963 年霍恩的亚洲之旅为《幸运的国家》第一章提供了素材。霍恩将此行中的文章投给《旁观者》，其中第一篇是他去中国台湾的时候写的。他用赞许的口吻做了一个生动的比喻：台湾当局坚决反共，不折不扣，就如同二战期间英国人坚定执着地反纳粹一样。霍恩在离开台湾前采访了蒋介石。于是他坚信，"台湾反攻大陆对于整个亚洲来说是个有用的神话"，这样可以把中国大陆的注意力牵制在台湾海峡，使它无暇顾及紧邻澳大利亚的国家。此外，他还目睹了台湾岛上经济快速发展，于是不无轻松地得出结论说，当地实行的政治制度"或多或少是按照欧洲人关于亚洲进步的梦想来运作的：地主被赶走，人们有饭吃，有钱花，工厂越来越多"。[②]

在《幸运的国家》中总是可以看到此种世界观的种种元素。该书一开头就极富煽动性地采用了侵略情节，这也正是让几代澳大利亚人挥之不去的恐惧根源："人们将来可能会有兴趣了解 19 世纪 60 年代之前，也就是这块巨大的大陆尚未被整个亚洲人占满之前，它是什么样子的"。该书批评大多数地区观点都是"非现实的"，主张大规模增加国防开支，并坚称联合政府资金不足，政策规划不连贯，这严重损害了澳大利亚国际声誉和国家安全。霍恩的这种现实主义特征在该书关于亚洲的八类观点中是显而易见的。这些观点类型包括"面目不清的人群"和"我们现在都是亚洲人"，显示反共观点"有价值，有现实意义"，只是有时可能过于教条，对"人类现实"过于疏忽。[③]

即便是霍恩创作于激进政治高潮期的《下一个澳大利亚》也认为战略关注并非"只是白痴行为或愤世嫉俗的新发明"，而是承认地区威胁论"在澳大利亚已被证明具有政治优势，而且已经扭曲了许多人看待亚洲的态度"。[④] 霍恩认为，这种关注后来在 1972 年大选中得到加强。不过他现

---

① N. Brown, *Governing Prosperity: social change and social analysis in Australia in the 1950s*, Cambridge University Press, Melbourne, 1995, p. 48.

② D. Horne, "Two ends of Taiwan", *The Spectator*, no. 7034, 19 April 1963, p. 487.

③ D. Horne, *The Lucky Country*, pp. 13. 93, 119, 195.

④ D. Horne, *The Next Australia*, Angus& Robertson, Sydney, 1970, p. 219.

在认为"在这些具体的恐惧背后，存在着一种更广泛、更怪异而且可耻的对整个（他使用了着重语气）亚洲的恐惧感，仿佛他们这种政治实体是一个面目不清的庞大人群，会向澳大利亚俯冲下来，如同当年亚洲草原上的匈奴人为争夺水草和地盘发动大举进攻一样"。① 至于后面一类观点，则在他后来的写作中十分突出。这种观点以相似的方式描述了 20 世纪 60 年代的政治气候："选举期间，地图上出现红色箭头，表明要将中国阻截在南北越之间"。② 不过，此时的霍恩却很少提到以他的名字或编辑身份发表的有关澳大利亚与邻国关系的文章和论文，其论点与这种观点十分相似，只是没有那么惊悚而已。

走出历史的垃圾桶

霍恩在其他问题上也与进步论观点背道而驰。例如，移民改革集团的出现才最终使他重新审视白澳政策。③ 另外一个例子是，《新闻周刊》最初曾确信非殖民化"步子走得太快了"。④ 对于英国继续留在东南亚，以及澳大利亚干涉巴布亚新几内亚的行动，他解释为是为了遏制印度尼西亚的扩张。虽然霍恩后来承认，这些观点"过时了"，而且"只是一些传统智慧落伍而已"，但他还是认为，重新审视这个立场基本上是出于实用目的，而不是什么原则问题或道德问题："后来，我们将自己从历史的垃圾桶中拣出来，混合我们的各种词汇，然后重新进入历史潮流"。⑤

他坚持认为，地区问题暴露了进步论观点的缺陷。《与亚洲共处》一文指出，亚洲说辞激发了"关于殖民主义和反殖民主义的感情用事的言论，而这样做不仅混淆了老问题，还虚构出新问题"。⑥ 在一篇 1959 年发

---

① D. Horne, *The Australian People*: *biography of a nation*, Angus & Robertson, Sydney, 1972, p. 257.

② D. Horne, *The Australian People*: *biography of a nation*, Angus & Robertson, Sydney, 1972, p. 257.

③ D. Horne, *Looking for a Leadership*, p. 121.

④ D. Horne, "Policy and practice in *The Observer*".

⑤ D. Horne, "Policy and practice in *The Observer*".

⑥ D. Horne, "*Living with Asia*", p. 143.

表的社论中，他指出，进步派使用的修辞"充满了不断转换的殖民主义负罪感，就好像澳大利亚曾经是个殖民主义国家，现在必须老老实实赎罪一样"。他随后展开更猛的攻击：

> 如今澳大利亚的宣传最为糟糕，（相当错误地）宣称亚洲是最好的朋友……这些人继承了老殖民主义者的歧视外衣，并将衣服里外掉了个。他们使用亚洲这个词时，含义比地理意义更加宽泛，似乎亚洲只是一个国家，而不是一个完整的大陆。①

他认为知识分子和舆论制造者对来自这一地区的挑战过于乐观，同时对于过去的政策急于道歉，过分谦卑。这种观点一直是霍恩评论文章的主旋律。1961年5月《公报》上刊登的一篇论文恳求进步派人士"不要再那样谈论亚洲了，就好像他们是一群孩子，或者是上帝"。他对目前辩论中的"过度情感"感到悲哀。② 两年后，在《旁观者》系列文章中，他对政治辩论和学术辩论进行了总结，"人们已经开始沉迷于使用'亚洲'一词了"。③ 按照《幸运的国家》对各种观点的分类，那些对地区政治运动表示出极大热情的人士遭到的批评最为严厉。他的结论是，一些做法会对国家安全造成威胁，如"极端尊崇"亚洲文化，支持"不结盟运动的混乱意识形态"，接受中国崛起为地区大国等。在阐述自己的观点时，霍恩提出了与战后联合政府政治家如出一辙的明确论断，称有些中国迷就想着"快快捞一把"。他还未点名地指责另外一些人已经在未雨绸缪，"为那一天的到来铺好后路"。④

最后一点，霍恩一方面认为，与东南亚去殖民化国家、东亚新兴经济体及政治力量建立良好关系已经开始让人们对国家特性及归属产生了新的认识，但同时，他作品中描绘的国家认同根本不是成形的后帝国时代，可是后人的论述却经常认为是他一手描绘出澳大利亚特性。霍恩认定，这个时代的特性既不是长期受挫的本土性开始兴起，也不是后殖民时期理性明

① D. Horne, "Living with Asia" (editorial), *The Observer*, 12 December 1959, p. 3.

② D. Horne, "Still living with Asia", *The Bulletin*, vol. 82, no. 4240, 17 May 1961, pp. 16 – 17.

③ D. Horne, "Australia goes East", *The Spectator*, no. 7074, 24 January 1964, p. 99.

④ D. Horne, *The Lucky Country*, p. 118.

显增强，而是人们意识到原有的政治和情感关系已统统不复存在。他强调
了英国特性的重要意义。正如他在《澳大利亚传记》中所指出："你知道，
澳大利亚体现的大国沙文主义并不是亨利·劳森，也不是桉树之类的玩意
儿，而是英帝国主义"。① 说到这种认同感的魅力濒临破灭时，霍恩认同
《公报》的言论，称英国种族的爱国主义为人们"塑造了一个简单的世界
形象"，并且"为人们指明了行动方向"。霍恩承认，这种种族思维作用重
大，构建了具有英国特性的澳大利亚，并维持了这种特性。他称之为"一
种优秀的种族哲学……低调得如同十个铜管乐队"。②

　　地区问题被不断作为证据，证明作为后联邦时代国家特性的政治依赖
性及文化派生性已经开始崩溃。关于 20 世纪 60 年代的澳大利亚，霍恩指
出："它保持着更加镇定自若的风格，对亚洲的兴趣也许可以使这个国家
永远摆脱束缚手脚的乡土气息，也可以摆脱那种依靠自己则永远一事无成
的感觉"。③ 然而，类似的观点也让我们看到，他强烈排斥激进民族主义。
具体而言，他口中的这种激进民族主义为狭隘的乡土观念，与《新闻周
刊》社论倡导亚洲中心论的台词大相径庭。他嘲讽地说，"我们被安德森
等人的世界大同主义彻底洗脑，以至于我们都不屑于占用一点版面去批评
澳大利亚丛林、伙伴情谊以及其他传奇故事，只是当我们真的去批评时，
连形容词都不放过"。④

在将来时里何去何从

　　霍恩在四年时间里撰写的三篇文章给我们提供了线索，让我们弄清他
的思想发展轨迹。1964 年 1 月，他在《旁观者》上发表了一篇文章，向一

---

① D. Horne, *Australian Biography*.
② D. Horne, "Mates in the Empire", *Quadrant*, vol. 9, no. 1, January – February 1965, pp. 9 –
　13, in J. Arnold, P. Spearitt and D. Walker (eds), *Out of Empire: the British dominion of Aus-
　tralia*, Mandarin Australia, Port Melbourne, 1993, p. 119.
③ D. Horne, "Mates in the Empire", *Quadrant*, vol. 9, no. 1, January – February 1965, pp. 9 –
　13, in J. Arnold, P. Spearitt and D. Walker (eds), *Out of Empire: the British dominion of Aus-
　tralia*, Mandarin Australia, Port Melbourne, 1993, p. 125.
④ D. Horne, *How I came to write the Lucky Country*, p. 35.

名英国读者阐释了澳大利亚的国家特性向后帝国时代转变的过程。不仅如此，他还解释了亚洲对这一过程的影响。霍恩再次表达了对进步派假想的保留态度，坚持认为知识界和文化界的辩论显示人们深度忽视了客观现实。他承认亚洲已经成为反映政治及公民文化巨变的关键词汇："目前公众对澳大利亚的存在意义感到茫然，漫无目标。这一现状使一些澳大利亚人颇为震惊。他们希望通过想象自己生活在亚洲来满足一种传统需求，即需要知道自己在未来走向何方"。① 不过，虽然霍恩一直不确信地区非殖民化与澳大利亚"去自治领化"（de – dominionisatio，吉姆·戴维森发明的词汇）是两个相关的过程，但他还是相信这些新兴话语能够与邻国的民族主义产生契合，因为他们有着"同样的新特质"，而且"澳大利亚还存在着足够的反英情绪，可以冒充一下温和的反殖民主义"。② 因此，当霍恩观察亚洲这面镜子，以便使澳大利亚"具有可想象性"时，他所看到的并不是由革命性议题或本土主义热情塑造出来的国家政体，而是一种处于萌芽状态的公民民族主义。③

1966 年，霍恩在美国外交政策机构的顶尖期刊《外交事务》上探讨了这些问题。他一方面强调英国特性及空间焦虑心态的重要历史意义，同时又相信澳大利亚正处于一个转折点，只是对这个转折点的性质缺乏自信，渺茫不定。帝国的终结使澳大利亚人"对自己在世界上所处地位失去了道德保障，失去了贵族底气"。霍恩在结论中具有挑拨意味地说："他们不再知道自己是谁了"。导致这种缺失的原因是地区因素。因为日本的扩张主义以及非殖民化侵蚀了英国式澳大利亚的根基。霍恩重新提到孟席斯一伙人对亚洲的漠不关心，同时对政府和反对党都进行了批评。他描述整个政府体制被中国震住，大多数叙述都受到澳大利亚想象中潜在主题的影响，即世事难料，吉凶未卜。④

然而，这篇文章同样排斥保持中立的政策。霍恩讥讽地描述了这种立

---

① D. Horne, "Australia goes East", pp. 99 – 100.

② D. Horne, "Australia goes East", p. 100; J. Davidson, "The de – dominionisation of Australia", *Meanjin*, vol. 38, no. 2, July 1979.

③ John Hirst dismisses Horne's civic nationalism as "a cold cerebral formula", Hirst, "More or less diverse", in P. Beilharz and R. Manne (eds), *Reflected Light*: *La Trobe essay*, Black Inc, Melbourne, 2006, p. 44.

④ D. Horne, "Australia looks around", *Foreign Affairs*, vol. 44, no. 3, April 1966, p. 446 – 451.

场："不管中国产生什么问题，我们都可以通过治疗方式，从外交政策上予以解决：比如儿童问题，如果我们对中国少年犯多表示一些关爱，他们就不会那样为非作歹了"。按照他的估计，这些观点同样会让人担忧，因为这些观点目光短浅，只盯着中国，同时也没能表达出"澳大利亚对亚洲事务实质的自然感受"。霍恩的确主张澳大利亚与亚洲地区是联系在一起的，而且"年青一代的基本公共利益似乎也取决于澳大利亚与亚洲的关系"，但他却极少宣称这些愿景是由意识形态不那么强烈的政治及文化人士制定的，这确实令人感到惊奇。这在一定程度上是由于受到体制与结构的制约，比如与亚洲相关的教育面临资金不足的问题。从更根本的意义上讲，霍恩认为，地区问题辩论并不显示澳大利亚已经形成成熟的国家特征，它只标志着人们刚刚开始起步，在规划国家认同的未来蓝图。①

1968 年 10 月，霍恩在《公报》上发表了关于"新民族主义"的标志性文章，集中论述了有关帝国撤退、地区崛起以及后帝国时代国家认同的观点。他的著名论断是：赋予澳大利亚国家特性的情感及政治框架已经彻底倒塌。事实上，这篇文章只是简单聚焦于英国特性，并未认真考虑激进民族主义传统的相关现实意义：

> 那一套古老的乡村民族主义和兄弟情谊式的民族主义说辞已经站不住脚了：说我们是在丛林中出没的民族在人口学上已经令人无法忍受，而且对兄弟情谊的说法也无人给出令人信服的新诠释，但又找不到可以取而代之的新词儿。②

这种论点说明了霍恩不愿意承认在后帝国时代，真正的国家特性长期受挫，无法兴盛起来。而且，霍恩在发明新词"新民族主义"来赞颂约翰·戈顿总理，认可其经济民族主义，还偶尔冒出"从头到靴子底儿都是澳大利亚人"这种精彩表述，但同时，他也希望在辩论中"去戈顿化"。

问题的关键是，他最担心总理的地区观。总理在支持澳大利亚坚守英国堡垒与依靠美国势力之间左右摇摆，举棋不定，但却很少认真考虑旨在进一步接触亚洲邻国的其他政策。事实上霍恩对戈顿是否能够充分适应机

---

① D. Horne, "Australia looks around", *Foreign Affairs*, vol. 44, no. 3, April 1966, p. 446 – 451.

② D. Horne, "The new nationalism", *The Bulletin*, 5 October 1968, pp. 36 – 38.

遇与挑战表示出极大怀疑。他这样总结道:"这实际上反映了在澳大利亚经历的所有历史和地理反差中,一个欧洲人社会紧邻着东南亚社会的反差给我们提供了机遇,让我们发展出新的国家意识,新的成就又使我们产生自豪感,可以让我们为伙伴情谊这套说辞注入新的生命力,赋予更宽泛的含义"。他又一次提到萌芽状态的民族文化,说其特性尚待定义,其象征意义有待确立。面对这个巨大的空缺,他充满期待而不是担忧。他宣称看到"人们的一种渴望,渴望在他们的领导人身上发现某种理想化的美好,新鲜、有意义的东西,而澳大利亚有可能实现这些美好理想"。他的论文得出结论:

> 只有从这种意义上——即把国家理念视为美好的理想——民族主义才能产生高尚的、解放思想的效果。但对澳大利亚来说,目前这种意义的民族主义大部分必须通过澳大利亚自身之外的行动才能找到。①

结　论

唐纳德·霍恩最终举例论证了20世纪五六十年代澳大利亚政治和学术领域的时代潮流,特别是探讨了澳大利亚－亚洲的关系。这段时期确实有一些历史时刻,向我们展示了地区的脉搏和动向。正如霍恩的回忆录中所提到的,"思考'亚洲'似乎是想象澳大利亚的基本方式"。② 本文并不怀疑霍恩介入其中的重要性及洞察力。本文认为霍恩理应得到赞扬,因为他捕捉到了公众话语中流露的情感,并进行综合概括;同时,他还设想出如何在后帝国时代构建澳大利亚国家特性及国际关系。

但是否就可以说,霍恩明确象征着与地区观点及具体情势紧密契合的独立政治及公民文化已经到来,这却是另外一回事。霍恩言行不一致,包括他迟迟不肯顺应移民改革的浪潮,强烈反共,直言不讳地抨击许多激进派假想。除此以外,他所推崇的严格的公民民族主义与推动澳大利亚成为

---

① D. Horne, "The new nationalism", *The Bulletin*, 5 October 1968, pp. 36–38.

② D. Horne, *Into the Open*, p. 26.

自信国家的令人欢欣鼓舞的思想大相径庭，而那些思想正是 20 世纪 60 年代后期及惠特拉姆执政早期的时代特点。

这表明了三重意义。

第一，即便是坚决拥护接触亚洲政策的人，他们在适应形势方面也会表现得不如外界公认的那样充满自信，持之以恒。

第二，有关亚洲的想象不能完全归因于某些党派立场。保守主义者也会认为他们创造的政治及学术叙述方式是适应后帝国时代的恰当方式。只是卷入越南战争的行动证明他们严重的战略焦虑一直延续到 20 世纪 60 年代后期。① 相关的问题在霍恩长达十年的意识形态转变过程中十分关键。他的著作很难定位，在执着的进步派与决不妥协的保守派二元对立中徘徊。同时，在深陷帝国时代泥潭、积习难改的种族主义者与披荆斩棘开辟新亚洲之路的地区排头兵二者之间，他也不能找到自己的确切归属。在有关地区接触问题上，有人倾向于将澳大利亚史学论著分为获得拯救论的和注定灭亡论两大类，这显然无益，但以摩尼教善恶鲜明的对立方式进行思辨，实在是有着巨大诱惑力。所以，在多数情况下，辩论双方提出的观点都不可标榜。地区观点明显缺失，亚洲场景也只不过被当作国家特性寓言的背景而已，这就是问题所在。很少有证据证明，这一时期已经出现变革的呼声，公民的自我意识也已重新塑造，而且已经发展到以往及当今观察家都共同认可的程度。

第三，霍恩重新关注英国特性。战后的澳大利亚一直与英人世界保持错综复杂的联系，这是通过帝国优惠权、防卫及情感纽带形成的。斯图亚特·沃德坚持认为，"对盎格鲁 – 澳大利亚社会的认同感深深铭刻在人们大脑里，这深刻影响了澳大利亚政治进化，影响到国家发展的所有领域"。② 詹姆斯·卡伦则声称，英国特性界定了澳大利亚国家社区的含义，只是这种英国特性随着英国申请加入欧共体以及英国撤出东南亚而逐渐减

---

① M. Clausen, "Falsified by history: Menzies, Asia and post – imperial Australia", *History Compass*, vol. 6, issue 4, July 2008, pp. 1010 – 1023, See also N. Brown, *Governing Prosperity*, p. 46.

② S. Ward, *Australia and the British Embrace*, p. 2.

弱。① 来自地区的挑战常常使这种亲密感得以延长，而不是削弱。这并不意味着可以因此不重视去殖民化，以及周边经济体崛起的影响，或者一味轻率支持英国性带来的情感拉力。然而，霍恩历经十年努力，力图创造一套恰当的体现细微区别的词汇来阐释复杂交错的各种历史力量，恰好证明了"国家含义危机"是如何在一定程度上通过匆忙闯入亚洲而迎刃而解。② 他的关注重点始终停留在这个问题上，他不是以论述地区事务的方式总结这十年，而是充满信心地对英国人大谈英国是如何衰落的，由此更是进一步证明了这一点。③

亚洲已经成为澳大利亚的一面镜子，可以衡量澳大利亚的进步、成熟及现代性。几代人在发表意见、制定政策时都要急切地拿起这面镜子，以便确凿地证明澳大利亚再也不用承担其帝国历史加在他们头上的沉重包袱，他们已经获得了独特文化意识，正朝着"前途无量的"未来前进。④ 迈克尔·韦斯利指出，地区"在澳大利亚政治和公共话语中起了一个护身符的作用"。⑤ 大量实实在在的力量以及象征意义的力量都投入到这个理念中，更加凸显了一种当务之急，即需要详尽考察在整个澳大利亚文化谱系中各种辩论及假设的实质。如果不这样做，我们将注定看到复杂的进程继续沦为党派之争的玩物，会重新制造不可信的国家兴起目的论，同时无法公正评价那些广泛的、多面的、有时自相矛盾的接触论先驱人士的重大贡献。

（戴宁　译）

---

① J. Curran, *The Power of Speech: Australian prime ministers defining the national image*, Melbourne University Press, Carlton, 2004, p. 19.

② J. Curran, *The Power of Speech: Australian prime ministers defining the national image*, Melbourne University Press, Carlton, 2004, p. viii.

③ D. Horne, *God is an Englishman*, Penguin, Ringwood, 1969.

④ B. Anderson, *Imagined Communities: reflections on the origins and spread of nationalism*, Verso, London, 1991, pp. 11 – 12.

⑤ M. Wesley, *The Howard Paradox: Australian diplomacy in Asia 1996 – 2006*, ABC Books, Sydney, 2007, p. 6.

在"亚洲世纪"教授历史

莎莉·珀西瓦尔·伍德*

历史学家 R. M. 克劳弗德在《我们自己和太平洋》一书的前言中这样写道:"今天,澳大利亚人和新西兰人确信,与中国、日本、美国和俄罗斯一样面临太平洋一定会影响他们的未来。"[1] 他接着指出:"我们感到太平洋周边环境对我们很重要,但对它的了解却没跟上。"[2] 该书作为教科书,旨在将澳大利亚的发展与太平洋地区的历史进程,特别是与中国和日本的历史联系起来。克劳弗德坚持认为虽然亚太地区对澳大利亚的未来至关重要,但澳大利亚人对该地区不甚了解,学校课程也未能很好地涉及。如今这种观点已成共识,但了不起的是克劳弗德早在 1941 年就做出了以上评论。

2008 年,陆克文总理希望澳大利亚成为"西方社会中对亚洲最了解的国家。"[3] 是年 4 月,新的国家课程委员会成立,拟制定一个在全国范围内统一的中小学课程大纲。制定全国统一的课程大纲为重新思考澳大利亚历

* 莎莉·珀西瓦尔·伍德(Sally Percival Wood),艾思林柯(Asialink)应用研究和分析部主管,墨尔本大学亚洲研究所荣誉研究员,著作有关万隆会议、20 世纪 50 年代中印外交政策、澳印关系以及西方对华人的文化表现等。

① R. M. Crawford(ed.)*Ourselves and the Pacific*, Melbourne University Press, Carlton, 1941, Preface.

② R. M. Crawford(ed.)*Ourselves and the Pacific*, Melbourne University Press, Carlton, 1941, Preface.

③ K. Murray, "Let's look both south and north to find our place", *The Age*, 17 June 2008.

史以及将它与本地区的发展更紧密地联系起来提供了一个契机，这在很大程度上与克劳弗德在 70 年前的想法不谋而合。提议中的课程大纲还会考虑增加澳大利亚与亚洲的接触这一内容。在全国课程审查中的四门课程——英语、历史、数学和科学——历史是争论最激烈的一门。

墨尔本大学历史教授斯图亚特·麦金泰尔负责起草新版全国历史课程大纲。他在"框架报告"（2008 年 11 月至 2009 年 2 月为初稿征求意见期）中表示，历史教育是"任何文明社会的基本特征"，并认为"历史知识是认识别人和自己的根本。"① 报告显示出新课程大纲的一个重要特点，即"关注讲述在亚洲背景下的澳洲历史。"② 2010 年 3 月，历史课程大纲初稿出炉，但很快大家就发现很难有能力去实现既定目标。除去关于历史与国民特性之间的关系这样较宽泛的辩论，澳大利亚与亚洲有时发生的困难关系令澳大利亚各州和领地达成共识变得尤为困难。因此，历史课程成为最后一个实施的修订课程：澳洲首都领地和塔斯马尼亚州于 2012 年实施，其余地方一直拖到 2013 年才实行。

澳大利亚学校中历史教学的历史

要理解为什么历史课成为争论最为激烈的课程，需要回顾一下过去我们国家的历史是怎样呈现出来的。20 世纪 60 年代之前，澳大利亚中学注重的是西方历史，有时仅限英国历史。在 1941 年第一次印刷的《我们自己和太平洋》一书中，作者提出了澳大利亚教育制度必须考虑亚洲这一观点，此后在 20 世纪 60 年代人们又重提此观念。莫纳什大学东南亚研究中心（1968～1978）主任杰米·麦吉写道，虽然"传播我们欧洲文化传统"完全可以理解，但是：

> ……我们现在正在试图通过我们的教育体制，使一些新的和不同

---

① National Curriculum Board, "National History Curriculum: Framing Paper, for consultation – November 2008 to 28 February 2009", p. 1, http://www.acara.edu.au.

② Australian Curriculum Assessment and Reporting Authority (ACARA), "Australian Curriculum: Draft Consultation Version. 1. 0 – History", 12 February 2010, p. 5, www.acara.edu.au.

的东西与欧洲文化传统紧密结合起来，让人们去欣赏非常不同的、由各自非常独特的环境和历史经历而产生出来的多元亚洲文化传统。①

马尔科姆·弗雷泽时任教育和科学部部长（1968～1969，1972），他也鼓励大家教授亚洲历史与语言，认为这将"使我们更好地了解亚洲人民和我们自己的未来"。②

20世纪六七十年代是我们重新审视教育的时代。人们不仅仅反思教学内容是否相关合适，还重新考量传统学科的结构和课堂教学。英国的新历史运动和美国历史学家爱德华·凡登的历史向"社会学研究"靠拢的倡议都激励了更广泛的关于历史在中等教育中的地位的辩论，这些正巧与反越战抗议、争取学生权利、妇女运动和民权同时发生。新历史通过关注妇女、少数民族、土著人群体和工人阶级的经历而扩大了历史人物的范围。凡登将这些关注社会的视角引向一个对社会更以人性为基点的研究。③

新历史还鼓励从纯粹的历史内容学习——记名字、时间、地点——转向把内容与历史研究方法结合起来的做法。1971年英国的《历史学习的教育目标》一文引领了这种变革。文章鼓励学生调查证据，思考动机、时代背景以及因果关系。英国的新历史运动激励了澳大利亚的教师们去修订历史课程。鉴于历史不是一门指定科目，即本科目没有来自中央权威部门指定的内容和教学法，各校可自行挑选课本，而由于教师各自的技能和知识不同，历史课所选内容千差万别。20世纪70年代后期，社会研究方法被认为比传统历史研究方法更为重要，因此得到了极大的推动。20世纪七八十年代有关历史教学的争论早于后来的"历史战争"，比如，传统学派主张死记内容，类似后来"历史战争"中赞同指定教学内容的"国家历史"派；而改革派希望用历史方法引导学生进行讨论并得出更加开放性的结论。20世纪90年代，社会研究方法以指定科目——社会和环境研究——的形式占了上风。在教师们采用新教学方法的同时，批评的声音也出现了。反对

---

① J. A. C. Mackie, "The cultural agreement – prospects and possibilities", *Quadrant*, Indonesia Special Issue：Indonesia and Australia, no. 61, vol. XIII, no. 5, Sep – Oct. 1969, p. 118.

② J. Curran and S. Ward, *The Unknown Nation：Australia after empire*, Melbourne University Press, Carlton, 2010, p. 156.

③ T. Taylor, *The Future of the Past*, Department of Education, Training and Youth Affairs, 2000, p. 13.

方认为，方法较之内容喧宾夺主，教学内容不成体系。学校各自为政的做法使历史教学更为支离破碎。到20世纪90年代末，在澳大利亚一至十年级课程大纲中，历史"不再被认为是正式指定的专业课程"。①

就澳大利亚历史教学的不同方式，曾经有过一个题为"过去的将来，1999～2000"的全国调研。通过对所有8个州和领地的历史课程的调查，发现澳大利亚在20世纪90年代的历史教学很宽泛，"缺乏协调和统一的专业视角"。② 调查明确指出了四个主要问题。第一，缺少澳大利亚自己的教材：1977年后没出版过一本历史教科书，因此，学校"不得不使用有关英国的……英国课本"。③ 第二，教师职业临时工制降低了历史教学的一致性和连贯性。第三，在写调查报告时，澳大利亚只有很少的专业历史教师。第四，学校历史教师与学术型历史学家之间的联系似乎在减少。

"过去的将来"对历史教学内容进行了全面研究后证实，20世纪90年代澳大利亚的历史教学内容十分宽泛，有关亚洲方面的内容更是少得可怜。举例来说，新南威尔士州为七至十年级学生开设了"历史必修课"：世界历史或澳大利亚历史。世界历史包括：历史介绍、古代社会、中世纪社会和现代初期、土著居民、殖民和接触历史、现代世界的形成（选修）。因此世界历史里除了殖民和接触历史中可能提到亚洲，就没有有关亚洲的重要事件与人物。历史课上有无亚洲的内容全凭教师的兴趣。南澳大利亚州在给十一和十二年级学生开设的统称为历史的课上会提到亚洲："现代历史：亚洲"，是九个选修部分之一。对设定的学习结果（技能、知识、概念、价值观）只模糊地提出"了解亚洲历史的某些方面"。2010年，国家课程委员会成立，顾问斯图尔特·麦金泰尔指出，孩子们"压根儿没在系统地学习历史"。④

"过去的将来"调研活动包括来自全国约150位历史教师的有重点的

---

① T. Taylor, *The Future of the Past*, Department of Education, Training and Youth Affairs, 2000, pp. 14, 16 – 17, 21.

② T. Taylor, *The Future of the Past*, Department of Education, Training and Youth Affairs, 2000, p. 3.

③ T. Taylor, *The Future of the Past*, Department of Education, Training and Youth Affairs, 2000, p. 3.

④ S. Macintyre quoted in R. Callick, "History lessons "lack Asia focus", *The Australian*, 25 July 2011.

分组讨论。有关"课程内容与背景"的问题之一是："课程大纲是否足够反映出澳大利亚作为亚太地区成员和世界大家庭一分子所扮演的角色？"① 2006 年"历史战争"开战前夕，联邦教育、科学与培训部召开"澳大利亚历史峰会"，到此时，有关澳大利亚是否是亚太地区成员的问题已经进一步显得与澳大利亚不相关了。朱莉·毕晓普部长推测，也许可以将历史峰会看成"澳大利亚历史教学复兴的起点"。② 为期一天的峰会如果有什么暗示的话，那就是亚洲将不在那个历史教学复兴之中。历史学家约翰·赫斯特在"大国区域战中"提到澳大利亚的国防问题："在亚洲边缘的一个西方小国如何保卫自己？"③ 峰会上除去约翰·赫斯特，亚洲地区很少被提及。历史学家汤姆·斯坦尼各很关注这种情形，因为历史峰会上唯一提到亚洲和澳大利亚的地理位置是与防务有关的，"似乎他们都被排列起来，摆开阵势，澳大利亚唯一需要担心的事就是保卫自己"。④

约翰·霍华德总理在峰会开幕辞中称，讨论澳大利亚历史离不开了解澳大利亚土著社会和其他国家对澳大利亚的形成产生过影响的"运动、态度、价值观和传统"。⑤ 然而，亚洲作为这种影响的来源之一却未被提及。峰会公报明确表示，霍华德政府无意推行一个全国的历史课程，因此，政府只可能提供最泛泛的建议。峰会建议历史课程包括在"澳大利亚和周边地区"发生的意义重大的事件和发展阶段以及澳大利亚人从 50 年前至 20000 年前的"日常生活"。⑥ 公报的基调是不作任何规定，但它认为学生应该了解澳大利亚的"性格"，虽然这到底意味着什么不甚明了。历史峰会缺少或者说绕开了讨论亚洲的影响。

人们会简单地将峰会对亚洲影响的忽视归咎于年代鸿沟，并得出霍华

---

① T. Taylor, *The Future of the Past*, p. 58.

② Julie Bishop cited in Department of Education, Science and Training, "The Australian History Summit", Commonwealth Government, Canberra, 2006, p. 1.

③ John Hirst Quoted in Julie Bishop cited in Department of Education, Science and Training, "The Australian History Summit", Commonwealth Government, Canberra, 2006, pp. 55, 65.

④ Tom Stannage quoted in Julie Bishop cited in Department of Education, Science and Training, "The Australian History Summit", Commonwealth Government, Canberra, 2006, p. 73

⑤ John Howard quoted in Julie Bishop cited in Department of Education, Science and Training, "The Australian History Summit", Commonwealth Government, Canberra, 2006, p. 2.

⑥ Julie Bishop cited in Department of Education, Science and Training, "The Australian History Summit", Commonwealth Government, Canberra, 2006, p. 83.

德和赫斯特都是他们教育经历的产物的结论。他们那个时代，亚洲在文化上是"对立面"并且大多不在学习讨论的范围内。但是安娜·克拉克是位年轻得多的历史学家，她在她的调查报告《历史的孩子们：课堂里的历史战争》中也忽略了亚洲。她根据调查和采访发现，中学生觉得历史课无趣而且内容重复。这被归咎于历史教学法而不是所教的内容。然而，一位评论员指出："克拉克发现学生对第一次世界大战之加里波利之战的学习热情很高，表明'问题'不仅仅在'历史是如何教授的'而且也与'历史课内容'有关。"① 克拉克开篇写了一位男孩抱怨澳大利亚是个无趣的国家，他宁愿去了解美国和中国。② 澳大利亚的历史故事如果与生机勃勃的世界联系起来可能会很有意思，但她没有抓住这个线索。在她的分析当中，没有再提及中国，确切地说没再提及亚洲。

从 2000 年"过去的将来"研究启动到 2010 年全国历史教学大纲初稿出台，澳大利亚与亚洲的经济关系不断加强。亚洲世纪的说法更加响亮和令人信服，这也反映在朱莉亚·吉拉德总理于 2011 年 9 月发表的《澳大利亚在亚洲世纪》白皮书中。但学校教育体制特别是历史学科，并没完全反映出由亚洲在地区——更确切说是全球——经济和战略影响的崛起所带来的快速改变的环境。我们也许还是可以说："我们感到太平洋环境对我们很重要，但对它的了解却没跟上。"③

新的全国历史教学大纲

全国课程教学大纲在所有学科领域中有三项跨课程的优先考虑内容，体现了陆克文总理"了解亚洲"的承诺：土著和托雷斯岛民的历史和文化、亚洲及接触亚洲、可持续发展。全国历史教学大纲框架报告将"更深

---

① B. Hoepper, "Review of Anna Clark's *History's Children*: *history wars in the classroom*", *History Australia*, vol. 5, no. 3, 2008, p. 90. 1.

② A. Clark, *History's Children*: *history wars in the classroom*, UNSW Press, Sydney, 2008, p. 1.

③ R. M. Crawford (ed.), *Ourselves and the Pacific*, Melbourne University Press, revised impression, 1945, p. Vi.

入地了解亚太地区"当作一项全国优先要做的事，以此来修正过去学校课程内容有关亚洲内容的缺失。① 2010 年 2 月发布的教学大纲初稿内容集中在七至十年级的课程，经讨论后得到修改。2012 年 5 月发布了十一、十二年级的教学大纲，供公众咨询。

斯图尔特·麦金泰尔称十一、十二年级的学生将会接触到"比过去大幅增加的亚洲内容"，同时他也指出，"一直以来就有个问题，那就是教师们对教授亚洲的内容相当不自信"。② 在起草、讨论和修改历史教学大纲的过程中都体现出了这一问题。这种事重复发生在七至十年级课程中，首先是发生在古代社会课程上——希腊、罗马世界、近东和亚洲——意思是学生将学习希腊、罗马和埃及历史，同时可选修中国、印度或大洋洲历史。之后八年级学生将再学习"中世纪世界"（500~1750）。作为选修课，学生可以不选中国和印度。历史学家安东尼·米尔纳还质疑接受以欧洲为中心的一些说法，如"近东"和"中世纪世界"："难道这是在亚洲背景下教授澳大利亚历史的方法吗？"③ "现代世界和澳大利亚的形成"使九年级学生开始学习"组成亚太地区的社会"。原本计划引导学生研究亚洲，却又一次强调了"欧洲势力在亚洲地区的影响"。"19 世纪和 20 世纪欧洲的影响力在多大程度上改变了亚洲社会"，这些课程内容是重要，但正如米尔纳认为的：

> 当我们开始接受中国人对待法律的态度，或者当我们考虑亚洲地区关于人权的想法或者统治方式在多大程度上与澳大利亚主流价值观相吻合，这个问题对澳大利亚人就显得至关重要了。课程大纲关于"欧洲势力的影响"这部分产生的危害在于，基本上亚洲又将只在讨论欧洲殖民亚洲时提及：将会以区域外而非区域内的观点来讨论欧洲的影响。④

---

① "National History Curriculum – Framing Paper", p. 4.

② R. Callick, "History lessons 'lack Asia focus'".

③ T. Milner, "The Australian story and the development of Australian curriculum for history", Paper given at the Asia Education Foundation "Leading Asia Literacy" National Summit, Sydney, 23 March 2010, p. 3.

④ T. Milner, "The Australian story and the development of Australian curriculum for history", Paper given at the Asia Education Foundation "Leading Asia Literacy" National Summit, Sydney, 23 March 2010, p. 4.

在十年级教学大纲关于 1901 年以来"现代世界和澳大利亚"移民政策里，鼓励学生比较"其他发达国家"的移民政策，却不鼓励他们对亚洲周边及内部的移民情况进行比较。格雷格·瓦特斯在本书中指出，19 世纪末，政治经济的衰落导致大批的中国人移居海外。阿富汗人和印度人在英国的统治下被送到澳大利亚中部做赶骆驼人，或者被调配到锡兰（今斯里兰卡）或缅甸的种植园工作，造成很大的人口混乱和纠纷，其中一些事件至今还激起怨愤。了解这些人口流动，将亚洲引入 20 世纪移民这一话题很可能帮助澳大利亚人认清一些地区敏感点和殖民后在亚洲遗留的历史复杂性。

"现代世界和澳大利亚"，特别是二战后，代表着澳大利亚进入亚洲的节点，然而，课程大纲关于二战的部分却几乎没有亚洲的踪影，很难理解澳大利亚高度关注欧洲战场而无视"日本将我们这一地区搅得天翻地覆"的这种倾向。[1] 日本在太平洋战争期间呈现出欧洲帝国主义的特性，心怀以日本为其中心的"泛亚"野心。即使日本的干预确实终结了欧洲在亚洲的殖民，被日本殖民的许多邻国对它的"帝国意图"仍存有不信任。[2] 正是这时我们所打交道的地区得以形成。正如麦兹·克劳森和索伯辛斯卡在本书中提出的，战后许多澳大利亚人思考自己国家的地区背景，思考澳大利亚在新的亚洲秩序中如何定位。这是一种奇怪的矛盾关系。日本飞机轰炸达尔文和被怀疑在澳进行间谍活动以及从日本战俘营送回澳士兵遗骸都给澳洲人留下了痛苦的回忆。然而，到了 1957 年，澳大利亚已经与日本签订了一个贸易协定，该协定帮助了两国战后的经济复苏。詹姆斯·卡伦和斯图尔特·沃德在《未知的国家：英帝国后的澳大利亚》中还认为这是殖民后的一个分水岭。随着英国从亚洲撤出，澳大利亚经历了一次身份和信心危机，政策制定者不得不接受这样一个现实：这一地区新生了一些非殖民地的单一民族的独立国家，而它们的政治理想不见得与澳大利亚及其西方盟友一致。

---

① T. Milner, "The Australian story and the development of Australian curriculum for history", Paper given at the Asia Education Foundation "Leading Asia Literacy" National Summit, Sydney, 23 March 2010, p. 5.

② V. Prashad, *The Darker Nations: a people's history of the third world*, The New Press, New York, 2007, p. 27.

　　十一至十二年级历史课程大纲与七至十年级的一样，分为古代史和现代史，不同的是，十一至十二年级古代历史进一步细化成四个单元：古代世界，古代社会，人民、权力和当权者以及古代世界的遗址和发展。虽然"亚洲"（与埃及、"近东"、希腊和罗马一起）在课程大纲内供选修，但亚洲部分只局限于中国。在初稿中提供了四个选修主题：古代遗址、事件、个人或群体，具体内容只建议了曹操——一位中国汉朝末年的军事家。教师貌似有更大的空间教授这四个主题，但对这些"教授亚洲历史缺乏信心的教师们"来说也许太具有挑战性。① 第二和第三单元的选修内容更广泛些，但与有关波斯人、埃及人、罗马人、斯巴达人、以色列人和亚述人的内容相比较，古代中国的内容几乎可以忽略，仅有秦汉时期（公元前221～公元220）的一点内容。到第四单元中国就完全不见踪影了。还值得一提的是，课程大纲坚持使用过时的术语 BC（耶稣纪元前）和 AD（耶稣纪元），而不是脱离了基督教历史年表的 CE（公元）和 BCE（公元前）。

　　古代历史中将中国代替"亚洲"显然很有局限性，对了解我们这一地区更是不可想象。举例来说，佛教作为一个全球性的宗教，对澳大利亚乃至全球产生了巨大的影响，如果将佛教、印度教阿育王和孔雀王朝包括进课程大纲，这或许会激励学生思考古代社会与现代社会的联系，以及整个历史时期东西方思想的交融。孔雀王朝时期，佛教扩散到东亚、南亚和东南亚，一直保持着一个主要的地区宗教地位。根据2006年人口普查，佛教是澳大利亚信奉人数增长最快的宗教。1948年，美国一本历史教科书这样写道："东西方文明互相渗透、交织在一起，任何排斥其中一方文明的教育都不能称之为教育，因为这样的教育忽视了至少一半的人类历史"。② 各课程要优先考虑有关"亚洲以及澳大利亚与亚洲的联系"的内容，学习研究印度阿育王肯定能体现出这种优先考虑。

　　给十一年级、十二年级开设的现代历史也有同样的局限，往往继续采用一些源自西方文明的分类、思想和国际组织架构。现代历史共分四个单元：了解现代世界、20世纪争取权利和承认的运动、现代国家的崛起以及1945年以来的现代世界。在这四个单元中，亚洲只出现在第二单元非殖民

---

① R. Callick, "History lessons 'lack Asia focus'".

② P. H. Clyde and B. F. Beers, *The Far East: a history of the Western impact and the Eastern response* (*1830 - 1965*), Prentice Hall, Eaglewood City, 1948; 1952; 1958; 1966; pp. 2 - 3.

化部分，与妇女的权利、承认土著居民的权利、美国的人权以及工人的权利一起被列入可选修内容。非殖民化部分的案例研究包括阿尔及利亚、刚果、印度、越南和东帝汶。正如麦金泰尔承诺的，高年级学习现代历史的学生能学习到更多亚洲历史。最值得关注的是日本、印度、印尼或中国这些新崛起的现代国家，促使学生选择它们作为案例来研究。每个国家都按大事件发生的时间范围归在一起，大事件如争取独立的斗争、与西方的冲突和单一民族国家的建立。举例来说，在"印尼1942～1965"部分，学生将学习从二战日本占领印尼到印尼1965年的军事政变，还有对印尼民主性质以及民族主义的调查。学生有机会弄清亚洲对民主、民族主义等概念的理解是很重要的。但十一年级、十二年级历史课程大纲对亚洲的处理方式表明，亚洲似乎是在"欧洲帝国主义秩序在亚洲土崩瓦解"[1] 并适应了西方的国家组织形式后才存在的。

高中课程大纲第四单元通过五个涉面广泛的主题来审视正在改变的世界秩序：正在改变的世界秩序、与亚洲的接触、人口流动、中东和平势力以及面向全球化的经济。在这些组成部分里重点是"崛起的亚洲成为重要的国际政治、经济势力，亚洲与澳大利亚接触的性质"。[2] 重要的是，学生可以在"与亚洲接触"单元里选择研究越战。越战给大家提供一个机会来调研澳大利亚战后与亚洲的关系。澳大利亚人对独立的亚洲存有的戒心和二战后与美国密切关系的历史根源，这些至今都决定着澳大利亚外交政策的方向。越战是个合适的研究案例。这段时间很特别，澳大利亚面临外交方向的选择。在越战结束后，越南难民乘小船来到澳大利亚，这对澳大利亚移民政策亦是挑战。除了这个重要的案例研究，学生们还可研究新加坡沦陷、日本在二战中所起作用的影响、东京战争罪犯审判法庭、共产主义运动在中国的胜利、澳大利亚移民政策的重要性，以及澳新美条约和东南亚条约组织。

十年级以"正在全球化的世界"为深度学习内容，其中有选修项：移民经历（1945年至今）。此后高年级学生在"人口流动"主题下还可以考

---

[1]　ACARA, "Draft Senior Secondary Curriculum – Modern History", May 2012, p. 20, www. acara. gov. au.

[2]　ACARA, "Draft Senior Secondary Curriculum – Modern History", May 2012, p. 20, www. acara. gov. au.

虑研究学习在 1975~1979 年来澳的越南难民。十年级学生可从四个主题中选修，如战后澳大利亚移民、移民对澳大利亚特性的影响，以及"至少一件对澳大利亚很重要的事件的影响，如越战后印度支那难民"。① 十一年级和十二年级的"人口流动"包含了更加广泛的例子供学生研究，包括墨西哥人口流动、智利人口流动、刚果人口流动、南斯拉夫人口流动以及亚洲人口流动。因此越战导致的移民问题既可在十年级选修，也有可能这部分内容淹没在十一年级十二年级众多的可选主题里。在"与亚洲接触"的主题下，高年级学生可选修"法国人重回越南"和"澳大利亚卷入越战"，但由于可选内容广泛，有可能会使学生忽视了课程设计者让学生优先学习澳亚各国的初衷。

要了解澳大利亚与亚洲的接触，学习越南战争肯定比学习诸如墨西哥人移民美国或南斯拉夫的难民人口流动更有吸引力。如果"在亚洲的背景下讲述澳大利亚的故事"真是优先的学习内容，那么课程大纲提供的众多可选内容就如将"1945 年以来的现代世界"这张网张得过大。在所谓的"亚洲世纪"，下一代澳大利亚人将会从一个更加有重点的历史教育中获益。2011 年 11 月，美国总统奥巴马为纪念澳新美联盟 60 周年访问澳大利亚。澳美领导人相互示好，期间奥巴马宣布将扩大在澳军事力量，向中国"发出了一个信号"。② 吉拉德总理全力支持奥巴马政府重返亚洲政策给人似曾相识之感。澳大利亚年轻人能够就此事与历史联系起来吗？弄懂澳大利亚与美国和亚洲复杂难对付的三角关系，比如，澳大利亚在越南经历的这种关系，可以帮助学生了解美亚争议。在澳大利亚适应一个强大起来的亚洲和相对变弱的美国的同时，这种争议将可能加剧。

另一个问题是全国课程大纲是否对非殖民化问题给予了足够的重视，有观点认为这是对澳大利亚与亚洲接触起最重要作用的因素。课程大纲在"争取权利和承认的运动"单元里提供了众多可选修的内容，但有远离优先学习"亚洲以及澳大利亚与亚洲的接触"之虞。非殖民化极大地挑战了

① ACARA，"The Australian Curriculum：History"，November 2011，p. 47，www. austraiancurriculum. edu. au/Download.

② M. Grattan，D. Webb and D. Flitton "Pointed message to China"，*The Age*，18 November 2011；R. Wolf. "Obama，in Australia，sends messages to China"，*USA Today*，16 November 2011.

澳大利亚对自我的认识。澳大利亚政府对 1955 年要在印度尼西亚的万隆召开亚非会议表示忧虑就是例证。当时的总理孟席斯对会议持"悲观态度"，指责亚洲各国领导人在万隆挑起种族歧视，相当具有讽刺意味。亚洲非殖民化的历史以及澳大利亚对亚洲民族自决和成为国际社会成员的志向所作出的反应，这些不仅为我们了解我们在本地区与各国的关系的复杂历史而且为我们了解地区性质提供了机会。

做出反应　修正和修订

2010 年 3 月，七至十年级全国课程大纲一出台即遭到批评，因为大纲对优先考虑澳大利亚与亚洲的接触交往未给予足够重视，对战后澳亚历史涉及不够。① 然而更严厉的批评来自那些认为历史课程大纲散播"左翼"思潮的人。自由党议员克里斯托福·派恩指责大纲过于注重亚洲，"几乎将我们的英国传统和制度排除在外"。② 自由党参议员科里·伯纳迪担心"道歉日"（陆克文代表政府为过去政府将土著孩子从父母身边强行带走的政策道歉）将会与"澳新军团日"置于同等重要的位置。他认为这以及教授"白澳政策"忽视了我们的欧洲传统，会"被很多人认为是在教授'黑纱历史。'"③

派恩和伯纳迪的话包含两个主要的担忧，一是担心将亚洲放进澳大利亚历史会降低英国传统在澳大利亚的重要地位；二是澳大利亚特性的问题：如果我们以盎格鲁－撒克逊为主流的历史掺进亚洲或土著人的历史，将会削弱我们的"澳大利亚特性"。当然，在我们 200 多年的建国过程中，英国的影响——传统和价值观、制度和法律——值得我们强调。安东尼·米尔纳就认为正是这些英国的特性使澳大利亚在亚洲地区与众不同，如同亚洲各国都因不同的政治、社会和宗教信仰而各不相同。"对一些亚洲观

---

①　J. Topsfield, "Overhaul for national curriculum after criticism", *The Age*, 15 October 2010.

②　"No 'black armband' view of history in curriculum", *National Indigenous Times*, vol. 196, 4 March 2010.

③　C. Bernardi, "A national curriculum of cultural propaganda?", *Australian Conservative*, 2 March 2010.

察家而言，正是我们的欧洲特性，特别是英国自由主义观点所起的作用，使得澳大利亚很有吸引力。"① 此外，新时代亚洲地区是世界强国争夺势力范围之地，而要顺利平安度过，澳大利亚与美国的紧密关系对我们的邻国来说是有价值的。早在1969年杰米·麦基就说过，将有关亚洲的内容放进学校教育并不会排挤掉欧美的影响。澳大利亚的过去充满了与东西方的交流接触，任何课程大纲不将这些交流接触包括进来，就是剥夺了学生对我们充满丰富经历的过去的学习机会，导致学生认为我们的历史很枯燥乏味。

　　第二个担忧有关澳大利亚特性的问题，已经讨论了许多年。霍华德还在野的时候就坚决捍卫澳大利亚的英国特性，表示澳大利亚人不必为了被接纳入东南亚而"放弃自己的过去"。② 他对当时的澳大利亚总理保罗·基廷持批评态度。基廷想要的不仅仅是被东南亚接纳，他想要人们把澳大利亚视作这一地区的一部分。1994年，基廷首次在澳大利亚议会宣布"我们周边的地区实实在在就是'我们的地区'"。③ 在他的领导下，很重要的任务就是与亚洲发展更紧密的关系，但有些人认为他的所作所为"只是夸张而已"。不仅如此，许多亚洲人经过几十年目睹澳大利亚对亚洲保持的混乱不清的关系，对基廷所谓的澳大利亚在本地区"天然的"位置感到困惑不解。④ 基廷所称的位置和霍华德所说的接纳，在亚洲这个背景下，将澳大利亚不是放置得太"里面"就是放置得太"外面"。全国课程大纲通过澳大利亚的亚洲故事，就不用在澳大利亚特性的辩论中选择立场，相反，大纲会让学生思考澳大利亚特性意味着什么。

　　澳大利亚课程评估和报告局（ACARA）收到超过26000条对七至十年级课程大纲初稿的修改建议。2010年12月发布了课程大纲修订稿，二稿经过修订，最后终于在2011年11月发布（到2012年，课程大纲已经在一些学校使用）。从全国课程大纲终稿中可以看出对之前大纲中亚洲的缺失和澳

① T. Milner, "The Australian story and the development of Australian curriculum for history", p. 6.

② M. McKenna, "Different perspectives on black armband history", Politics and Public Administrative Group, Parliamentary Library Research Paper, 5, 1997 - 1998.

③ J. V. D' Cruz and W. Steele, *Australia's Ambivalence towards Asia*, *neo/post - colonialism*, *and fact/fiction*, Monash Asia Institute, Clayton, 2003, p. 289.

④ J. V. D' Cruz and W. Steele, *Australia's Ambivalence towards Asia*, *neo/post - colonialism*, *and fact/fiction*, Monash Asia Institute, Clayton, 2003, p. 290.

亚关系的讲述方式引发的担忧和批评给予了重视。例如，七至十年级教学大纲中"近东"和"中世纪"被换掉。奇怪的是，"近东"又被悄悄地写进十一至十二年级教学大纲二稿中。这种微妙的做法反映出西方历史讲述方式的顽固性——对澳大利亚而言，"近东"当然应该是新西兰了。在对七至十年级课程大纲修改咨询期间，最重要的修改是增加了一个题为"澳大利亚和亚洲"的深度学习内容，年代为1750~1918年的澳亚，为九年级课程。十一至十二年级课程初稿中还出现了更多的20世纪澳亚接触交流的研习内容。

课程大纲确实体现了多学科优先考虑"亚洲以及澳大利亚与亚洲的接触交流"的内容，只是如果能将目前众多的选择加以精选，更有重点以达既定目标就更好了。亚洲教育机构（AEF）对七至十年级课程大纲二稿进行了严格审查，给终稿提供了修改意见。该机构发现新大纲比之前的大纲提供了更多的研习亚洲的机会。该机构顾问委员会称："在这次的课程大纲中，一至十年级学生肯定会从历史学习中学到知识、技能以及对亚洲地区不同国家历史的了解。"① 十一至十二年级历史课程大纲初稿亦如此，只是在古代历史部分，亚洲历史只有中国；现代历史选修内容又过多，有可能无法真正把亚洲作为重点来学习。这些和其他的一些问题依然存在，例如，虽然七至十二年级历史教学大纲里包括了更多的亚洲内容，但还是没有正式的为澳大利亚学生专门编写的教科书。因此各学校还是可以根据他们的教学能力和现有的资源决定教学大纲。此外，虽然全国历史教学大纲的内容给学生提供了接触亚洲历史的机会，进而对我们近邻的社会、文化传统有更多的了解，但是，七至十年级课程大纲和十一至十二年级的古代历史还是将澳大利亚和亚洲的历史分隔开来，几乎互不相干。多学科优先项下"亚洲以及澳大利亚与亚洲的接触交流"有"组织教学的思路"（OI），这也许可以缓解上面的问题。2012年2月，组织教学的思路重新措辞为：

思路5　与亚洲各国人民的合作与接触交流促进大家成为成熟的地区公民和世界公民。

思路6　澳大利亚是亚洲地区的一部分，我们的历史自古以来就与之

---

① A. Fisher, "Australian Curriculum Strategy: AEF Advisory Board Report March 2011", http://www. asiaeducation. edu. au.

息息相关。

　　思路7　澳大利亚在亚洲地区的社会、文化、政治和经济发展方面扮演着重要角色。

　　思路8　来自亚洲的澳大利亚人历史上以及将来都对澳大利亚充满生机的社会与文化产生影响。[1]

　　以上思路为讲述亚洲背景下的澳大利亚历史提供了机会。当然了，还是要依靠教师来贯彻这些教学思路，将它们引入历史教学材料中。考虑到教师自身对亚洲以及澳亚关系不够了解，对教授这些内容不自信，至少中短期形势不容乐观。也许我们需要等待新一代澳大利亚历史教师成长起来担当此任。

　　与教师是否胜任教学同样重要的是，学生们会选修有关亚洲方面的内容吗？2009年的一项研究发现，只有百分之二的十二年级修历史的学生选修亚洲历史，却有百分之六十五的学生选修德国历史，百分之十九的学生选修俄国历史。[2] 鉴于现在亚洲是澳大利亚历史教学和历史书籍中盲点这种情况，学生这种偏向欧洲的选择就不足为奇了。这是澳大利亚历史故事里缺失亚洲内容的一个反应。全国历史课程大纲初稿中就明显缺少亚洲内容。对那些视亚洲各国文化对澳大利亚及其价值观有威胁并与西方文化对立的人来说，亚洲还是澳大利亚的对立面。假以时日，课程大纲定稿能否使教师和学生都克服掉已确立起来的欧洲偏好，我们拭目以待。

　　在澳大利亚历史中为亚洲确立应有的位置，让人们意识到亚洲在澳大利亚特性的形成过程中的作用，这些将会在亚洲世纪"为我国寻求担当特定角色"做出贡献。[3] 全国课程大纲就是基于这一认识的产物。但是澳大利亚与本地区关系的不确定性依然存在。一个"高度发达的"亚洲国家必须要有来自遥远的西方盟友而不是我们的亚洲近邻来制衡，澳大利亚

① The Australian curriculum: history, cross - curriculum priorities - "Asia and Australia's engagement with Asia", http://www. australianucrriculum. edu. an/CrossCurriculumPriorities/Asia - and - Australias - engagement - with - Asia.

② J. McGregor, "Australian students in the dark as Asia's century dawns", *The Australian*, 13 April 2011.

③ R. Callick, "History lessons 'lack Asia focus'".

历史上一直就有这种对来自亚洲某个强国的威胁的担忧。只要我们的历史不将亚洲的历史融合进来，我们将不得不一直需要去重新了解——伴随着不安——被我们视为新的、前所未有的亚洲。

（陈兰芳　译）

| ## 澳大利亚与亚洲：因海相通

露丝·巴林特*

一位来自印度尼西亚东部罗地岛的渔民曾经告诉我说，当你在海上的时候，所有的东西都可能看着是上下颠倒的。这位叫甘尼·柏罗的渔民说，如果你航海时没有指南针或地图的帮助，你就会学着在不可能看到岛屿本身的情况下，很早就辨认出折射到云层上的岛屿的蓝绿色浅海。他还告诉我说，当你在海上的时候，岛屿看上去像是挂在天空的海洋里。在欧洲人过去的想象中，澳大利亚总是具有这种颠倒的海洋特性：她在欧洲的下面、与之倒置，一个远离法制与文明社会的地方。用小说家克里斯蒂娜·斯泰德具有诗意的话说，是一个属于"水半球"的岛屿型大陆：

> 由旧世界的制图家们呈现在地图上的是高高在上的另一个世界——旧世界，陆地半球。①

陆地和海洋，一个代表旧和已知，另一个代表新和陌生。从前，海洋的要素为：永恒、空旷、缺乏历史。将澳大利亚视为不属于任何人的土地的观念符合了这些海洋的要素。苏万德里尼·佩雷拉评论道："反向、倒置、

---

* 露丝·巴林特（Ruth Balint），新南威尔士大学人文学院历史学高级讲师，研究领域涉及跨国迁移的历史、边界、海事历史和当代澳大利亚历史，著有《不平静的海域：帝汶海的边境、边界和所有权》（2005 年）。

① C. Stead, *For Love Alone*, Angus & Robertson, Sydney, 1966（first published 1945）, p. 1.

不同和隔绝确保澳大利亚成为一个陌生的奇异地域，漂泊在时空中，被外面的世界抛在一边"。①

正如任何水手都会说的，了解了海洋也就读懂了合适的时机、有规律的循环、潮流趋势和不可预测性。任何事物都在不断地变化之中，历史就是如此。如同澳大利亚从来不是无人或无历史之地，周围的海洋也有自己的故事，更确切地说有很多故事。本书的尾篇探讨的是位于澳大利亚以北和东南亚之间这片海域的故事，它们在岛国澳大利亚人的心理上一直占据着特殊的位置。对那些居住在北部沿海的土著人来说，这些北部海域历史上起着对外联系的桥梁作用，也是他们的命脉；而对澳洲白人来说，这些海域是澳大利亚与亚洲的边境地带。亚洲经常被想象成是对澳大利亚国家领土完整的潜在的威胁，这些海域长期以来承载着澳大利亚国人对来自亚洲侵略的焦虑，而人们的这种担忧一直也会被人利用达到某些目的，至今不断。通过对西北海域（指帝汶和阿拉弗拉海）历史的回顾，本文质疑本海域为没有问题、单一的无故事地区的观点，继而质疑历史叙事中只关注陆地而忽略海域的"岛国"版本。

正如福柯很久以前在《疯狂和历史》中所指出的：西方对世界的探究有着集中在对陆地了解的显著特征。② 过去在西方的认知里，海洋象征着"无底深渊"，毫无人类的规范或者说逻辑可循；海洋就是自然界不受管理、反人类的另一半。然而，近些年来，一批海洋领域的新学术成果开始挑战传统的海洋无历史的观念，开始认识到海洋是如何被赋予记忆、神话和故事。③ 人们将海洋从历史研究的边缘引向中心，开始意识到海洋也是历史故事发生之地：冲突、占有、被剥夺、被流放、被迫移民。海洋还是一个接触区，一个交流交换的地方。这点对改写澳大利亚历史中澳大利亚孤立的形象尤其重要，她过去被塑造成一个从文化到地理都与亚洲隔绝开的地方。我与其他学者都已详细地呈现了早在英国人到达和定居澳洲之

① S. Perera, *Insular Imagination*: *beaches*, *borders*, *boats and bodies*, Palgrave Macmillan, New York, 2009, p. 29.

② B. Klein and G. Mackenthun (eds), *Sea Changes*: *historicing the ocean*, Routledge, New York, 2004, p. 2.

③ See for example Greg Dening's discussion of Oceania, "Deep times, deep spaces: civilising the sea", in B. Klein and G. Mackenthun, *Sea Changes*, p. 14.

前，大量海产品（特别是海参）的贸易将澳洲北部与其他殖民地之间以及全球经济联系起来。这些学者最著名的是坎贝尔·麦克奈特，更近期一些的有安娜·史努克儿、盖爱·拉姆齐和长田百合子（著有《航行在边界上》）以及丽吉娜·甘特（著有《混合的种族关系》）。①

当我们考虑澳亚最初的关系时，我们必须想到海洋。澳大利亚与亚洲最早的联系是在海洋上的接触。澳洲北部的海洋曾经是澳洲大陆通向世界的最早的通道，将它与印度尼西亚、印度、中国以及沿途许多重要的港口联系起来。② 至少在17世纪和20世纪之间，在澳大利亚北部水域捕捞的海产品最终几乎都到了中国，这与英帝国在印度的成功密不可分。艾瑞克·塔格里奥可佐指出，在荷兰东印度公司、盎格鲁－印度商人和中国的船队之间存在着复杂的关系，都做来自东南亚商品的贸易；起码从18世纪开始也做来自澳大利亚北部的商品贸易。

海参得到特别的珍视。约翰·克劳福特在19世纪初记载了最为高产的海参捕捞地"阿鲁群岛和卡奔塔尼亚湾中的岛屿，以及新荷兰的西南沿海地区（澳大利亚那时叫新荷兰，布吉渔民称西南沿海地区为迷黎之，中国人称之为南海。）"③ 直到20世纪初叶，麦加锡船队每年都乘着季风来到澳大利亚的沿海地区，澳大利亚土著居民会随船队去麦加锡。荷兰人有记载显示，在那港口小镇，曾同时有至少17位土著居民生活在那里。一些沿海的土著部落与亚洲的海员有着广泛的贸易和交往，来自阿纳姆地的友朗武土著人就是其中之一。④ 据林·瑞德特记载，一位叫柯莱特·巴克的船长在1829年曾经算了一下在澳大利亚北部科堡半岛上某地

① C. Macknight, *The Voyage to Marege: Macassan trepangers in northern Australia*, Melbourne University Press, Carlton, 1976; A. Shnukal, G. Ramsay and Y. Nagata (eds), *Navigating Boundaries: the Asian diaspora in Torres Strait*, Pandanus Books, Canberra, 2004; R. Ganter, *Mixed Relations: Asian Aboriginal contact in north Australia*, UWA Press, Crawley, 2006.

② E. Tagliocozzo, "A necklace of fins: marine goods trading in maritime Southeast Asia, 1780 – 1860", *International Journal of Asian Studies*, vol. 1, no. 1, 2004, pp. 23 –48.

③ J. Crawford, *History of the Indian Archipelago*, Frank Cass and Co, London, 1967 (first published 1820), p. 441.

④ For further accounts of this history, see C. Macknight, *The Voyage to Marege*; D. Bulbeck and B. Rowley, "Macassans and their pots", in C. Frederickson and I. Walters (eds), *Altered States: material culture transformations in the Arafura Region*, NTU Press, Darwin, 2001, pp. 55 – 74; N. Sharp, *Saltwater People: the waves of memory*, Allen & Unwin, Crows Nest, 2002.

来自布吉的水手数目，共计 1053 人（布吉水手是印度尼西亚东南部——当时叫马来群岛——主要的航海群体之一）。[①] 在阿纳姆地，珍贵的海参似乎一直被大肆捕捞。而在金伯利地区，也有证据表明了与亚洲人的广泛接触。[②]

这些与亚洲早期的接触交往推翻了欧洲人对澳大利亚的理念：无归属之地、与世隔绝以及文化的一成不变；这些接触交往还表明这些海域作为通向东南亚各国的海上通道，最早将澳大利亚与亚洲的市场以及广大的外部世界联系起来。在这个意义上凸显了斯泰德对澳大利亚"水半球"的描绘，因为海洋将澳大利亚北部不同地区与亚太地区众多的岛屿联系了起来。澳大利亚联邦的建立限制了澳亚的接触，但它们之间的联系却也从未完全中断。例如，史努克儿、拉姆齐和长田发现位于澳大利亚北方的托雷斯海峡为多民族、多侨民聚居地，因此，他们由于家庭、贸易、语言、社区等因素一直倚靠着海洋彼岸那些地区。[③] 即使 20 世纪早期麦加锡船队停止到访澳北方，印度尼西亚东南地区的渔民还会驾着小船到帝汶群礁和阿拉弗拉海来。他们来寻找海参、马蹄螺，近期是鱼翅，然后在中国市场进行交易。[④] 澳大利亚西北沿海事实上成了他们海洋世界的最南端。他们的海上航行、对那些岛屿和珊瑚礁的了解就是一种占有，打破了认为这些海域是"无活动区"的观点。

1979 年澳大利亚的海域边界向外延伸了 200 海里，使澳大利亚紧挨着印度尼西亚东南地区和巴布亚新几内亚，还因此将印尼罗地岛人传统的捕鱼区包括了进来。布鲁斯·坎贝尔称此扩张行为为"澳大利亚的最后一次殖民行动"。[⑤] 印度尼西亚东南部渔民和他们祖先一样在这些水域捕鱼，自

① L. Riddett, "The gateway and the gatekeepers: an examination of Darwin and the relationship with Asia and Asians, 1942 - 1993", *Journal of Australian Studies*, no. 46, September 1995, p. 57.

② See I. Crawford, *We Won the Victory: Aborigines and outsiders on the northwest coast of the Kimberley*, Fremantle Arts Centre Press, Fremantle, 2001, p. 70.

③ A. Shnukal, G. Ramsay and Y. Nagata (eds), *Navigating Boundaries*, p. 2.

④ For a more detailed account of this history, see: B. Campbell and B. Wilson, *The Politics of Exclusion: Indonesian fishing in the Australian fishing zone*, Indian Ocean Centre for Peace Studies, Nedlands, no. 5, 1993; R. Balint, *Troubled Waters: borders, boundaries and possession in the Timor Sea*, Allen & Unwin, Crows Nest, 2005; N. Stacey, *Boats to Burn: Bajo fishing activity in the Australian fushing zone*, ANU E - Press, Canberra, 2007.

⑤ B. Campbell, "The last colonial act: the expulsion of Indonesian fishermen from the north west coast", *Studies in Western Australian History*, no. 16, "Asian orientations", 1995.

此开始遭到驱逐、遏制、惩罚和监禁。近年来，许多在现在被划定为澳大利亚水域遭到驱逐的渔民，运用他们对该地区的了解，沿着熟悉的捕鱼路线运送申请避难的人。丹尼尔·德瓦尔指出，澳大利亚海域的扩展使得印度尼西亚东南当地渔民边缘化，"造就了一大批对这一地区非常了解、高技能的船员无法正当地使用他们的技能"。① 现在很难确定有多少来自印尼东南地区传统渔村的人正在因为偷运偷渡者而服刑至少 5 年，但可以肯定的是，那些高调、邪恶、黑手党式的操纵澳大利亚新闻报道的人未在服刑。相反，许多贫穷的印尼人在澳大利亚监狱苦挨刑期。澳大利亚主流媒体揭露，这些人中还有一些是未成年人。据《悉尼先驱晨报》报道：东奴撒坦格雷地区（罗地岛在此地区）有 35% 的人生活在贫困线下，每三个婴儿中就有一个营养不良。杰夫·奈尔逊写道，"生计出路很少"，因此"为一个低学历的男孩在船上提供一份工作就不仅仅是一份工作，这可能就是一个在生存线上挣扎的家庭的生命线"。②

从 19 世纪晚期起，沿西北海滨地区建立的欧洲捕捞珍珠业进一步增强了北澳与亚洲的联系。在 20 世纪的头几十年，人们在布鲁姆、达尔文、汤斯维尔这些港口城市的海域进行珍珠捕捞作业。早在 19 世纪 70 年代欧洲的企业家就在库邦招募人们到捕捞珍珠的小帆船上工作。据克里斯提·朱记载，从一开始，珍珠捕捞业的一个侧面就是亚洲男子与土著妇女的性关系，这些关系成了珍珠捕捞业的一个永恒的特征③。世纪之交，布鲁姆成了主要的珍珠捕捞港。那时捕捞船上几乎都是亚洲的工人，他们来自中国、日本、马来西亚、马来群岛（现在的印尼）和菲律宾。得知能有工作

---

① D. Dwyer, "Borders and bounders: from reef fishing to refugees: the changing role of Indonesian sailors and their *Perahu* at Ashmore Reef, north Australia", paper presented at 'Workshop on Indonesian fishing in north Australian waters: questions of access and utilisation, Centre for Southeast Asian Studies, Northern Territory University, Darwin, 9 March 2001. See also D. Dwyer, "Fishers of people: from reef fishing to refugees, the changing role of Indonesian sailors and their *Perahu* at Ashmore Reef, North Australia", in C. Frederickson and I. Walters (eds), *altered States*, pp. 31 – 54.

② J. Neilson, "Livestock furore exposes our moral hypocrisy over asylum seekers", *Sydney Morning Herald*, 17 June 2011, p. 11.

③ C. Choo, "Asian men on the Kimberley Coast, 1900 – 1940", *Studies in Western Australian History*, no. 160 "Asian orientations", 1995, p. 106. See also R. Balint, "Aboriginal women and Asian men: a maritime history of colour in white Australia", *Signs: Journal of Women in Culture and Society*, vol. 37, no. 3, 2012.

机会，他们会从偏远的渔村来到新加坡、中国香港和库邦这些主要的港口城市，登记申请工作。他们来到的世界在某些方面与印度洋边缘诸港口城市相像，都"挤满各色人等"。[①] 港口城市以全球性著称。而布鲁姆因其对大海的依赖以及这些来来往往的操数种语言的商人和船员而与别的海港城市联系起来。北澳大利亚东面另一个主要的珍珠捕捞港为星期四岛，此地同样居住着五大活跃的亚洲群体：中国人、菲律宾人、印尼人、日本人和斯里兰卡人，他们占该岛人口的大多数。[②]

珍珠捕捞业从来没有像那些在陆地上的行业那样得到澳大利亚人的真正认可。这样的印象源自于：在澳大利亚其余地区严格贯彻白澳政策的情况下继续使用亚洲的契约劳工；这些地方远离澳大利亚其他的定居点；以及捕捞作业点超出了澳大利亚的海疆。对一个将身份认定在陆地上的国家，珍珠捕捞业就如同他们的捕捞作业点一样，远离了澳大利亚主流社会。珍珠捕捞业的少数欧洲从业者在原则上而非行动上捍卫白澳的理想。现实是，北澳大利亚珍珠捕捞社区被海洋经济主宰，而他们的海洋世界与亚洲毗邻。在白澳政策统治下的澳大利亚对这些珍珠捕捞中心的亚洲特性怀有既恐慌又着迷的复杂心情。法兰克·赫尔利在日记中记录了他在1920年的星期四岛之行。他称："星期四岛就是对白澳政策的一个讽刺"。[③] 斯坦利弗斯·史密斯是西澳一位以坚决反对"有色"人种移民澳大利亚著称的参议员，他在20世纪初期造访过布鲁姆。他认为，一位到访者如果把此地想成是亚洲的一部分却脱离亚洲并挂靠上了澳洲大陆，也许是情有可原的。造访布鲁姆意味着"一个人如果不是在实际上但起码在表面上已经离开了英国属性的澳大利亚，已经跨过了那片将我们与亚洲其余地方隔开的小小的海域"。[④] 这种认为布鲁姆以自己的方式超越了澳洲大陆政治与文化界限的观点是颇为精辟的。法兰克·布罗兹认为，散落在东亚、亚洲大陆

---

① A. Reid, "Early Southeast Asian catergorisations of Europeans", in S. B. Schwartz (ed.), *Implicit Understandings: observing, reporting, and reflecting on the encounters between Europeans and other peoples in the early modern era*, Cambridge University Press, Cambridge, 1994, p. 271.

② A. Shnukal and G. Ramsay, "Tidal flows: an overview of Torres Strait Islander – Asian contact", in B. Klein and G. Mackenthun (eds), *Navigating Boundaries*, p. 39.

③ B. Klein and G. Mackenthun (eds), *Navigating Boundaries*, p. 41.

④ M. A. Bain, *Full Fathom Five*, Artlook Books, Perth, 1982, p. 242.

周边以及横跨印度洋至东非的这些港口城市，因为它们与海洋相关的功能而有着许多共性；它们之间的共性超过它们各自所处的内陆地区或政治实体所带有的共性。① 其他的北澳大利亚港口城市同样面向海洋，游离于南下几千英里之处的各权力中心之外。

这些史实很重要，使我们确认澳大利亚各地与亚洲的接触经历并非相同。那种将澳大利亚各地历史用同样的描述呈现出来的倾向是将澳大利亚人为地认定为一个统一的、一致的"岛国澳大利亚"。这还反映出在历史和地理领域里的"东海岸"偏见，这样的偏见将印度洋乃至帝汶和阿拉弗拉海想象成澳大利亚的后门。② 小说家亚瑟·阿普菲尔德很有表现力地将西北海域描写成"澳大利亚冲着亚洲的臀部"。③ 克里斯蒂娜·斯泰德称之为"黄海"，从而导致人们将西北沿海海域与"黄祸"联系起来。这样的联想一直持续到当代，表现在对难民和非法船民一事的担忧上：21世纪，澳大利亚"后院"似乎不断地被不受欢迎的第三世界人民和他们的轮船侵犯。

21世纪初，不时有这样的事件见诸澳大利亚媒体：破旧的轮渡挤满疲惫的旅客，由于严重超载而翻船。这些事情所发生的海域正是过去在公众的想象中与亚洲有关联的地方，而亚洲被认为是过于拥挤、肮脏和腐败之地。2001年8月，这种熟悉的画面变得复杂起来：世界最大的集装箱货轮之一、挪威籍MV"坦帕号"货轮意外地救起了"帕拉帕号"沉船上433名难民。接下来发生的事成了一个国际事件。"坦帕号"货轮救起沉船旅客后立刻开往离得最近的圣诞岛，澳大利亚政府拒绝其进入澳大利亚海域。总理约翰·霍华德向媒体发表了那个著名的讲话"这些人不会被允许踏上澳大利亚国土……绝对不会"。

"坦帕号"货轮就这么一天天地停泊在紧挨着圣诞岛的澳大利亚领海之外，而船上的情形是以小时计在不断地恶化。④ 媒体上不断有澳大利亚

---

① F. Broeze（ed.），*Brides of the Sea：port cities from the sixteenth to the twentieth centuries*，UNSW Press，Kensington，1989，p. 3.

② J. Gothard，"Introduction：Asian orientations"，*Studies in Western Australian History*，no. 16，'Asian orientations，1995.

③ A. Upfield，*Bony and the White Savage*，1987，as cited in R. Gerster，*Hotel Asia：an anthology of Australian literary travelling to the "East"*，Penguin，Ringwood，1995，p. 6.

④ For a detailed discussion of the events as they unfolded，see D. Marr and M. Wilkinson，*Dark Victory*，Allen & Unwin，Crows Nest，2003.

武装直升机被红色难民船衬托得很渺小的画面。"坦帕号"就这样在近海漂着，等于提醒人们边境成了一个危险之地："里面"和"外面"混血，澳大利亚有大放血之虞。这些画面就是现实的剧场，无声地证明我们这样的民族国家易受攻击，清晰地表明位于这片特别被污染的"黄海"边境是多么脆弱。艾玛·哈达德这样写道：

> 跨境发生的事削弱了边境的权威，并且有能力"污染"边界一直在保护的内部……不管是内部还是外部，难民作为本身具备污染特性的人，跨境就是对抗边界所释放出的命令。①

"坦帕号"在等待四天之后发出了第三次遇险求救信号，并强行进入澳大利亚领海。12 小时后，45 位空军特种部队（SAS）战士登上"坦帕号"，控制了该货轮，僵局才告结束。从空中拍摄的图像显示，货轮甲板犹如一个开放的圆形剧场，挤满了数以百计的人。战士们在人群外围形成了一圈警戒，折射出澳大利亚难民拘留中心的形象——四周有钢护栏网、带刺钢丝网和守卫。

这些难民包括 450 位男人、女人和孩子，他们成了第一批澳大利亚"太平洋解决方案"的非自愿参与者：他们被移至一艘海军战舰，送到太平洋火山岛国瑙鲁。瑙鲁破产政府同意建造一个难民营，拘留有意去澳大利亚的难民，而政府会得到数百万元作为报答。在此后的四个月当中，又有一千多个难民加入到"坦帕号"难民中。他们当中的一些人在此后三年中将痛苦地待在此地，还有一些人会被移送到在巴布亚新几内亚马努斯岛上建立的第二个难民营。

随着乘船来到澳大利亚水域的难民人数的增加，媒体报道危机的语言如这片剧烈动荡的海域一般激烈。它们运用一系列形象的比喻来形容难民船，引发洪水、浪潮、大潮，甚至海啸。这样激烈的词语似乎暗示大海本身就是危险的一部分，用超自然的力量推动着不受欢迎的移民来到这片卷入冲突的地方。这种暴力的意象在不同的悲剧事件中体现出来，包括发生在 2001 年

---

① E. Haddad，"Danger happens at the border"，in P. Kumar Rajaram and C. Grundy - Warr（eds），*Borderscapes: hidden geographies and politics at territory's edge*，University of Minnesota Press，Minneapolis，2007，p. 119.

10 月 19 日的沉船事件，共有 352 人丧生。这艘轮船，用辩护术语来说，叫 SIEV X 号（涉嫌非法入境船只十号）。参议院调查组后来指出，如此重大的灾难发生在澳大利亚密集活动区附近三天后才被注意到实属"非同寻常"。①更近的一个例子是 2010 年底发生在圣诞岛的撞礁沉船事件，有 50 人遇难。正如哈达德所写的："边界有危险，而死亡也许是最后的可怕结局"。②

"坦帕号"难民事件成为澳大利亚主权和边界政治实践中的一个标志性事件，提供了在难民问题上催生更为专制的政治体制亟须的催化剂，还引发了一系列新的"边界保护"政策出台，包括代号为"Relex 军事行动"的国防军事演习。这次演习投入了前所未有的军事资源，目的在于防止难民到达澳大利亚海域，或者如果他们已经到达，就将他们护送出澳大利亚海域。但实际上，这次军演是类似一个导致死亡的战争过程——难民船遭到拦截、追击、扫射；人员死亡。超过一个世纪了，来自亚洲的敌人就藏匿在这个边界地区，为澳大利亚领土完整的战斗就停留在此地。③

新的安全体制还将外部疆域从澳大利亚"移民区"切割掉。这意味着，根据澳大利亚移民法，任何人登上这些外部疆域的岛屿是不能够寻求避难或确立难民身份的。移民法规定：通过"海外被切割地区"来澳大利亚寻求避难者不能申请签证。对政府有关难民的决定所做的司法审查都成冗余。一年后的 2002 年 12 月，霍华德政府还在寻求将 3000 多澳大利亚岛屿从移民区切割掉，这种努力后来被参议院阻止。这些切割显示出澳大利亚北部海洋边界在战略想象中的位置：这些地方作为岛国的边缘似乎不能与国家团结一致，开始松散开去。切割的说法本身含有外科手术的意思，就像从国家的政治 - 地理的健康身躯上将癌疮切除。

然而，生活在这些外围地区的人们显示出另外的立场，表达了一种对海洋作为边界和屏障的不同理解。佩雷拉写道，在"坦帕号"难民被送往瑙鲁的前一夜，圣诞岛居民放烟花欢送他们：

---

① "A certain maritime incident", 23 October 2002, p. 288, http：//www. aph. gov. au/senate/ committee/maritime_ incident_ ctte/report/, accessed December 2011.

② E. Haddad, "Danger happens at the border", p. 120.

③ Foreign Minister Alexander Downer was reported as saying："It's just a question of making sure that these people don't land in Australia. Because...at the heart of this is the protection of our territorial integrity." *The Australian*, 30 August 2001.

　　这些难民和岛民之间无言的违抗和支持只是当地居民一系列的姿态和信号之一。他们想表达对难民的不同于政府的态度和安排，冲破他们在帝国版图上的不重要位置，跨过将寻求避难者与澳大利亚隔开的不断增加的边界中的边界。①

　　另一个例证就是如今金伯利土著居民看重的很强的亚洲传统。在白澳时期的澳大利亚，亚洲契约劳工与当地土著妇女之间建立的男女关系是不

图 1　甘尼·柏罗的捕鱼场图
（罗斯·巴林特摄影）

① S. Perera, *Insular Imagination*, p. 61.

合法的，他们的孩子也因"有色"的下贱身份而受苦。直到不久前，原住民争取土地所有权和其他法律权利的政治运动导致许多人看重他们的土著血统而否认他们的亚洲渊源。皮塔·斯蒂芬森指出，当时人们担心认同他们非土著的文化传统会威胁到保护和颂扬他们与众不同的土著身份的权力，而这些权利来之不易。① 不过如今布鲁姆居民正在庆祝他们过去的独特的多元文化。②

结　语

我在这篇文章的开头提到的年轻的罗地岛渔民在沙土上给我画了他的捕鱼场。他的这幅沙土捕鱼场地图包括阿市莫尔岛、浏览岛和卡地亚岛，它们在 1979 年后都归属于澳大利亚疆土。用我这个澳大利亚人的眼光看，他的地图看上去上下颠倒、前后错位，因为我已习惯于看到一个位于孤独而脆弱的澳大利亚上面的亚洲。在他的地图上，罗地岛在最下面，最上面是澳大利亚，一块大的陡峭岩石。他在沙地上画出的岛屿之间的距离都很精确，反映出他在没有地图或指南针的情况下靠工作经验积累的知识的程度。他这幅地图显示出对本地区环境的熟悉和亲近，与澳大利亚边境地图形成鲜明的对比，没有澳大利亚地图上一系列令人困惑的边境与领地区域部分重叠部分。在澳大利亚地图上，澳大利亚与亚洲之间的距离仍然很遥远。澳大利亚一直试图通过这片海域与亚洲保持尽可能的隔绝。在澳大利亚，没有其他的海域或陆地被如此对外严密防卫着或无情地维持着治安。时至今日，从澳大利亚西北到罗地岛（距西澳大利亚最近的亚洲邻居）需要乘坐两趟飞机和一班轮船，这么短的距离需要至少两天的行程时间。现在在这片海域上最常见的人类接触发生在澳大利亚军方和难民之间，或者军方和非法渔民之间。

就在我写这篇文章期间，难民和他们乘坐的船又一次成为全国关注的事情以及决定政治前途的关键性事件。帝汶海从不会长久风平浪静（本文

---

① P. Stephenson, *The Outsiders Within*：*telling Australia's Indigenous – Asian story*, UNSW Press, Sydney, 2007, p. 192.

② R. Balint, "Aboriginal women and Asian men".

无法顾及本地区油气利益集团的开采和溢出、泄露事件以及渔船和难民船），现在又因非法的非白种人不顾一切地危险旅程而被搅得波涛汹涌；船上难民让这个岛国倍感煎熬。难民挑战的是有关边界的规则。事实上，否认疆界、越过界线、反抗国家主权和特权，实属难民的无奈之举。① 我一直在考虑制作一幅在外流亡之图是否可行。有些人没有合适护照或签证，有些人选择不待在像阿富汗那样的国家里无望地等待。我想将他们的行程路线绘制出来——考虑到他们不停地直行或绕道，这些 21 世纪流亡者会经过怎样的路线呢？讨论这些人流亡到澳大利亚的旅行，我们最终必须追寻他们海上的行踪。要是在 20 世纪，他们的路线会经过印度洋；要是在过去的 20 年，他们必然会经过帝汶海。如果我们稍微考虑一下这会是怎样的一种流亡历史图，我们就能够追踪到将澳大利亚与广大的外部世界人民和亚洲市场连接起来的旧的贸易路线。这样一幅地图将会扭转人们将帝汶海当成澳洲后门的想象，还原它在历史上作为澳大利亚与亚洲联系起来的大门位置。

（陈兰芳　译）

---

① M. Wark, "Preface", in A. Burke, *In Fear of Security: Australia's invasion anxiety*, Pluto Press, Annandale, 2001, p. xix.

主要参考书目

Anderson, W. , *The Cultivation of Whiteness*: *science*, *health and racial destiny in Australia*, Melbourne University Press, Carlton, 2002.

Balint, R. *Troubled Waters*: *borders*, *boundaries and possession in the Timor Sea*, Allen & Unwin, Crows Nest, 2005.

Beaumont, J. , C. Waters, D. Lowe and G. Woodard, *Ministers*, *Mandarins and Diplomats*: *Australian foreign policy making*, *1941 – 1969*, Melbourne University Press, Carlton, 2003.

Brawley, S. , *The White Peril*: *foreign relations and Asian immigration to Australasia and North America*, UNSW Press, Kensington, 1995.

Broinowski, A. , *The Yellow Lady*: *Australian impressions of Asia*, Oxford University Press, Melbourne, 1992.

——, *About Face*: *Asian accounts of Australia*, Scribe, Melbourne, 2003.

Collins, K. , "Julius Caesar versus white Australia: the painted savages of Britain, race and the use of history", *History Australia*, vol. 5, no. 1, 2008, pp. 5. 1 – 5. 16.

Curran J. and S. Ward, *The Unknown Nation*: *Australia after empire*, Melbourne University Press, Carlton, 2010.

D' Cruz, J. V. and W. Steele, *Australia's Ambivalence Towards Asia*: *politics*, *neo/post – colonialism*, *and fact/fiction*, Monash University Press, Clayton, 2003.

Edwards, P. and D. Goldsworthy (eds), *Facing North*: *a century of Aus-*

tralian engagement with Asia, *vol. 2*: *1970s to 2000*, Department of Foreign Affairs and Trade with Melbourne University Press, Carlton, 2003.

Farrell, F. *International Socialism and Australian Labour*: *the left in Australia*, *1919 – 1939*, Hale & Iremonger, Sydney, 1981.

Ferrall, C. , P. Millar and K. Smith (eds), *East by South*: *China in the Australasian imagination*, Victoria University Press, Wellington, 2005.

Fitzgerald, J. , *Big White Lie*: *Chinese Australians in White Australia*, UNSW Press, Sydney, 2007.

FitzGerald, S. , *Is Australia an Asian Country?* Allen & Unwin, St Leonards, NSW, 1997.

Ganter, R. , *Mixed Relations*: *Asian – Aboriginal contact in north Australia*, UWA Press, Crawley, 2006.

Ganter R. , J. Martinez and G. Mura Lee, *Mixed Relations*: *narratives of Asian/Aboriginal contact in north Australia*, UWA Press, Crawley, 2006.

Gerster, R. , *Travels in Atomic Sunshine*: *Australia and the occupation of Japan*, Scribe, Melbourne, 2008.

Goldsworthy, D. (ed.), *Facing North*: *a century of Australian engagement with Asia*, Department of Foreign Affairs and Trade with Melbourne University Press, Melbourne, 2001.

Jayasuriya, L. , D. Walker and J. Gothard, *Legacies of White Australia*: *race*, *culture and nation*, UWA Press, Crawley, 2003.

Jayasuriya, L. , *Transforming a "White Australia"*: *issues of racism and immigration*, SSS Publications, New Delhi, 2012.

Lake, M. and H. Reynolds, *Drawing the Global Colour Line*: *white men's countries and the question of racial equality*, Melbourne University Press, Carlton, 2008.

Lingard, J. , *Refugees and Rebels*: *Indonesian exiles in wartime Australia*, Australian Scholarly Publishing, North Melbourne, 2008.

Lockhart, G. , "Race fear and dangerous denial: Japan and the great deception in Australian history", *Griffith Review*, no. 32, Autumn 2011, pp. 122 – 63.

Lowe, D. , *Australian Between Empires*: *the life of Percy Spender*, Pickering and Chatto, London, 2010.

Macknight, C. , *The Voyage to Marege'*: *Macassan trepangers in northern Australia*, Melbourne University Press, Carlton, 1976.

Markus, A. , *Fear and Hatred*: *purifying Australia and California*, *1850 – 1901*, Hale & Iremonger, Sydney, 1979.

——, *Australian Race Relations*, *1788 – 1993*, Allen & Unwin, St Leonards, 1994.

Meaney, N. , *A History of Australian Defence and Foreign Policy*, *1901 – 1914*, *vol. 1*: *the search for security in the Pacific*, Sydney University Press, Sydney, 1976.

——, *Australia and the World*: *a documentary history from the 1870s to the 1970s*, Longman Cheshire, Melbourne, 1985.

——, *A History of Australian Defence and Foreign Policy*, *1901 – 1923*, *vol. 2*: *Australia and world crisis*, *1914 – 1923*, Sydney University Press, Sydney, 2009.

Mordike, J. , *An Army for a Nation*: *a history of Australian military developments*, Allen & Unwin, North Sydney, 1992.

——, *We Should Do This Thing Quietly*: *Japan and the great deception in Australian defence policy*, *1911 – 1914*, Aerospace Centre, Canberra, 2002.

Nelson, H. , *Prisoners of War*: *Australians under Nippon*, ABC Enterprises, Sydney 1985.

Oakman, D. , *Facing Asia*: *a history of the Colombo Plan*, Pandanus Books, Canberra, 2004.

Pan, C. , *Knowledge*, *Desire and Power in Global Politics*: *deconstructing western representation of China's rise*, Edward Elgar, Cheltenham, 2012, forthcoming.

Pearson, C. , *National Life and Character*: *a forecast*, Macmillan and Co. , London, 1896.

Perera, S. , *Australia and the Insular Imagination*: *beaches*, *borders*, *boats and bodies*, Palgrave Macmillan, New York, 2009.

Reynolds, H. , *North of Capricorn: the untold story of Australia's north*, Allen & Unwin, Crows Nest, 2003.

Rivett, R. , *Behind Bamboo: an inside story of the Japanese prison camps*, Angus & Robertson, Sydney, 1946,

Rolls, E. , *Sojourners: the epic story of China's centuries – old relationship with Australia*, University of Queensland Press, St Lucia, 1992.

——, *Citizens: flowers and the wide sea*, University of Queensland Press, St Lucia, 1996.

Sobocinska, A. , ' "The language of scars": Australian prisoners of war and the colonial order', *History Australia*, vol. 7, no. 3, 2010, pp. 59. 1 – 59. 20.

——, 'Innocence lost and paradise regained: tourism to Bali and Australian perceptions of Asia', *History Australia*, vol. 8, no. 2, 2011, pp. 199 – 222.

Stephenson, P. , *The Outsiders Within: telling Australia's Indigenous – Asian story*, UNSW Press, Sydney, 2007.

Strahan, L. , *Australia's China: changing perceptions from the 1930s to the 1990s*, Cambridge University Press, Cambridge, 1996.

Tavan, G. , *The Long, Slow Death of White Australia*, Scribe, Melbourne, 2005.

Torney – Parlicki, P. , *Somewhere in Asia: war, journalism and Australia's neighbours, 1941 – 1975*, UNSW Press, Kensington, 2000.

——, *Behind the News: a biography of Peter Russo*, UWA Press, Crawley, 2005.

Twomey, C. , *Australian's Forgotten Prisoners: civilians interned by the Japanese in World War Two*, Cambridge University Press, Melbourne, 2007.

Walker, D. , *Anxious Nation: Australia and the rise of Asia, 1850 – 1939*, University of Queensland Press, St Lucia, 1999.

—— "Shooting Mabel: warrior masculinity and Asian invasion", *History Australia*, vol. 2, no. 3, 2005, pp. 89. 1 – 89. 11.

——, "The 'flow of Asia' – vocabularies of engagement: a cultural history", *Australian Journal of Political Science*, vol. 45, no. 1, 2010, pp. 45 – 58.

Walker, D. , A. Vickers and J. Horne (eds), "Australian Perceptions of Asia": special issue of *Australian Cultural History*, no. 9, 1990.

Watters, G. , "The SS Ocean: dealing with boat people in the 1880s", *Australian Historical Studies*, vol. 33, no. 120, 2002, pp. 331 – 343.

Wesley, M. , *There Goes the Neighbourhood: Australia and the rise of Asia*, NewSouth, Sydney, 2011.

White, H. , *Power shift: Australia's future between Washington and Beijing*, Quarterly Essay 39, Black Inc. , Collingwood, 2010.

Woollacott, A. , "Rose Quong becomes Chinese: an Australian in London and New York", *Australian Historical Studies*, no. 129, 2007, pp. 16 – 31.

——, *Race and the Modern Exotic: three Australian women on global display*, Monash University Publishing, Clayton, 2011.

译后记

　　澳大利亚对亚洲的感情很复杂，一方面，由于历史、民族、社会、文化等种种差异，澳大利亚虽地处亚太地区，却一直把自己视作西方国家，把亚洲看作真实的或潜在的威胁；另一方面，澳大利亚地处亚太地区的地理位置却又给自己带来了种种新的机遇，与亚洲的贸易、文化、旅游等交流从未间断。2012 年出版的《澳大利亚的亚洲观》（*Australia's Asia：From Yellow Peril to Asian Century*）是首部系统全面展现澳大利亚与亚洲关系的专著，为读者描绘了在过去的 150 年澳大利亚与亚洲方方面面的关系，揭示了不为大多数人所知的澳大利亚与亚洲的种种联系。

　　翻译《澳大利亚的亚洲观》一书的想法始于 2013 年春季。首任北京大学必和必拓澳大利亚研究讲席教授大卫·沃克教授上任后不久，在访问北京外国语大学澳大利亚研究中心时向我们推荐了该书。全书包括序言和尾篇共 15 篇文章，由北外澳研中心集体翻译，参与翻译的有李建军、夏玉和、戴宁、陈兰芳、窦薇、周杜娟和胡丹，2012 级硕士生文轩也参与了翻译。全书译文由李建军统稿。

　　感谢北京外国语大学英语学院院长张剑教授的支持，英语学院为此书的出版提供了资助。感谢该书主编大卫·沃克教授的鼓励和支持，沃克教授所在的迪肯大学和索伯辛斯卡博士所在的莫纳什大学提供了部分出版资助。感谢西澳大利亚大学出版社主管特里安·怀特（Terri‐ann White）女士无偿提供中文版版权。王红婴协助校对了书稿。社会科学文献出版社列国志出版中心的张晓莉主任、叶娟副主任和崔鹏编辑为此书的出版付出了辛劳，特此致谢。

李建军

2016 年 8 月 25 日

图书在版编目(CIP)数据

　　澳大利亚的亚洲观 /(澳)大卫·沃克
(David Walker),(澳)阿格涅什卡·索伯辛斯卡
(Agnieszka Sobocinska)主编;李建军等译. -- 北京:
社会科学文献出版社,2017.2
　　书名原文:Australia's Asia:from Yellow Peril
to Asian Century
　　ISBN 978 - 7 - 5201 - 0113 - 4

　　Ⅰ.①澳…　Ⅱ.①大…②阿…③李…　Ⅲ.①亚洲 -
对外政策 -研究 -澳大利亚　Ⅳ.①D861.10

　　中国版本图书馆 CIP 数据核字(2016)第 308307 号

澳大利亚的亚洲观

主　　编 / 〔澳〕大卫·沃克　　〔澳〕阿格涅什卡·索伯辛斯卡
译　　者 / 李建军 等

出 版 人 / 谢寿光
项目统筹 / 张晓莉
责任编辑 / 孙以年　崔　鹏

出　　版 / 社会科学文献出版社·列国志出版中心 (010) 59367200
　　　　　　地址:北京市北三环中路甲 29 号院华龙大厦　邮编:100029
　　　　　　网址:www.ssap.com.cn
发　　行 / 市场营销中心 (010) 59367081　59367018
印　　装 / 三河市东方印刷有限公司

规　　格 / 开　本:787mm × 1092mm　1/16
　　　　　　印　张:16.5　字　数:264 千字
版　　次 / 2017 年 2 月第 1 版　2017 年 2 月第 1 次印刷
书　　号 / ISBN 978 - 7 - 5201 - 0113 - 4
著作权合同
登 记 号 / 图字 01 - 2017 - 0996 号
定　　价 / 69.00 元